Les Hommes viennent de Mars,
Les Femmes viennent de Vénus

John Gray

Les Hommes viennent de Mars, Les Femmes viennent de Vénus

Titre original : Men are from Mars. Women are from Venus.

© John Gray, 1992, pour l'édition originale.
© Les Éditions Logiques Inc., 1994, pour l'adaptation française.
© Édition du Club Québec Loisirs Inc.,
   Avec l'autorisation des Éditions Logiques Inc.

Dépôt légal, Bibliothèque nationale du Québec, 1995.

ISBN Q.L. 2-89430-158-8
ISBN Éditions Logiques Inc. 2-89381-162-0

Je dédie ce livre à ma femme, Bonnie Gray,
avec mon amour et ma plus profonde affection.

Son amour, sa vulnérabilité, sa sagesse
et sa force m'ont inspiré à faire de mon mieux
et à communiquer aux autres
ce que nous avons appris ensemble.

TABLE DES MATIÈRES

REMERCIEMENTS

Merci à ma femme, Bonnie, d'avoir parcouru le chemin menant à ce livre avec moi. Je la remercie de m'avoir permis de partager nos expériences personnelles avec les lecteurs, et spécialement d'avoir contribué à ma compréhension du point de vue féminin et à ma capacité de l'exprimer adéquatement.

Je remercie nos trois filles, Shannon, Julie et Lauren, pour leur amour soutenu et leur appréciation. Le défi qui fut le mien comme parent m'a permis de mieux comprendre les efforts de mes propres parents, et me les a fait aimer encore davantage. Et surtout, mon rôle de père m'a particulièrement aidé à comprendre et à aimer mon père.

Je remercie mon père et ma mère de la dévotion amoureuse qu'ils ont vouée à l'éducation de leur famille de sept enfants. Je remercie mon frère aîné David des efforts qu'il a déployés pour comprendre mes sentiments et apprécier mes paroles. Je remercie mon frère William de m'avoir motivé à accomplir davantage. Je remercie mon frère Robert pour toutes les conversations que nous avons eues jusqu'aux petites heures du matin, et pour les brillantes idées qu'il saura toujours m'inspirer. Je remercie mon frère Tom pour son encouragement et son attitude positive. Je remercie ma sœur Virginia qui a cru en moi et apprécié mes séminaires. Je remercie mon jeune frère défunt Jimmy pour son amour et son admiration qui continuent de me soutenir dans les moments difficiles.

Je remercie ma gérante Patti Breitman, dont l'assistance, la brillante créativité et l'enthousiasme ont guidé toute la réalisation de ce livre, de la conception à l'impression. Je remercie Carole Bidnick de son inspiration et de son soutien au début de ce projet. Je remercie Susan Moldow et Nancy Peske pour leurs critiques et conseils. Je remercie le personnel de Harper Collins pour son empressement à répondre à mes besoins.

Je remercie les milliers de gens qui ont participé à mes séminaires sur les relations humaines, qui ont partagé leurs expériences avec moi et m'ont encouragé à écrire ce livre. Leur soutien positif et dévoué m'a soutenu à travers l'immense tâche de développer cette présentation simplifiée d'un sujet aussi complexe.

Je remercie les patients qui m'ont permis de pénétrer l'intimité de leurs conflits personnels et ont eu confiance en ma capacité de les guider vers une résolution positive.

Je remercie Steve Martineau pour sa grande sagesse et son influence, qui se retrouvent tout au long de ce livre.

Je remercie les promoteurs qui se sont dévoués corps et âme à la réalisation des Séminaires de relations humaines John Gray, dans lesquels les idées de ce livre ont été mises à l'essai et à l'épreuve: Elley et Ian Coren à Santa Cruz, Debra Mudd, Gary et Helen Francell à Honolulu, Bill et Judy Elbring à San Francisco, David Obstfeld et Fren Kliner à Washington, D.C., Elizabeth Kling à Baltimore, Clark et Dottie Bartell à Seattle, Michael Najarian à Phoenix, Gloria Manchester à Los Angeles, Sandee Mac à Houston, Earlene Carrillo à Las Vegas, David Farlow à San Diego, Bart et Merril Jacobs à Dallas et Ove Johhansson et Ewa Martensson à Stockholm.

Je remercie Richard Cohen et Cindy Black des Publications Beyond Words pour leur soutien sincère et généreux à mon précédent livre «Les hommes, les femmes et leurs relations» (*Men, Women, and Relationships*), qui a donné naissance aux idées de celui-ci.

Je remercie John Vestman des Studios Trianon pour son expertise à l'enregistrement de tout le contenu de mon séminaire, ainsi que Dave Morton et le personnel de Cassette Express pour leur appréciation continue de matériel de ce livre et leur service de grande qualité.

Je remercie les membres de mon groupe masculin d'avoir partagé leurs secrets avec moi, et je remercie spécifiquement Lenney Eiger, Charles Wood, Jacques Early, David Placek et Chris Johns, pour leur précieuse contribution à l'évaluation et à l'édition du manuscrit.

Je remercie ma secrétaire Ariana pour son efficacité et sa générosité à assumer toutes les tâches du bureau durant la réalisation de ce projet.

Je remercie mon avocat (et le grand-père adoptif de mes enfants) Jerry Riefold, d'avoir toujours été là.

Je remercie Clifford McGuire de sa longue et fidèle amitié de vingt ans. Jamais je n'aurais pu trouver meilleur conseiller et ami.

Introduction

Une semaine après la naissance de notre fille Lauren, ma femme Bonnie et moi étions complètement épuisés. Chaque nuit le bébé nous réveillait. Bonnie avait subi une déchirure à la naissance et devait prendre des analgésiques. Elle avait peine à marcher. Après cinq jours à la maison pour aider, je suis retourné au bureau. Elle semblait prendre du mieux.

Pendant que j'étais parti, ses comprimés vinrent à manquer. Alors, au lieu de m'appeler au bureau elle demanda à l'un de mes frères qui lui rendait visite de lui en acheter d'autres. Cependant, mon frère ne revint jamais avec les analgésiques. Conséquemment, elle passa la journée complète à souffrir tout en prenant soin d'un nouveau-né.

Je ne savais rien de sa pénible journée quand je la trouvai bien troublée à mon retour. J'interprétai mal sa détresse et conclus qu'elle me blâmait de l'avoir laissée seule.

Elle me dit: «J'ai souffert toute la journée. Je n'avais plus de comprimés d'analgésique et je suis restée clouée au lit sans que personne ne vienne à mon secours.»

Défensivement, j'ai dit: «Pourquoi ne m'as-tu pas appelé?»

Elle dit: «J'ai demandé à ton frère mais il a oublié. Il n'est pas revenu de la journée. Qu'est-ce que tu voulais que je fasse? J'ai de la difficulté à marcher. Je me sens abandonnée!»

C'est alors que j'ai explosé. J'étais déjà à court de patience cette journée-là et je n'en revenais pas qu'elle ne m'ait pas appelé. Je trouvais son blâme injuste alors que je n'avais même pas su qu'elle était souffrante. Et après quelques mots plutôt acerbes je me dirigeai vers la porte. J'étais fatigué, irritable, et j'en avais assez! À ce point-là nous avions tous deux atteint notre limite.

13

C'est alors qu'il s'est passé quelque chose qui a changé toute ma vie.

Bonnie me dit: «Arrête! Ne me quitte pas alors que j'ai le plus besoin de toi. J'ai très mal et il y a des jours que je ne dors pas. Je t'en prie, écoute-moi.»

J'arrêtai un instant pour l'écouter.

Elle me dit: «John Gray, tu n'es qu'un amant des beaux jours! Tant que je suis ta Bonnie aimable et gentille, tu restes à mes côtés. Mais aussitôt que je change un peu, tu prends la porte!»

Alors elle s'arrêta, les larmes aux yeux. Son ton s'adoucit et elle dit: «En ce moment je suis souffrante. Je n'ai rien à donner. C'est là que j'ai le plus besoin de toi. Je t'en prie, viens ici et tiens-moi. Tu n'as pas besoin de parler. J'ai seulement besoin de sentir tes bras autour de moi. S'il te plaît, ne t'en va pas.»

Je m'approchai et la pris dans mes bras sans rien dire. Après quelques minutes elle me remercia d'être resté et me répéta qu'elle avait seulement besoin que je la tienne un peu.

C'est à ce moment que j'ai commencé à réaliser la vraie signification d'un amour inconditionnel. Pourtant, j'avais toujours cru que je savais aimer. Mais c'est elle qui avait raison, je n'avais été qu'un amant des beaux jours. Tant qu'elle était heureuse et aimante je l'aimais en retour. Mais sitôt qu'elle devenait malheureuse ou bouleversée je me sentais blâmé et me mettais à tempêter, ou je m'en allais.

Pour la première fois ce jour-là je ne partis pas. Je restai avec elle et je m'en sentis grandement satisfait. Je réussis à lui donner de moi-même au moment où elle en avait le plus besoin. Je sentis que c'était justement là le véritable amour. Penser à l'autre. Faire confiance à notre amour. Répondre à l'urgent besoin de l'autre. Je n'en revenais pas comme cela avait été facile pour moi de la supporter après qu'elle m'en eut indiqué le moyen.

Comment avais-je pu être aussi aveugle si longtemps? Elle avait seulement besoin que j'aille vers elle et que je la touche. Une autre femme aurait instinctivement compris ce besoin de Bonnie, mais en tant qu'homme je n'avais aucune idée qu'il était si important pour elle d'être simplement touchée, tenue et écoutée. En découvrant cette différence fondamentale entre les sexes je découvris du même coup une toute nouvelle manière de communiquer avec ma propre femme.

Je n'aurais jamais cru pouvoir résoudre une telle difficulté de communication aussi facilement.

Dans mes relations antérieures, j'étais devenu indifférent et incapable d'amour dans les moments difficiles, simplement parce que je ne savais quoi faire d'autre. En conséquence mon premier mariage avait été douloureusement pénible.

Cette expérience avec Bonnie m'a révélé que je pouvais changer ma manière d'agir en de tels moments.

Ce fut l'inspiration des sept années de recherches qui m'ont permis de découvrir et de décortiquer les subtiles différences entre les hommes et les femmes, qui font l'objet de ce livre. En apprenant en termes très spécifiques comment les hommes et les femmes sont différents, j'ai soudainement commencé à comprendre qu'il n'était pas nécessaire que mon mariage soit l'espèce de combat qu'il était en train de devenir. Avec cette nouvelle conscience de nos différences Bonnie et moi avons pu considérablement améliorer la communication entre nous et apprécier bien davantage la compagnie de l'autre.

En poursuivant la reconnaissance et l'exploration de nos différences, nous avons découvert de nouveaux moyens d'améliorer toutes nos relations. Nous avons acquis des notions sur les relations humaines que nos parents n'ont jamais connues et, en conséquence, n'ont jamais pu nous enseigner. Au fur et à mesure que je partageais ces découvertes avec les clients qui me consultaient, leurs propres relations s'enrichissaient aussi. Des milliers de personnes qui ont participé à mes séminaires de fin de semaine ont littéralement vu leurs relations de couple se transformer du jour au lendemain.

Sept ans plus tard des individus et des couples me rapportent toujours des résultats bénéfiques. Je reçois des photos de couples heureux avec leurs enfants, avec des lettres me remerciant d'avoir sauvé leur mariage. Quoique ce soit leur amour qui a réellement sauvé leur mariage, ils auraient inévitablement divorcé s'ils n'étaient parvenus à acquérir cette compréhension accrue du sexe opposé.

Susan et Jim étaient mariés depuis neuf ans. Comme la plupart des gens ils avaient commencé par se donner beaucoup d'amour mutuellement, mais après des années de frustration croissante et de déception, leur passion s'étant éteinte, ils décidèrent de lâcher. Toutefois, avant de demander le divorce ils décidèrent de participer à l'un de mes séminaires de fin de semaine sur les relations humaines.

Susan déclara alors: «Nous avons tout essayé pour faire marcher notre relation, mais nous sommes trop différents.»

Pendant le séminaire ils furent renversés de découvrir que leurs différences n'étaient pas seulement normales mais totalement prévisibles. Ils furent réconfortés par le fait que d'autres couples avaient éprouvé les mêmes difficultés de communication qu'eux. En seulement deux jours Susan et Jim ont acquis une compréhension fondamentalement nouvelle des hommes et des femmes.

Ils sont redevenus amoureux. Leur relation s'est miraculeusement transformée. Ne pensant plus au divorce ils ont vite repris le goût de passer le reste de leur vie ensemble. Jim nous a dit: «Cette information sur nos différences m'a redonné ma femme. C'est le plus beau cadeau de ma vie, nous sommes à nouveau en amour!»

Six ans plus tard, lorsqu'ils m'ont invité à voir leur nouvelle maison et à visiter leur famille, ils étaient toujours très amoureux. Ils m'ont remercié encore de les avoir aidés à se comprendre l'un et l'autre et à demeurer mariés.

Bien que nous soyons presque tous d'accord que les hommes et les femmes sont différents, la plupart des gens ne savent toujours pas en quoi ils diffèrent. Dans les dix dernières années, de nombreux livres ont tenté de relever ce défi et de définir ces différences. Malgré d'importants progrès, beaucoup de ces bouquins, en n'explorant qu'un côté de la médaille, n'ont fait que renforcer la méfiance et le ressentiment entre les sexes. Ils présentent généralement l'un des sexes comme la victime de l'autre. Alors, un guide définitif se révélait nécessaire pour faire comprendre comment même les plus sains parmi les hommes et les femmes sont en réalité différents.

Pour améliorer les relations entre les sexes il faut répandre une compréhension de nos différences qui puisse augmenter l'estime de soi et la dignité personnelle tout en inspirant la confiance mutuelle, la responsabilité individuelle, une coopération accrue et un plus grand amour. Après avoir questionné plus de 25 000 participants dans mes séminaires sur les relations humaines, j'ai pu définir en termes positifs comment les hommes et les femmes diffèrent. C'est ainsi qu'au fur et à mesure que vous explorerez ces différences, vous sentirez votre degré de ressentiment et de méfiance fondre comme glace au soleil.

Une plus grande ouverture du cœur permet une plus importante capacité à pardonner et une plus grande motivation à donner comme à recevoir de l'amour et du soutien entre partenaires. Avec cette compréhension nouvelle, j'espère que vous dépasserez les suggestions de ce livre et continuerez à développer des moyens de communiquer amoureusement avec le sexe opposé.

Tous les principes énoncés dans ce livre ont été essayés et éprouvés. Au moins 90 pour cent des plus de 25 000 individus qui ont répondu à nos questions se sont reconnus avec enthousiasme dans les descriptions que nous leur donnions. S'il vous arrive en lisant ce livre de hocher la tête en vous disant intérieurement: «Oui, en effet, c'est bien de moi que l'on parle ici», alors vous n'êtes absolument pas seul. Et comme tant d'autres qui ont bénéficié des révélations de ce livre, vous en bénéficierez aussi.

LES HOMMES VIENNENT DE MARS, LES FEMMES VIENNENT DE VÉNUS propose de nouvelles stratégies pour réduire les tensions dans les couples et pour augmenter leur amour, en reconnaissant d'abord très en détail les différences entre les hommes et les femmes. Il offre des suggestions pratiques pour réduire la frustration et la déception, et pour favoriser un bonheur et une intimité accrus. Il n'est pas nécessaire que les relations soient aussi tendues. C'est seulement en l'absence de compréhension de part et d'autre que naissent la tension, le ressentiment et les conflits.

Tant de gens sont frustrés dans leurs relations. Ils aiment leur partenaire, mais lorsque la tension apparaît, ils ne savent pas quoi faire pour améliorer les choses. En constatant combien les hommes et les femmes sont fondamentalement différents, vous apprendrez de nouvelles façons de communiquer avec la personne du sexe opposé, de l'écouter et de la soutenir avec succès. Vous apprendrez à créer vous-même l'amour que vous méritez. En lisant ce livre vous pourriez en arriver à vous demander comment on peut réussir sa relation de couple sans l'avoir lu.

LES HOMMES VIENNENT DE MARS, LES FEMMES VIENNENT DE VÉNUS est un manuel d'instruction pour les relations de couple des années 90. Il révèle comment les hommes et les femmes diffèrent dans tous les domaines de leur vie. Non seulement les hommes et les femmes communiquent-ils différemment, mais ils pensent, ressentent, perçoivent, réagissent, se conduisent, aiment et apprécient différemment. Ils ont presque l'air de venir de planètes différentes, d'avoir un langage et même des besoins fondamentalement différents.

Cette compréhension plus poussée de nos différences peut grandement contribuer à l'élimination virtuelle de cette frustration que crée l'incapacité à comprendre le sexe opposé et à s'entendre avec lui. La mésentente peut alors être rapidement éliminée ou évitée. Quand vous avez compris que votre partenaire est aussi différent de vous qu'un être venant d'une autre planète, vous pouvez alors vous relaxer et tenter de vous accommoder de cette différence, au lieu de résister ou d'essayer de changer la personne.

Plus important encore, dans ce livre vous apprendrez des techniques pratiques pour résoudre les problèmes découlant de nos différences. Ce livre n'est pas seulement une analyse théorique des différences psychologiques, il est surtout un manuel pratique pour réussir ses relations amoureuses.

La véracité des principes de ce livre est tout à fait évidente. Elle peut être confirmée par votre propre expérimentation comme par les simples règles du gros bon sens. De nombreux exemples viendront exprimer de façon simple et concise ce que vous aurez instinctivement perçu. Cette confirmation vous aidera à demeurer vous-même et à ne pas vous perdre dans vos relations humaines.

Devant ces révélations les hommes disent souvent: «Voilà exactement comment je suis. M'avez-vous suivi et observé? Je n'ai plus l'impression de n'être pas correct.»

Les femmes, elles, disent généralement: «Enfin, mon mari m'écoute. Je n'ai plus besoin de me battre pour me faire reconnaître. Lorsque vous expliquez nos différences, mon mari comprend. Merci!»

Voici donc quelques-uns seulement des milliers de commentaires inspirés que les gens nous ont faits après avoir découvert que les hommes venaient de Mars et que les femmes venaient de Vénus. Les résultats obtenus avec ce nouveau programme pour comprendre le sexe opposé ne sont pas seulement dramatiques mais immédiats et à effet prolongé.

Bien entendu que le chemin qui mène à une relation amoureuse peut être parfois très cahoteux. Les problèmes sont inévitables. Mais ces problèmes peuvent aussi bien être causes de ressentiment et de rejet que devenir occasions d'approfondissement de l'intimité et d'accroissement de l'amour, de l'attention et de la confiance. Les révélations de ce livre ne sont pas une solution-éclair à tous les problèmes. Par contre, ils fournissent une nouvelle approche pour permettre à votre relation de couple de devenir votre support principal afin de faire face aux problèmes courants de la vie au fur et à mesure qu'ils se présentent. Cette prise de conscience vous donnera les outils nécessaires pour vous permettre d'obtenir l'amour que vous désirez et d'offrir à votre partenaire l'amour et le soutien qu'il ou elle mérite.

Il m'arrive souvent de faire des généralités sur les hommes et les femmes dans ce livre. Vous trouverez probablement certains commentaires plus vrais que d'autres. Après tout, nous sommes tous des individus uniques avec une expérience unique. Parfois, dans mes séminaires, certains couples et individus admettent qu'ils se reconnaissent dans les exemples donnés, mais dans le sexe opposé au leur. C'est-à-dire que l'homme se reconnaît dans les descriptions du comportement féminin, et la femme dans celles du comportement masculin. C'est ce que j'appelle le renversement des rôles.

S'il vous arrive de vivre un tel renversement de rôle, je veux vous rassurer en vous disant que ce n'est rien d'anormal. Permettez-moi de vous suggérer que, lorsque vous ne vous reconnaissez pas dans un comportement décrit dans ce livre, vous pouvez simplement l'ignorer et passer à quelque chose qui vous touche davantage, ou vous analyser plus profondément. Beaucoup d'hommes nient certains de leurs attributs masculins afin de devenir plus aimants, plus cajoleurs. D'un autre côté, plusieurs femmes nient aussi leurs attributs féminins, pour réussir dans un milieu de travail qui valorise davantage les attributs masculins, par exemple. S'il en est ainsi, en agissant selon les suggestions, les stratégies et les techniques de ce livre, non seulement vous mettrez plus de passion dans votre couple mais vous en viendrez à équilibrer de plus en plus vos propres caractéristiques masculines et féminines.

Dans ce livre je ne traite pas directement de la question du «pourquoi» les hommes et les femmes sont différents. C'est là une question complexe à laquelle plusieurs réponses s'imposent, à partir des différences biologiques, en passant par l'influence parentale, l'éducation et l'ordre de naissance, et jusqu'au conditionnement culturel inculqué par la société, les médias et l'histoire. (Ces raisons sont explorées en profondeur dans mon livre *Les hommes, les femmes et leurs relations: faire la paix avec l'autre sexe.*)

Bien que les bienfaits à tirer de l'application des découvertes de ce livre soient immédiatement accessibles, sa lecture n'élimine pas le besoin de consultations et de thérapie concernant les relations de couple pour les personnes issues d'une famille dysfonctionnelle. Même des individus sains peuvent devoir recourir à des consultations et à une thérapie à des moments particulièrement difficiles. Je crois fermement à la transformation graduelle et puissante pouvant résulter d'une thérapie, de conseils matrimoniaux et de la participation à un groupe de récupération en douze étapes.

Cependant, j'ai très fréquemment entendu les gens dire qu'ils avaient bénéficié beaucoup plus de cette nouvelle compréhension des relations humaines que de nombreuses années de thérapie. Je crois cependant que leurs années de thérapie ont créé une base sur laquelle ils ont ensuite pu appuyer leurs nouvelles connaissances pour les appliquer au quotidien de leur vie et de leurs relations.

Les personnes ayant un passé dysfonctionnel, même après des années de thérapie ou de fréquentation d'un groupe de récupération, auront toujours besoin d'une image positive de relations saines. Ce livre transmet cette vision. D'un autre côté, même si notre passé est marqué de beaucoup d'amour et de cajolerie, les temps ont changé et une nouvelle approche vis-à-vis des relations entre les sexes nous est encore nécessaire. Il est toujours aussi essentiel d'apprendre des méthodes de communications et de relations nouvelles et saines.

Je crois que tout le monde peut bénéficier des révélations de ce livre. La seule réaction négative que j'ai entendue de la part des personnes ayant participé à mes séminaires et que je lis dans les lettres que je reçois, est: «Pourquoi personne ne m'a-t-il jamais appris cela plus tôt?»

Il n'est jamais trop tard pour mettre plus d'amour dans votre vie. Il vous suffit d'une nouvelle façon pour le faire. Que vous soyez sous thérapie ou non, si vous voulez avoir des relations plus satisfaisantes avec le sexe opposé, ce livre est pour vous.

C'est un plaisir pour moi de partager avec vous ce livre, LES HOMMES VIENNENT DE MARS, LES FEMMES VIENNENT DE VÉNUS. Je souhaite que la sagesse et l'amour vous envahissent de jour en jour. Que la fréquence des divorces diminue et que le nombre de mariages heureux augmente. Nos enfants méritent un meilleur monde.

John Gray
le 15 novembre 1991
Mill Valley, Californie

Chapitre 1

LES HOMMES VIENNENT DE MARS, LES FEMMES VIENNENT DE VÉNUS

Imaginez-vous que les hommes viennent en effet de Mars, et les femmes de Vénus. Qu'un beau jour, il y a très très longtemps, les Martiens, lorgnant dans leur télescope, découvrirent les Vénusiennes. Que cette découverte éveilla en eux des sentiments absolument sans précédent. Et que leurs élans amoureux devinrent si forts qu'ils développèrent vite le voyage interplanétaire et s'envolèrent vers Vénus.

Les Vénusiennes accueillirent les Martiens à bras ouverts. Cette venue comblait leurs plus grandes espérances et leur cœur s'ouvrit à un amour qu'elles n'avaient jamais connu.

L'amour entre les Vénusiennes et les Martiens était magique. Ils étaient absolument enchantés de se retrouver ensemble, de faire des choses ensemble et de partager leur bonheur. Bien qu'ils vinssent de mondes différents ils se délectaient de leurs différences. Ils passèrent des mois à se découvrir mutuellement, à explorer et à apprécier les différences dans leurs besoins, leurs préférences et leurs comportements. Et ils vécurent en amour et en harmonie pendant des années et des années.

Puis voilà qu'un jour, ils émigrèrent sur la terre. Au tout début, tout était merveilleux et splendide. Mais l'atmosphère terrestre exerçant sur eux sa maléfique influence, ils se réveillèrent un bon matin souffrant d'une forme très particulière de perte de mémoire, l'amnésie sélective!

Autant les Martiens que les Vénusiennes oublièrent qu'ils venaient de planètes différentes et se devaient d'être intrinsèquement différents. En une seule nuit, tout ce qu'ils savaient de leurs différences avait été effacé de leur mémoire, et depuis ce jour les hommes et les femmes ont des difficultés de communication et de compréhension.

NOUS RAPPELER NOS DIFFÉRENCES

Lorsqu'ils ne sont pas conscients de leurs différences essentielles les hommes et les femmes se retrouvent à couteaux tirés. On devient généralement irrité ou frustré par le sexe opposé parce qu'on ignore, ou qu'on a oublié, cette vérité fondamentale. On croit que l'autre est pas mal comme soi. On voudrait qu'il ou elle «désire ce qu'on désire» et «se sente comme on se sent» soi-même.

Nous assumons à tort que lorsque notre partenaire nous aime, il ou elle aura certaines réactions et un certain comportement, les mêmes réactions et le même comportement que nous avons nous-même lorsque nous aimons quelqu'un. Cette attitude nous mène inévitablement vers des déceptions répétitives et nous empêche de prendre le temps nécessaire pour échanger positivement dans un climat amoureux sur nos différences respectives.

••

Nous assumons à tort que lorsque notre partenaire nous aime, il ou elle aura certaines réactions et un certain comportement, les mêmes réactions et le même comportement que nous avons nous-même lorsque nous aimons quelqu'un.

••

Les hommes s'attendent à tort que les femmes pensent, communiquent et réagissent comme des hommes. Et de même, les femmes tiennent pour acquis que les hommes penseront, communiqueront et réagiront comme le font les femmes. Nous avons oublié que les hommes et les femmes sont faits pour être différents. Voilà pourquoi nos relations de couple sont inutilement parsemées de frictions et de conflits.

Une nette reconnaissance et le respect de ces différences pourraient radicalement diminuer la confusion dans tous nos rapports avec le sexe opposé. Il devient facile d'expliquer ce raisonnement à partir de notre affirmation de base que LES HOMMES VIENNENT DE MARS, LES FEMMES VIENNENT DE VÉNUS.

UN REGARD SUR NOS DIFFÉRENCES

Tout au long de ce livre, je vais discuter avec beaucoup de détails des différences entre les sexes. Chaque chapitre vous fournira des révélations nouvelles et fondamentales. Voyons donc les différences principales que nous allons explorer.

Dans le chapitre 2, nous verrons comment les valeurs des hommes et celles des femmes sont essentiellement différentes, et nous tenterons d'expliquer les deux principales erreurs commises dans nos relations inter-sexe, à savoir que les hommes proposent des solutions et invalident les sentiments féminins, alors que les femmes offrent des conseils gratuits et essaient de diriger sans qu'on le leur demande. L'étude de nos comportements Martiens-Vénusiennes nous fait comprendre pourquoi les hommes et les femmes commettent ces erreurs à leur insu, alors qu'en se rappelant leurs différences, ils et elles pourraient immédiatement corriger leurs comportements fautifs et communiquer d'une manière plus positive avec l'autre.

Dans le chapitre 3, nous découvrirons les différents moyens qu'utilisent les hommes et les femmes pour gérer leur stress. Pendant que les Martiens ont tendance à se retirer et à méditer en silence sur ce qui les trouble, les Vénusiennes sont instinctivement poussées à leur demander ce qui les tracasse. Vous apprendrez de nouvelles stratégies pour obtenir ce que vous désirez dans ces moments de crise.

Nous apprendrons comment motiver le sexe opposé dans le chapitre 4. Les hommes tirent leur motivation du fait de se sentir utiles, alors que c'est en se sentant cajolées que les femmes sont motivées. Nous discuterons des trois étapes dans l'amélioration des relations homme-femme, et nous explorerons les façons de surmonter notre défi le plus important: pour les hommes, vaincre leur réticence à donner de l'amour; et pour les femmes, leur réticence à le recevoir.

Dans le chapitre 5, vous constaterez la mésentente entre hommes et femmes communément causée par leurs différences de langage. Un dictionnaire d'équivalences entre phrases martiennes et vénusiennes sera fourni pour vous permettre de traduire les expressions les plus couramment incomprises. Vous apprendrez comment les hommes et les femmes parlent, et se taisent même, pour des raisons complètement différentes. Les femmes apprendront quoi faire quand leur homme cesse de parler, et les hommes apprendront à mieux écouter sans devenir frustrés.

Dans le chapitre 6, vous découvrirez comment les besoins d'intimité de l'homme et de la femme sont différents. L'homme peut se rapprocher mais ressent inévitablement ensuite le besoin de se retirer.

Les femmes apprendront comment utiliser ce besoin de retrait à leur avantage et produire un effet de boomerang sur leur homme pour qu'il leur revienne, et surtout quel est le meilleur temps pour les conversations intimes avec leur partenaire.

Le chapitre 7 expliquera comment les attitudes amoureuses des femmes augmentent et diminuent de façon rythmique, comme des vagues. Les hommes apprendront comment interpréter correctement ces changements d'humeur parfois soudains. Ils apprendront aussi à reconnaître les moments où leur femme a le plus besoin d'eux, et comment dans ces circonstances ils peuvent leur offrir un support habile sans trop se sacrifier.

Dans le chapitre 8, on explique comment les hommes et les femmes donnent naturellement le genre d'amour dont ils ont eux-mêmes besoin, plutôt que ce dont le sexe opposé a besoin. Les hommes cherchent surtout un type d'amour qui offre la confiance, l'acceptation et l'appréciation. Les femmes recherchent plutôt un amour plus cajoleur, avec la compréhension et le respect. Et vous découvrirez les six manières les plus courantes par lesquelles vous pouvez, inconsciemment, désintéresser votre partenaire.

C'est dans le chapitre 9 que vous saurez comment éviter les disputes toujours trop pénibles. Les hommes apprendront qu'en agissant comme s'ils avaient toujours raison ils peuvent invalider les sentiments de la femme. Les femmes découvriront que sans le savoir elles transmettent souvent un signal de désapprobation plutôt que de désaccord, provoquant la mobilisation des défenses de l'homme. Nous ferons l'autopsie d'une dispute et offrirons de nombreuses suggestions pratiques pour communiquer correctement son soutien à l'autre.

Vous verrez dans le chapitre 10 que les hommes et les femmes marquent différemment leur tableau. Les hommes apprendront que les Vénusiennes accordent un pointage égal à n'importe quel cadeau d'amour, qu'il soit tout petit ou immensément gros. Donc on rappelle aux hommes qu'au lieu de mettre des efforts inouïs dans un immense cadeau, ils peuvent multiplier leur mérite autant de fois qu'ils veulent en offrant une multitude de petites expressions d'amour dont chacune a tout autant d'importance. On présente même une liste des 101 manières de compter des points avec les femmes. Et pour ces dernières, on indique comment canaliser leurs énergies autrement et obtenir un haut score en donnant aux hommes ce qu'ils veulent.

Au chapitre 11, vous apprendrez comment communiquer avec le sexe opposé dans les moments difficiles. On y démasque les différentes façons qu'ont les hommes et les femmes de dissimuler leurs sentiments, et on y discute avec insistance de l'extrême importance de partager ses sentiments. On y présente la technique de la «lettre d'amour» pour exprimer vos sentiments négatifs à votre partenaire comme un bon moyen de stimuler l'amour et de faciliter le pardon.

Au chapitre 12, vous comprendrez pourquoi les Vénusiennes trouvent si difficile de demander du support moral, et pourquoi les Martiens résistent si souvent aux demandes qu'elles expriment. Vous apprendrez pourquoi les expressions «peux-tu» et «pourrais-tu» rebutent aux hommes, et quels mots il vaut mieux employer. Vous apprendrez les secrets pour encourager un homme à contribuer davantage, et vous découvrirez de plusieurs façons le pouvoir que donne l'utilisation d'un discours bref et direct, avec les bons mots.

Le chapitre 13 vous révélera les quatre saisons de l'amour. Cette perspective réaliste de la croissance et des changements graduels de l'amour vous aidera à surmonter les obstacles inévitables dans toute relation de couple. Vous apprendrez comment votre passé et celui de votre partenaire peuvent affecter l'état présent de votre relation, et ferez d'autres découvertes importantes qui vous permettront de maintenir votre amour bien vivant.

Dans chaque chapitre de LES HOMMES VIENNENT DE MARS, LES FEMMES VIENNENT DE VÉNUS, vous découvrirez de nouveaux secrets permettant d'établir et de maintenir une relation amoureuse solide et durable, et chaque formule augmentera votre propre capacité de vivre une relation de couple très satisfaisante.

LES BONNES INTENTIONS NE SUFFISENT PAS

Devenir amoureux, c'est toujours magique. On a l'impression que nos sentiments sont éternels, que notre amour va durer toujours. Et naïvement l'on a la certitude inexplicable qu'on est à l'abri des problèmes qu'ont connus nos parents, qu'on est exempt du risque de voir notre amour s'éteindre, et l'on est convaincu que notre union est prédestinée et que nous serons heureux ensemble jusqu'à la fin de nos jours.

Mais à mesure que la magie est remplacée par la routine du quotidien, une nouvelle situation apparaît de plus en plus clairement: les hommes s'attendent à ce que les femmes pensent et réagissent comme des hommes, et les femmes tiennent pour acquis que les hommes penseront et agiront comme des femmes. Sans une bonne connaissance de nos différences, nous ne prenons pas le temps de nous comprendre et de nous respecter mutuellement. Nous devenons exigeants et intolérants, nous portons jugement et nous entretenons du ressentiment.

Malgré le désir de préservation et les meilleures intentions, l'amour s'éteint graduellement. Les problèmes arrivent insidieusement. Le ressentiment croît. Les communications se brisent. La méfiance s'installe. Le rejet et la répression suivent. Et la magie de l'amour s'éteint.

Nous nous demandons alors:

Comment cela est-il arrivé?

Pourquoi cela est-il arrivé?

Et surtout, pourquoi à nous?

Pour essayer de répondre à ces questions les plus grands penseurs ont développé des théories philosophiques et psychologiques complexes et absolument brillantes. Pourtant, ce sont toujours les mêmes vieux modèles qui reviennent. L'amour meurt. Et cela arrive à presque tout le monde.

Chaque jour des millions d'individus sont à la recherche d'un partenaire pour satisfaire leur immense besoin d'amour. Chaque année des millions de couples unissent leur destinée dans l'amour, puis se séparent ensuite parce qu'ils ont perdu ce sentiment amoureux. De ceux que l'amour soutient jusqu'au mariage, 50 pour cent seulement restent mariés. De ceux qui restent ensemble un autre 50 pour cent demeurent insatisfaits. Ils persistent par loyauté et obligation, ou à cause de la peur de devoir recommencer.

Très peu de personnes sont en effet capables de croissance en amour. Et pourtant, cela arrive. Lorsque les hommes et les femmes sont capables de se respecter et d'accepter leurs différences, l'amour a la chance de s'épanouir, et de durer.

*Lorsque les hommes et les femmes sont capables
de se respecter et d'accepter leurs différences,
alors l'amour a la chance de s'épanouir.*

En comprenant les différences mystérieuses du sexe opposé nous pouvons donner plus efficacement l'amour qui est dans nos cœurs, et mieux recevoir celui de l'autre. En appréciant et en acceptant nos différences, nous pouvons découvrir des solutions créatives qui nous permettent d'obtenir ce que nous désirons. Plus important encore, nous pouvons apprendre comment mieux aimer celui ou celle qui nous tient le plus à cœur.

L'amour est magique et il peut durer, si nous nous souvenons de nos différences.

Chapitre 2

L'HOMME À TOUT FAIRE
ET LE COMITÉ D'AMÉLIORATION
DU FOYER

Ce dont les femmes se plaignent le plus souvent au sujet des hommes, c'est qu'ils n'écoutent pas. Ou bien l'homme ignore complètement la femme quand elle lui parle, ou bien, après avoir entendu ses premiers mots, il tire tout de suite une conclusion sur ce qui la tracasse et joue son rôle d'homme à tout faire en suggérant une solution-miracle pour régler la situation. Et il ne comprend pas pourquoi elle ne semble pas apprécier sa contribution, son geste d'amour. Peu importe combien de fois elle lui répète qu'il n'écoute pas, il est incapable de saisir et continue de répéter le même comportement. Elle recherche de la compréhension, mais lui pense qu'elle veut des solutions.

Pour leur part, les hommes se plaignent le plus souvent que les femmes essaient toujours de les faire changer. Quand une femme aime un homme, elle se croit obligée de l'assister dans sa croissance, essaie de l'aider à améliorer sa façon de faire les choses. Elle devient par elle-même un comité d'amélioration du foyer, dont lui est le premier objet de préoccupation. Plus il repousse son assistance et plus elle persiste, sautant sur la moindre occasion pour tenter de l'aider ou de lui dire quoi faire. Pendant qu'elle a l'impression de faire son éducation, lui a l'impression d'être contrôlé. Et pourtant, ce qu'il désire avant tout, c'est qu'elle l'accepte.

En dernier ressort, on pourrait régler les deux problèmes d'un coup, en découvrant d'abord pourquoi les hommes offrent toujours des solutions, ensuite pourquoi les femmes cherchent toujours à améliorer leur homme. Faisons donc un autre petit retour dans le temps et allons observer ce qui se passait sur Mars et Vénus avant que les deux populations se découvrent et émigrent sur terre. Cela nous aidera à mieux comprendre les comportements masculin et féminin.

LA VIE SUR MARS

Les valeurs primordiales des Martiens sont le pouvoir, la compétence, l'efficacité et l'accomplissement. Ils font toujours les choses pour prouver leur capacité et développer leur pouvoir et leur efficacité. Leur amour-propre correspond à leur capacité à atteindre des résultats. Ils tirent principalement leur satisfaction personnelle de leurs réalisations et de leurs succès.

> *L'amour-propre d'un homme correspond à sa capacité à atteindre des résultats*

Tout ce qui existe sur Mars correspond à ces mêmes valeurs. Même les vêtements des Martiens reflètent leur préoccupation pour l'efficacité et la compétence. Leurs agents de police, leurs soldats, leurs hommes d'affaires, leurs scientifiques, leurs chauffeurs de taxi, leurs techniciens et leurs chefs-cuisiniers portent tous un uniforme, ou au moins un couvre-chef, comme symbole de leur compétence et de leur pouvoir.

Ils ne lisent pas des magazines traitant de psychologie ou de préoccupations intellectuelles. Ils se préoccupent plutôt d'activités extérieures, comme la chasse, la pêche et les courses d'automobiles. Ils s'informent des nouvelles, de la météo et des sports, mais n'ont aucun intérêt pour les œuvres romantiques ou les divertissements.

Ils s'intéressent davantage aux «choses» et aux «objets» qu'aux «personnes» et aux «sentiments». Même aujourd'hui, sur terre, alors que les fantasmes des femmes sont orientés vers le romantisme, ceux des hommes vont vers les voitures puissantes, les ordinateurs ultra-rapides, les gadgets et la nouvelle technologie avancée. Les hommes sont entièrement absorbés par les «choses» qui leur permettent d'exprimer leur pouvoir en obtenant des résultats et en atteignant leurs objectifs.

Il est extrêmement important pour un Martien d'atteindre ses objectifs, parce ce que cela lui permet de prouver sa compétence et d'être satisfait de lui-même. Et pour en arriver là il doit pouvoir atteindre ses objectifs par ses propres moyens. Personne ne peut le faire pour lui. Les Martiens se piquent de pouvoir tout faire par eux-mêmes. L'autonomie est le symbole de leur efficacité, de leur pouvoir et de leur compétence.

La compréhension de cette caractéristique martienne peut aider les femmes à comprendre pourquoi les hommes détestent tellement se faire corriger ou se faire dire quoi faire. Donner un conseil à un homme sans qu'il l'ait sollicité équivaut à présumer qu'il ne sait pas quoi faire, ou qu'il est incapable de le faire par lui-même. Les hommes sont hypersensibles là-dessus, parce que le sujet de la compétence est tellement important pour eux.

> *Donner un conseil à un homme sans qu'il l'ait sollicité équivaut à présumer qu'il ne sait pas quoi faire, ou qu'il est incapable de le faire par lui-même.*

Parce qu'il règle ses problèmes par lui-même, un Martien en parle rarement à quelqu'un, à moins qu'il n'ait besoin des conseils d'un spécialiste. Il se dit: «Pourquoi conter mes troubles à quelqu'un d'autre quand je peux y voir moi-même?» Il garde ses problèmes pour lui, à moins d'avoir absolument besoin d'un autre pour en trouver la solution. Demander de l'aide quand on peut s'en tirer tout seul est un signe de faiblesse.

Cependant, s'il doit absolument recourir à quelqu'un, alors cela devient un signe de sagesse s'il le fait. Dans ce cas il trouvera quelqu'un qu'il respecte et lui parlera de son problème. Sur Mars, parler d'un problème équivaut à solliciter de l'aide pour le résoudre. Tout bon Martien est honoré qu'on fasse appel à ses connaissances ou services. Automatiquement il coiffe son casque d'homme à tout faire, écoute attentivement, puis offre quelques joyaux-conseils.

Cette coutume martienne est l'une des raisons qui font que les hommes offrent instinctivement des solutions quand les femmes leur parlent de leurs problèmes. Lorsqu'une femme expose innocemment son désarroi et exprime à haute voix les problèmes de sa journée, son homme présume erronément qu'elle recherche l'avis d'un expert. Il assume alors son rôle d'homme à tout faire et commence à prodiguer ses conseils. C'est sa façon à lui de se montrer généreux, amoureux, et d'offrir son aide.

Il tente d'aider sa femme à se sentir mieux en proposant une solution à ses problèmes. Il veut lui être utile. Il pense pouvoir se valoriser aux yeux de celle qu'il aime, donc mieux mériter son amour à elle, en utilisant son talent et ses connaissances pour l'aider à résoudre ses problèmes.

Une fois qu'il lui a proposé une solution et qu'elle se montre encore troublée, il devient de plus en plus difficile pour lui d'écouter ce qu'elle dit, parce que sa solution vient d'être rejetée et il se sent de plus en plus inutile.

Il ne lui viendrait même pas à l'esprit que simplement en écoutant et en se montrant intéressé il lui offrirait le support moral dont elle a besoin. Il n'a aucune idée que, sur Vénus, le fait de parler de ses problèmes n'est aucunement une invitation à offrir une solution.

LA VIE SUR VÉNUS

Les Vénusiennes ont un tout autre système de valeurs. Elles valorisent surtout l'amour, la communication, la beauté et les relations. Elles passent beaucoup de temps à se soutenir, à s'aider et à se valoriser les unes les autres. Leur amour-propre est alimenté par leurs sentiments et par la qualité de leurs contacts. C'est le plaisir de partager et d'avoir des relations avec les autres qui leur procure leur meilleur contentement.

> *L'amour-propre d'une femme est rattaché*
> *à ses sentiments et à la qualité de ses relations avec les autres.*

Tout sur Vénus reflète ces valeurs. Au lieu de construire de grands édifices et des super-autoroutes, les Vénusiennes se préoccupent de l'harmonie de leur vie, de la communauté et de leur coopération amoureuse. Pour elles, les relations sont plus importantes que le travail et la technologie. De plusieurs façons leur monde est à l'opposé de celui de Mars.

Elles ne portent pas d'uniformes (symboles de compétence) comme les Martiens. Au contraire, elles aiment porter des vêtements différents chaque jour, selon leur état d'âme. L'expression personnelle, de leurs sentiments surtout, est très importante. Elles peuvent même changer de toilette plusieurs fois par jour, pour exprimer leurs changements d'humeur.

La communication est primordiale. Il est beaucoup plus important de partager les sentiments qu'elles ont que d'atteindre leurs objectifs et de réussir. Faire la conversation et entretenir des contacts fréquents sont des sources de grande satisfaction pour elles.

Il est difficile pour un homme de comprendre cela. Il peut seulement avoir une petite idée de ce qu'une femme ressent, quand elle partage ou qu'elle est en relation avec quelqu'un, en comparant avec ses propres sentiments après avoir gagné une course, atteint un but ou résolu un problème.

L'intérêt des femmes est axé sur les relations plutôt que sur les objectifs. Elles tiennent beaucoup plus à exprimer leur bonté, leur amour et leur sollicitude. Deux Martiens vont au restaurant pour discuter d'un projet ou d'un objectif d'affaires; ils ont un problème à résoudre. Au départ, les Martiens considèrent le restaurant comme une solution pratique au problème de la nourriture. Pas d'emplettes, pas de cuisine, et pas de vaisselle à faire. Pour les Vénusiennes, une visite au restaurant est l'occasion d'entretenir une relation personnelle ou amicale, autant pour offrir son soutien à l'autre que pour recevoir celui de l'autre. Les conversations des femmes au restaurant peuvent être très ouvertes et intimes, presque de l'ordre d'un dialogue entre un thérapeute et sa patiente.

Sur Vénus, toutes étudient la psychologie et possèdent au moins une maîtrise en consultation professionnelle. Elles sont très absorbées par la croissance personnelle, la spiritualité, et tout ce qui touche à la vie, aux soins et au développement personnels. Vénus foisonne de parcs, de jardins organiques, de centres commerciaux et de restaurants.

Les Vénusiennes ont beaucoup d'intuition. Elles ont développé cette faculté à travers des siècles d'anticipation des besoins des autres. Elles s'enorgueillissent de leur prévenance pour les nécessités et les sentiments d'autrui. Une belle démonstration d'amour consiste à offrir de l'aide et de l'assistance à une autre Vénusienne sans qu'elle les ait demandées.

Parce que les Vénusiennes ressentent très peu l'importance de prouver leur compétence, il n'est pas offensant d'offrir de l'aide à quelqu'un, et ce n'est nullement un signe de faiblesse que d'accepter l'assistance d'une autre personne. Un homme peut s'en sentir offensé, cependant, parce que lorsqu'une femme offre de le conseiller, il croit qu'elle n'a pas confiance en sa capacité de s'en tirer tout seul.

La femme n'a aucune idée de cette sensibilité masculine, parce que pour elle c'est une sensation bien agréable lorsque quelqu'un lui offre de l'aider. Elle se sent aimée et choyée. Par contre, un homme qui se voit offrir de l'aide se sent incompétent, faible et même mal aimé.

Les conseils et les suggestions sont considérés comme des gentillesses sur Vénus. Les Vénusiennes croient que, même si quelque chose fonctionne bien, on peut toujours essayer de le faire fonctionner mieux. C'est dans leur nature de tenter d'améliorer les choses. Lorsque quelqu'un leur tient à cœur, elles se sentent absolument libres de lui signaler ce qui peut être amélioré et de lui suggérer comment le faire. Pour elles, les conseils et les critiques constructives sont des actes d'amour.

Mars est très différente. Les Martiens sont plutôt orientés vers les solutions. Ils ont comme principe de ne rien changer quand cela va bien. Leur instinct leur dicte de laisser les choses tranquilles, autant que possible.

Quand une femme essaie d'améliorer son homme, il a l'impression qu'elle essaie de le changer. Il reçoit le message qu'il est imparfait ou défectueux. Elle ne réalise pas que, par ses aimables efforts pour l'aider, elle peut au contraire l'humilier. Elle pense erronément qu'elle l'aide seulement à s'améliorer.

CESSER DE DONNER DES CONSEILS

Sans cette connaissance intime de la nature de l'homme, il est très facile pour une femme d'offenser et de blesser, sans le vouloir, l'être qu'elle aime le plus au monde.

Par exemple, Tom et Mary s'en allaient à une soirée. Tom était au volant de la voiture et, après une vingtaine de minutes à tourner autour du même pâté de maisons, Mary voyait bien qu'il s'était égaré. Elle lui suggéra de demander de l'aide. Tom devint silencieux. Ils finirent bien par arriver à destination mais la tension créée par la suggestion de Mary persista toute la soirée. Mary ne comprenait absolument pas pourquoi Tom était si bouleversé.

De son côté elle avait voulu dire: «Je t'aime et je te veux du bien, c'est pourquoi je t'ai offert mon aide.»

Mais Tom était offensé, parce qu'il avait interprété le message de Mary comme voulant dire: «Je n'ai pas confiance que tu puisses nous conduire à destination. Tu es un incompétent!»

Sans connaître la vie sur Mars, Mary ne pouvait concevoir combien il était important pour Tom d'atteindre son objectif sans aide. Sa suggestion avait été comme la pire des insultes. Comme nous l'avons vu, les Martiens ne donnent jamais de conseils sans qu'on leur en fasse la demande. C'est faire preuve du plus grand respect pour un Martien que de présumer qu'il peut résoudre son problème tout seul, à moins qu'il ne demande de l'aide.

Mary ne savait rien de cela lorsque Tom s'égara et se mit à tourner en rond. Elle n'y vit là qu'une belle occasion de lui fournir son soutien par amour. Il avait l'air tellement vulnérable à ce moment-là qu'il sembla à Mary qu'il avait besoin d'un surplus d'amour. Cependant, il aurait fallu qu'elle sache qu'il aurait été aussi appréciable pour lui que, par respect, elle ne suggère pas de demander de l'aide; qu'il l'aurait été, pour elle, qu'il lui offre des fleurs et lui écrive une note d'amour.

Après avoir découvert notre histoire des Martiens et des Vénusiennes, Mary a appris comment devenir le soutien moral de son mari dans de tels moments difficiles. Alors, la prochaine fois qu'il est arrivé à Tom de s'égarer elle a soigneusement évité de faire des suggestions, elle a pris une grande respiration et s'est contentée d'apprécier dans son cœur ce que Tom tentait de faire pour elle. Et pour sa part, Tom a grandement apprécié la chaleureuse acceptation et la confiance de Mary à son endroit.

En général, lorsqu'une femme donne des conseils non sollicités ou essaie d'«aider» un homme, elle ne soupçonne pas combien elle peut lui paraître critique et non aimante. Bien que son intention soit motivée par l'amour, ses suggestions deviennent offensantes et blessantes. Et l'homme peut avoir une réaction violente, hors de proportion, soit parce qu'il a souvent été critiqué étant enfant, ou qu'il a trop vu son père critiqué par sa mère.

....
En général lorsqu'une femme donne des conseils non sollicités ou essaie d'«aider» un homme, elle ne soupçonne pas combien elle peut lui paraître critique et non aimante.
....

Pour bien des hommes, il est très important de prouver qu'ils peuvent atteindre leur objectif, même s'il s'agit d'une affaire insignifiante comme le fait de conduire jusqu'à un restaurant ou une réception. Curieusement, ils peuvent même être plus irrités par une petite affaire que par une grande. Son raisonnement pourrait s'expliquer comme ceci: «Si elle n'a pas confiance en moi pour accomplir une chose aussi insignifiante que de la conduire à un endroit, elle ne peut sûrement pas avoir confiance en moi pour de grandes choses.» Comme leurs ancêtres Martiens, les hommes se piquent d'être des experts, spécialement quand il s'agit d'arranger des choses, de se rendre quelque part ou de résoudre des problèmes. Ce sont là des occasions où l'homme a le plus besoin d'une acceptation amoureuse de la part de la femme, et surtout pas de ses conseils ou de ses critiques.

APPRENDRE À ÉCOUTER

De la même façon un homme qui ne comprend pas comment une femme est différente de lui peut aussi commettre des gaffes bien involontairement en essayant d'être gentil et de l'aider. Les hommes doivent se rappeler que si les femmes parlent de leurs problèmes aux hommes, c'est pour se rapprocher d'eux, et non pas pour solliciter des solutions.

Bien des fois une femme veut seulement parler de sa journée, dire comment elle se sent; et son mari, pensant lui rendre service, l'interrompt avec une avalanche de solutions à ses problèmes. Et il ne comprend absolument pas pourquoi elle n'est pas contente.

Bien des fois une femme veut seulement parler de sa journée, dire comment elle se sent, et son mari, pensant lui rendre service, l'interrompt avec une avalanche de solutions à ses problèmes.

Par exemple, Mary rentre à la maison après une journée épuisante. Elle sent le besoin de parler de sa journée.

Elle dit: «Il y a tellement à faire, il ne me reste aucun temps pour moi.»

Tom lui répond: «Tu devrais laisser cet emploi. Tu n'as pas besoin de travailler si fort, trouve donc quelque chose qui te plaît davantage.»

35

Alors Mary réplique: «Mais j'aime mon travail. C'est seulement qu'ils veulent que je change tout à la dernière minute.»

Tom ajoute: «Laissez-les faire. Fais seulement ce que tu peux.»

Et Mary reprend: «Mais c'est ce que je fais! Je n'en reviens pas, mais j'ai complètement oublié d'appeler ma tante aujourd'hui!»

«T'en fais pas, elle va comprendre», dit Tom.

Mary monte légèrement le ton en disant: «Sais-tu ce qu'elle est en train de vivre? Elle a besoin de moi!»

Alors Tom ajoute: «Tu t'inquiètes trop, c'est pour cela que tu es malheureuse.»

Et Mary se fâche: «Je ne suis pas toujours malheureuse! Pourrais-tu au moins m'écouter?»

Tom crie: «Que penses-tu que je fais, je t'écoute!»

Et Mary, désespérée, lance: «Ah! Cela ne vaut même pas la peine de te parler!»

Après cette conversation, Mary est encore plus frustrée que lorsqu'elle est arrivée après sa dure journée de travail, cherchant l'intimité et le support de son compagnon. Et Tom est aussi frustré sans comprendre ce qui se passe, parce que ses efforts pour offrir des solutions ont échoué.

N'étant pas au courant des coutumes de Vénus, Tom était incapable de savoir qu'il lui aurait suffi d'écouter sans proposer de solutions. Ses suggestions n'ont fait qu'envenimer la situation. Vous voyez, les Vénusiennes n'interrompent jamais quelqu'un pour lui offrir des solutions. Elles lui font l'honneur de l'écouter patiemment, avec empathie et jusqu'au bout, en cherchant sérieusement à comprendre ses sentiments.

Tom ne savait pas qu'en écoutant Mary exprimer ses sentiments, simplement et avec empathie, il pouvait contribuer au grand soulagement et à l'immense satisfaction de cette dernière. Après que Tom fut mis au courant des coutumes des Vénusiennes et de leur grand besoin de parler, il apprit graduellement à savoir écouter.

Maintenant, lorsque Mary rentre de son travail excédée et épuisée, leur conversation prend une tout autre allure.

Par exemple, Mary dira: «Il y a tellement à faire, il ne me reste aucun temps pour moi.»

Et Tom, après avoir inspiré profondément, se détend brièvement en laissant sortir l'air de ses poumons et dit sur un ton sympathique: «Hummmm... tu as l'air d'avoir eu une dure journée.»

Mary ajoute: «Ils veulent que je change tout à la dernière minute, je ne sais plus quoi faire.»

Après une courte pause, Tom fait simplement: «Ah!...»

Mary continue: «J'ai même oublié d'appeler ma tante.»

Plissant le front un peu, Tom dit: «Dis-moi pas.»

Et Mary ajoute: «Elle a tellement besoin de moi en ce moment, c'est pas le temps.»

Et là-dessus Tom lui dit: «Et pourtant, toi qui as tellement d'amour pour tout le monde! Viens que je te caresse un peu.»

Après quelques secondes dans ses bras, dans un grand soupir de soulagement Mary dit à Tom: «Cela me fait du bien de parler avec toi. Tu sais me remettre d'aplomb. Merci de m'avoir écoutée! Je me sens tellement mieux maintenant.»

Non seulement Mary mais Tom aussi se sentait mieux. Il était renversé que sa femme fût tellement plus heureuse depuis qu'il avait appris à écouter. Avec cette nouvelle connaissance de leurs différences, Tom avait acquis la sagesse d'écouter sans offrir de solutions, alors que Mary avait acquis la sagesse de laisser faire et d'accepter sans offrir de conseils ou de critiques non sollicités.

En bref, les deux erreurs les plus courantes que nous commettons dans nos relations de couple sont:

1 - l'homme qui essaie de changer les sentiments de sa femme quand elle est bouleversée et qui, en se faisant «homme à tout faire», se permet de neutraliser les sentiments de sa compagne en proposant des solutions à ses problèmes;

et

2 - la femme qui essaie de changer le comportement de son mari et qui, en se faisant «comité d'amélioration du foyer» se permet de lui donner des conseils ou de lui faire des critiques sans avoir été sollicitée.

À LA DÉFENSE DE L'HOMME À TOUT FAIRE ET DU COMITÉ D'AMÉLIORATION DU FOYER

En faisant ressortir ces deux erreurs communes, je ne veux pas dire que l'homme à tout faire et le comité d'amélioration du foyer ont toujours tort. Ce sont des comportements absolument corrects et typiques pour des Martiens et des Vénusiennes. Seuls les choix du moment et la façon d'intervenir sont des erreurs.

La femme apprécie beaucoup un homme à tout faire tant qu'il ne se manifeste pas lorsqu'elle est bouleversée. Les hommes devraient se rappeler que ce n'est pas le temps de proposer des solutions lorsqu'une femme paraît bouleversée en parlant de ses problèmes. Elle a plutôt besoin qu'il l'écoute et la réconforte, après quoi elle reviendra d'elle-même à de bien meilleurs sentiments. Elle n'a pas besoin d'être «réparée».

L'homme apprécie aussi les interventions du comité d'amélioration du foyer, mais à condition qu'il les ait lui-même sollicitées. Les femmes doivent se rappeler que, surtout lorsque l'homme est dans l'erreur, les conseils et les critiques non sollicités signifient pour lui un manque d'amour et équivalent à des tentatives pour le contrôler. Pour que ses erreurs lui apprennent quelque chose, il a bien plus besoin de la compréhension de sa femme que de ses conseils. Au contraire, c'est quand un homme est convaincu que sa femme n'essaie pas de le changer ou de l'améliorer qu'il est mieux disposé à lui demander conseil.

••••••••••••••••••••••••••••••••••
Quand notre partenaire nous résiste,
c'est probablement que nous avons fait une erreur
ou que le moment est mal choisi.
••••••••••••••••••••••••••••••••••

Quand on comprend bien les différences entre les sexes, il est bien plus facile de supporter son partenaire et de respecter sa sensibilité. Et on s'aperçoit par surcroît que si notre partenaire nous résiste, c'est probablement que nous avons fait une erreur en choisissant le moment, ou notre approche. Explorons maintenant ces données en détail.

QUAND UNE FEMME RÉSISTE AUX CONSEILS DE SON MARI

Lorsqu'une femme résiste aux suggestions que lui fait son mari, celui-ci le prend comme un doute sur sa compétence. En conséquence, il a l'impression qu'elle n'a pas confiance en lui, qu'elle ne l'apprécie pas, et il cesse de lui donner son attention. Et naturellement, sa disponibilité à écouter diminue d'autant.

Dans ces moments-là, en se rappelant que les femmes sont Vénusiennes l'homme pourrait au moins comprendre pourquoi la sienne a cette attitude de résistance. En y réfléchissant bien, il pourrait probablement s'apercevoir qu'il lui offrait des solutions au moment où elle avait plutôt besoin d'être comprise et cajolée.

Voici de courts exemples de manières que les hommes peuvent avoir pour neutraliser involontairement les sentiments et les perceptions de la femme ou pour offrir des solutions non désirées. Essayez de voir pourquoi, dans chaque cas, la femme pourrait résister.

1. «Tu ne devrais pas t'en faire autant.»
2. «Mais c'est pas ce que j'ai dit.»
3. «C'est pas si important après tout.»
4. «O.K. je m'excuse. Est-ce qu'on peut parler d'autre chose?»
5. «Vas-y! Parle.»
6. «Mais c'est ce qu'on fait, on parle!»
7. «Ne t'en fais pas, c'est pas ce que je voulais dire.»
8. «Alors, qu'est-ce que tu veux dire?»
9. «Ce n'est pas une raison de penser comme ça.»
10. «Comment peux-tu dire ça? La semaine dernière j'ai passé toute une journée avec toi, puis on a eu beaucoup de plaisir.»
11. «D'accord, oublie donc ça!»
12. «Bon, je vais nettoyer la cour arrière. Vas-tu être heureuse enfin?»
13. «Ça y est, je l'ai! Voici ce que tu vas faire.»
14. «Écoute! On ne peut rien faire pour changer ça.»
15. «Si tu vas te plaindre, alors ne le fais pas!»
16. «Pourquoi te laisses-tu traiter comme ça? Envoie-les donc chez le diable!»
17. «Si tu n'es pas heureuse, alors! on devrait divorcer.»
18. «D'accord! Fais-le à partir de maintenant.»

19. «Oublie ça, je vais m'en occuper à l'avenir.»
20. «Bien sûr que je tiens à toi, voyons donc!»
21. «Explique-toi, qu'est-ce que tu veux dire?»
22. «Tout ce qu'on a à faire c'est...»
23. «C'est pas du tout comme ça que ça s'est passé.»

Chacune de ces affirmations invalide ou tente d'expliquer la frustration ou le bouleversement, ou propose une solution pour tenter soudainement de changer des sentiments négatifs en sentiments positifs. La première chose qu'un homme peut faire pour modifier ce comportement, c'est simplement de cesser d'émettre le genre d'affirmations citées plus haut. D'ailleurs, ce sujet est exploré plus profondément dans le chapitre 5. Mais déjà, en arriver à pouvoir écouter sans offrir de commentaires démotivants ou de solutions serait un grand pas dans la bonne direction.

En sachant que ce sont ses mauvais choix du moment et de la façon de dire qui sont rejetés, et non pas ses solutions elles-mêmes, un homme peut beaucoup mieux accepter la réticence d'une femme. Il ne s'en offense pas personnellement. En apprenant à écouter il s'apercevra graduellement qu'elle l'apprécie davantage, même quand elle est fâchée contre lui.

QUAND UN HOMME RÉSISTE AU COMITÉ D'AMÉLIORATION DU FOYER

Quand un homme n'accepte pas les suggestions d'une femme, celle-ci a l'impression qu'il ne tient pas à elle, que ses besoins à elle ne sont pas respectés. Il en résulte que, naturellement, elle ne se sent plus appuyée et elle perd confiance en lui.

Dans ces moments-là, en se rappelant le caractère martien des hommes, elle pourrait plutôt comprendre pourquoi il lui résiste. Et en réfléchissant, elle découvrirait comment elle était probablement en train de lui offrir des conseils ou des critiques non désirés, au lieu de partager simplement ses besoins, de lui offrir de l'information, ou de lui faire une simple demande.

Voici quelques exemples brefs de différentes façons involontaires pour une femme d'ennuyer un homme en lui donnant des conseils, ou en lui faisant des critiques en apparence inoffensives. En explorant ces choses, dites-vous bien que de telles petites choses peuvent, en s'accumulant, devenir de grandes sources de résistances et de ressentiment. Dans certaines de ces affirmations, la critique ou le conseil est plutôt dissimulé; alors, voyez si vous pouvez déceler pourquoi l'homme pourrait avoir l'impression que la femme essaie de le contrôler.

1. «Pourquoi veux-tu acheter ça? Tu en as déjà un.»
2. «La vaisselle est encore mouillée, elle va faire plein de taches en séchant.»
3. «Tes cheveux commencent à être longs, n'est-ce pas?»
4. «Il y a une place de stationnement là-bas, tourne la voiture.»
5. «Tu veux passer un peu de temps avec tes amis, et puis moi alors?»
6. «Tu travailles trop, prends donc une journée de congé.»
7. «Mets pas ça là, on va le perdre.»
8. «Tu devrais appeler le plombier, lui il saurait quoi faire.»
9. «Pourquoi est-ce qu'on doit attendre une place, tu n'as pas fait de réservation?»
10. «Tu devrais passer plus de temps avec les enfants, ils ont besoin de toi.»
11. «Ton bureau est encore en désordre, comment peux-tu travailler là-dedans? Quand vas-tu le nettoyer?»
12. «Tu as encore oublié de l'apporter. Tu devrais le mettre dans un endroit où tu vas t'en souvenir.»
13. «Tu vas trop vite. Ralentis ou tu vas avoir une contravention.»
14. «La prochaine fois, on devrait lire les critiques avant de venir au cinéma.»
15. «Je ne savais pas où tu étais, tu aurais dû m'appeler.»
16. «Il y a quelqu'un qui a bu directement à la bouteille.»
17. «Ne mange pas avec tes doigts, tu donnes le mauvais exemple.»
18. «C'est bien trop gras, c'est pas bon pour ton cœur.»
19. «Dépêche-toi, tu vas être en retard.»
20. «Tu devrais m'avertir à l'avance, je ne peux pas tout lâcher comme ça pour partir avec toi.»
21. «Ton chandail ne va pas avec tes pantalons.»

22. «Ça fait trois fois que Robert appelle. Quand est-ce que tu vas le rappeler?
23. «Ton coffre est sens dessus dessous, je trouve pas ce que je veux. Tu devrais faire le ménage là-dedans.»

Quand une femme ne sait pas comment demander de l'aide à son homme directement (chapitre 12), ou lui exprimer positivement sa divergence d'opinion (chapitre 9), elle peut se croire incapable d'obtenir ce qu'elle veut sans critiquer ou donner des conseils (un sujet que nous explorerons aussi en détail plus loin). Mais de s'efforcer à accepter et à éviter la critique et les conseils serait déjà un grand pas dans la bonne direction.

En ayant une idée nette que son homme ne rejette pas ses besoins mais sa façon de l'aborder, elle pourrait accepter son rejet sans s'en offusquer autant et trouver des manières plus positives de lui faire comprendre ses besoins. Et puis, graduellement, elle finira par saisir que l'homme a lui aussi le désir de changer les choses lorsqu'on s'adresse à lui comme au pourvoyeur de solutions, et non comme au coupable.

....
L'homme a lui aussi le désir de changer
les choses lorsqu'on s'adresse à lui comme au pourvoyeur
de solutions, et non comme au coupable.
....

Si vous êtes une femme, je vous suggère d'essayer d'éviter la critique et les conseils pendant la prochaine semaine. Vous verrez que les hommes autour de vous n'en seront pas seulement reconnaissants, ils vous accorderont plus d'attention et répondront plus facilement à vos désirs.

Si vous êtes un homme, je vous conseille pour la prochaine semaine d'écouter quand la femme vous parle, simplement avec le désir de comprendre les sentiments qu'elle vous exprime. Exercez-vous à tourner votre langue sept fois dans la bouche avant de lui donner des conseils ou d'essayer de l'aider à changer la situation. Vous serez très surpris de voir comment vous serez beaucoup mieux accepté et apprécié.

Chapitre 3

LES HOMMES ENTRENT DANS LEUR CAVERNE ET LES FEMMES JASENT

L'une des différences fondamentales entre les hommes et les femmes, c'est leur façon de réagir au stress. Pendant que les hommes se concentrent, se crispent et se retirent, les femmes deviennent de plus en plus accablées et émotives. Dans ces moments-là, ce dont l'homme aurait besoin pour se sentir bien est totalement opposé aux besoins de la femme. Il se sent mieux lorsqu'il résout les problèmes, alors qu'elle se sent mieux quand elle en parle. En ne comprenant pas et en n'acceptant pas cette différence, on crée des frictions dans nos relations. Voyons un exemple courant.

Quand Tom rentre de son travail, il veut simplement se relaxer en lisant tranquillement son journal. Il est tendu à cause des problèmes qu'il a dû laisser sans solution à l'ouvrage, et il cherche à les oublier.

Sa femme, Mary, désire aussi se reposer de la fatigue après une journée stressante. Elle, cependant, se sent beaucoup mieux quand elle parle de ses problèmes. Et la tension qui s'accumule entre eux tourne vite au ressentiment.

Tom pense que Mary parle trop, alors qu'elle se sent ignorée. Et sans une meilleure connaissance de leurs différences, ils s'éloignent lentement l'un de l'autre.

Vous reconnaissez probablement cette situation qui n'est qu'un des nombreux exemples d'aliénation des partenaires. Ce n'est pas un problème unique à Tom et Mary, mais présent dans la presque totalité des relations de couple.

La solution à ce conflit n'est pas garantie par l'amour qui existe entre Tom et Mary, mais bien plus par le degré de compréhension qu'ils peuvent avoir du sexe opposé.

Sans apprendre que les femmes ont réellement besoin de parler de leurs problèmes pour se sentir mieux, Tom continuerait simplement de penser que Mary parle trop et de s'abstenir de l'écouter. Et sans comprendre que Tom lit son journal pour se sentir mieux, Mary continuerait de se sentir ignorée et négligée. Elle persisterait a insister pour qu'il lui parle alors qu'il n'en a aucunement envie.

Pour tenter de réconcilier cette différence d'attitude voyons d'abord en détail comment l'homme et la femme réagissent au stress. Pour obtenir des éclaircissements utiles, allons une fois de plus observer les modes de vie sur Mars et Vénus.

RÉACTIONS AU STRESS SUR MARS ET VÉNUS

Quand un Martien est perturbé, il ne parle jamais de ce qui le tracasse. Jamais il ne voudrait accabler un autre Martien avec ses troubles, à moins qu'il ait besoin de l'assistance de cet ami pour régler son problème. Il se retire plutôt dans sa caverne privée pour penser à son affaire et chercher à la résoudre. Et lorsqu'il a trouvé la solution, soulagé et heureux il ressort au grand jour.

S'il est incapable de trouver cette solution, il s'occupe l'esprit autrement pour oublier son problème. Il s'en va jouer ou lire le journal, par exemple. En dégageant son esprit de l'obligation immédiate de dénouer l'impasse il en arrive graduellement à se détendre. Si son stress est plus élevé, il aura besoin d'activités encore plus éprouvantes pour le désamorcer, comme la course en auto, la compétition athlétique ou l'alpinisme, par exemple.

....
Pour se sentir mieux, les Martiens se retirent dans leur caverne
privée pour résoudre leurs problèmes tout seuls.
....

Lorsqu'une Vénusienne est bouleversée ou stressée par sa journée, elle recherche la compagnie de quelqu'un en qui elle a confiance pour lui faire part avec beaucoup de détails de ses problèmes du jour. En partageant ses sentiments d'impuissance et d'écrasement avec une autre Vénusienne, elle se sent soudainement beaucoup mieux. C'est la façon de faire sur Vénus.

*Pour se sentir mieux, les Vénusiennes se rassemblent
et parlent ouvertement de leurs problèmes.*

Sur Vénus c'est un signe d'amour et de confiance, plutôt qu'un fardeau, que de partager ses problèmes avec autrui. Les Vénusiennes ne trouvent pas honteux d'avoir des ennuis. Leur ego n'est pas basé sur une apparence de compétence, mais sur leur capacité d'établir des relations personnelles avec les autres. Elles n'ont aucune réticence à étaler leur sentiments d'impuissance, de confusion, de désespoir ou d'épuisement.

Une Vénusienne est contente d'elle-même quand elle a des amies qui l'aiment et qui acceptent de partager avec elle ses sentiments et ses ennuis. Un Martien est satisfait quand il arrive à résoudre ses problèmes tout seul, dans sa caverne. Ces mêmes recettes sont toujours en vigueur aujourd'hui et sur notre planète Terre.

LE SOULAGEMENT AU FOND DE LA CAVERNE

Devant une tension élevée, l'homme se retire dans la caverne de son esprit et se concentre à la résolution du problème. Il choisit habituellement de s'attaquer d'abord à son souci le plus urgent ou le plus sérieux. Il devient tellement obsédé par le besoin de trouver une solution qu'il perd momentanément conscience de tout le reste, et toutes ses autres préoccupations et responsabilités sont reléguées à l'arrière-plan.

Dans ces moments-là il devient de plus en plus distant, distrait, indifférent, préoccupé et, évidemment, incapable de communiquer adéquatement avec sa partenaire. Par exemple, dans une conversation à domicile il semble que seulement 5 pour cent de son cerveau soit disponible pour la relation alors que l'autre 95 pour cent est resté au bureau.

Il n'a pas sa pleine capacité parce que dans son esprit il continue de se préoccuper de trouver une solution à son problème. Plus il est stressé, plus il est pris par ce problème. Il est absolument incapable à ce moment-là de donner à sa femme l'attention et la considération qu'elle reçoit habituellement et qu'elle mérite. Son esprit est crispé et il est incapable de le dégager. Si toutefois il en arrive à une solution, il se sentira instantanément libéré. Il sortira de sa caverne et redeviendra disponible pour sa relation de couple comme avant.

Cependant, s'il n'arrive pas à la solution qu'il recherche, il devient prisonnier dans sa caverne. Pour se donner l'impression de débloquer, il se consacre alors à résoudre de petits problèmes, comme lire les nouvelles, regarder la télévision, conduire sa voiture, faire de l'exercice, regarder un match de football, jouer au tennis et ainsi de suite. N'importe quelle activité qui ne requiert que cinq pour cent de sa capacité intellectuelle pour réussir peut l'aider à oublier ses problèmes et le dépanner mentalement. Et le lendemain il peut réaborder son problème avec succès.

Voyons plus en détail certains exemples. Jim se sert habituellement de son journal pour oublier ses problèmes. En le lisant il n'est plus confronté à ses propres difficultés. Il consacre le cinq pour cent de raisonnement qui n'est pas fixé sur son propre problème à résoudre les problèmes du monde et se former des opinions. Son esprit, graduellement absorbé par ces préoccupations qu'il perçoit dans les nouvelles, s'éloigne peu à peu de son problème personnel. De cette façon il en arrive à décrocher de ses propres considérations pour s'accrocher aux difficultés des autres, dont il n'est pas directement responsable. Et ce processus le libère de l'emprise de son travail pour le rendre plus disponible à sa partenaire et à sa famille.

Tom regarde un match de football pour désamorcer son stress et se détendre. Il dégage son esprit de l'obligation de résoudre ses problèmes en le chargeant de résoudre les problèmes de son équipe favorite. Donc, en regardant ce match sportif, il se donne la compensation de sentir qu'il résout un problème à chaque engagement sur le terrain. Quand son équipe compte des points ou gagne, il se régale d'un sentiment de succès. Si son équipe perd, il ressent cette perte comme la sienne. Toutefois, dans un cas comme dans l'autre, son esprit est libéré de ses problèmes réels.

Pour Tom comme pour beaucoup d'hommes, l'inévitable relâchement de tensions qui survient à la fin d'un match sportif, ou d'une nouvelle, ou d'un film, comporte un soulagement équivalent de ses propres tensions dans la vie.

COMMENT LES FEMMES RÉAGISSENT À LA CAVERNE

Du fond de sa caverne l'homme est incapable de vouer à sa partenaire l'attention de qualité qu'elle mérite. Il est difficile pour elle d'accepter son comportement parce qu'elle ne sait pas à quel point il est stressé. Si en arrivant à la maison il se mettait à lui raconter ses problèmes, elle pourrait lui démontrer plus de compassion. Au lieu de cela, il reste silencieux, et elle a l'impression qu'il l'ignore tout simplement. Elle voit bien qu'il est préoccupé mais présume qu'il ne tient pas tellement à elle puisqu'il ne lui parle pas.

Les femmes ne comprennent généralement pas comment les Martiens font face à leurs problèmes. Elles pensent qu'ils devraient discuter ouvertement de leurs difficultés avec elles, comme le font les Vénusiennes. Au moment où l'homme s'enfonce dans sa caverne, la femme est fâchée parce qu'il ne se confie pas à elle. Et elle se sent blessée lorsqu'il l'ignore pour allumer la télévision ou aller jouer à l'extérieur.

Il est aussi irréaliste de croire qu'un homme qui s'est réfugié dans la caverne de son esprit puisse redevenir instantanément disponible, ouvert et aimant avec sa partenaire, que de penser qu'une femme bouleversée puisse en quelques secondes se tranquilliser et discuter sensément avec son homme. Et c'est tout autant une erreur de s'attendre à ce qu'un homme maintienne à tout instant sa disposition amoureuse que de penser que les sentiments féminins peuvent toujours demeurer logiques et rationnels.

Quand ils rentrent dans leur caverne, les Martiens ont tendance à oublier que leurs amis ont aussi des problèmes. Leur instinct leur dit qu'avant de pouvoir aider les autres il faut être capable de prendre soin de soi-même. Mais en voyant un homme agir ainsi, la femme lui oppose généralement de la résistance et du ressentiment.

Elle peut prendre un ton arrogant pour réclamer son attention, comme si elle croyait qu'elle doit se battre avec cet homme récalcitrant pour obtenir ce à quoi elle a droit. Pourtant, en se rappelant que les hommes sont des Martiens, la femme pourrait correctement interpréter ce comportement de son partenaire face au stress comme un mécanisme de compensation, plutôt que comme l'expression de ses sentiments envers elle. Et elle pourrait commencer à coopérer avec lui pour obtenir ce qu'elle veut, au lieu de le contrecarrer.

D'un autre côté, l'homme est rarement conscient de son inaccessibilité lorsqu'il est dans sa caverne. Mais en prenant conscience de l'effet que son retrait peut avoir sur sa femme, il pourrait à nouveau prodiguer de la compassion au moment où sa compagne se sent négligée et délaissée. La reconnaissance que les femmes sont Vénusiennes l'aide à être plus compréhensif et respectueux des réactions et des sentiments de la sienne. Cependant, la méconnaissance de la validité des réactions féminines fait qu'habituellement l'homme se défend, et le couple se chamaille. Voici cinq exemples de cette méconnaissance.

1 - Quand elle dit: «Tu n'écoutes pas.» Lui répond: «Comment ça?, je peux répéter tout ce que tu as dit!»

C'est que, pendant qu'il est dans sa caverne mentalement, l'homme utilise le cinq pour cent de son cerveau qui est encore disponible pour enregistrer tout ce que sa femme lui dit. Il croit que ce cinq pour cent est suffisant pour tout entendre ce qu'elle peut avoir à dire, alors qu'elle ne veut rien de moins que «toute» son attention, à cent pour cent.

2 - Lorsqu'elle dit: «J'ai l'impression que tu n'es même pas ici.» Il réplique: «Qu'est-ce que tu veux dire? Ouvre tes yeux! Je suis là, devant toi!»

Son raisonnement à lui c'est que, si son corps est présent il n'est pas absent. Alors qu'elle, malgré ce qu'elle peut voir, lui dit qu'elle ne ressent pas «toute» sa présence.

3 - Quand elle dit: «Tu ne t'occupes pas de moi.» Il répond: «Bien sûr que je m'occupe de toi, tu ne vois pas que j'essaie de résoudre notre problème?»

Il est convaincu que, parce qu'il se préoccupe de trouver la solution à leur problème commun, elle devrait bien s'apercevoir qu'il s'occupe d'elle. Cependant, elle aurait plutôt besoin de ressentir son attention et sa préoccupation de façon directe, et c'est ce qu'elle veut.

4 - Lorsqu'elle dit: «Je trouve que tu ne t'occupes pas assez de moi.» et qu'il lui répond: «C'est ridicule! Bien sûr que tu es importante pour moi.»

Il pense que ses sentiments à elle ne sont pas valides, parce qu'elle va bénéficier du règlement du problème qu'il est en train de faire pour elle. Il ne s'aperçoit pas que parce qu'il porte toute son attention à un seul problème en ignorant ce qui l'inquiète, elle, n'importe quelle femme le prendrait aussi personnellement et réagirait de la même façon en se sentant ignoré, importance.

5 - Et quand elle lui dit: «Tu n'as pas de sentiments, tu ne fais rien que raisonner avec ta tête», et qu'il répond: «C'est bien normal, sinon comment veux-tu que je puisse régler nos problèmes?»

Il conclut qu'elle est trop critique et exigeante, parce qu'il est en train de faire quelque chose qui est essentiel pour lui, régler des problèmes. Il ne se sent pas apprécié à sa juste valeur. De plus, il ne reconnaît pas la validité de ses sentiments à elle. Les hommes ne se rendent absolument pas compte qu'ils peuvent passer d'un extrême à l'autre avec la rapidité de l'éclair, étant aimants et attentifs un instant, puis indifférents et distants l'instant d'après. Dans sa caverne, l'homme est entièrement absorbé par la tâche de résoudre les problèmes et ne se rend absolument pas compte de l'effet que son apparente indifférence peut avoir sur les autres.

Pour établir une meilleure coopération entre eux, les hommes et les femmes ont besoin de mieux se comprendre. Quand un homme commence à ignorer les besoins de sa femme, elle le prend généralement mal. Et le fait de savoir que cela fait partie de sa méthode à lui pour combattre le stress ne peut apporter que très peu de soulagement à sa souffrance à elle.

Quand cela arrive, elle peut ressentir le besoin de lui exposer ses sentiments. Et c'est à ce moment-là qu'il est important pour l'homme de reconnaître la validité des sentiments de sa femme. Il faut qu'il comprenne qu'elle a autant le droit de parler de son impression d'être ignorée et négligée, qu'il a le droit de se retirer dans sa caverne et de rester silencieux. Et si elle ne se sent pas comprise, il devient alors très difficile pour elle de se débarrasser de sa souffrance intérieure.

LE SOULAGEMENT PAR LA PAROLE

Quand une femme est stressée, elle ressent un impérieux besoin de dire comment elle se sent, et de parler de tous les problèmes qui sont la cause de ces sentiments. Et quand elle commence à se confier, elle n'accorde aucune priorité particulière à un problème plutôt qu'à un autre. Lorsqu'elle est bouleversée, c'est l'ensemble de tous ses problèmes qui la trouble, petits et grands. Elle ne cherche pas d'abord à résoudre ses problèmes mais plutôt à se soulager en s'exprimant pour tenter d'être comprise. Et en parlant ainsi au hasard de tout ce qui la préoccupe, elle devient moins perturbée.

Une femme stressée ne cherche pas d'abord à résoudre ses problèmes, mais plutôt à se soulager en s'exprimant pour tenter d'être comprise.

Alors que l'homme stressé est porté à se concentrer sur un problème et à oublier les autres, la femme dans le même état a tendance à regarder l'ensemble et à se sentir écrasée par la masse de tous ses problèmes. Et de parler de tous les aspects possibles sans s'attarder à la recherche de solutions lui apporte soulagement. Donc, en utilisant ce processus pour explorer ses sentiments elle devient plus consciente de ce qui la dérange réellement, et soudainement elle ne se sent plus écrasée.

Pour se sentir mieux, les femmes parlent de problèmes passés, de problèmes futurs, de possibilités de problèmes et même de problèmes qui ne peuvent avoir aucune solution. Plus elles parlent et plus elles se sentent soulagées. C'est ainsi que les femmes fonctionnent, et s'attendre à autre chose serait nier la nature profonde des femmes.

Quand une femme se sent dépassée par les événements elle se soulage en parlant à profusion des moindres détails de ce qui la trouble. Et graduellement, au fur et à mesure qu'elle sent qu'on l'écoute, son stress disparaît. Après avoir couvert un sujet, elle fait tout simplement une pause, puis passe au suivant. De cette façon, elle prolonge l'effet bénéfique qu'elle ressent à parler de problèmes, d'inquiétudes, de déceptions et de frustrations. Ses sujets n'ont pas besoin de suivre un ordre quelconque et tendent à n'être pas logiquement reliés. Si elle croit qu'on ne la comprend pas, sa conscientisation s'élargit davantage, et d'autres problèmes peuvent venir s'ajouter à ses troubles.

Tout comme l'homme dans sa caverne, dont le processus de solution est bloqué, a besoin de petits problèmes pour se distraire, la femme qui ne se sent pas écoutée ressent le besoin de parler d'autres problèmes moins aigus pour se soulager. Pour oublier ses propres sentiments douloureux, elle peut s'engager émotionnellement dans les problèmes des autres, et elle peut aussi chercher soulagement en discutant des problèmes de ses amies, de ses parents ou même d'étrangers. Peu importe qu'on parle de ses propres problèmes ou de ceux des autres, le seul fait de parler est une réaction au stress qui est typiquement Vénusienne, naturelle et saine.

> *Pour oublier ses propres sentiments douloureux,*
> *une femme peut s'engager émotionnellement*
> *dans les problèmes des autres.*

RÉACTION DES HOMMES AU BESOIN QU'ONT LES FEMMES DE PARLER

Quand les femmes parlent de problèmes, habituellement les hommes se rebiffent. Ils assument qu'elles leur parlent de leurs problèmes parce qu'elles les tiennent pour responsables. Et plus les problèmes sont nombreux et graves, plus les hommes se sentent blâmés. Ils ne réalisent pas qu'elles parlent seulement pour se soulager. L'homme ne sait pas que la femme apprécierait qu'il écoute simplement.

Les Martiens n'ont que deux raisons pour parler de leurs problèmes. Ou bien ils veulent blâmer quelqu'un, ou bien ils demandent conseil. Lorsqu'une femme est visiblement irritée, l'homme présume qu'elle veut lui jeter un blâme. Si elle semble moins perturbée, il pense plutôt qu'elle cherche conseil.

S'il croit qu'elle veut son avis, il s'empresse de coiffer son chapeau d'«homme à tout faire» pour lui prodiguer ses conseils. Si par contre il sent venir le blâme, il brandit son arme pour se défendre de l'attaque. Dans les deux cas, il trouve rapidement difficile de continuer à l'écouter.

Si l'homme offre des solutions aux problèmes de la femme, elle continue tout simplement à parler en passant à d'autres problèmes. Après deux ou trois tentatives pour l'aider, il croit qu'elle devrait se sentir mieux, parce que les Martiens se sentent toujours mieux avec des solutions, à condition de les avoir sollicitées comme nous l'avons dit. Voyant qu'elle ne semble pas soulagée, il pense alors qu'elle a rejeté ses solutions, et qu'elle n'apprécie pas son aide.

D'un autre côté, s'il se sent attaqué, il commence à se défendre. Il pense qu'en s'expliquant elle cessera de le blâmer. Cependant, plus il se défend et plus elle est bouleversée. Il ne réalise pas qu'elle n'a pas besoin d'explications. Elle a besoin qu'il comprenne comment elle se sent et qu'il la laisse encore parler et évoquer d'autres problèmes. S'il avait la sagesse de se taire et d'écouter patiemment, il se rendrait probablement compte que, quelques secondes à peine après s'être plainte de lui, elle va simplement changer de sujet et parler d'autres problèmes.

Les hommes aussi deviennent frustrés lorsqu'une femme parle de problèmes pour lesquels ils sont incapables de trouver des solutions. Par exemple, en état de stress une femme pourrait émettre des plaintes comme celles-ci:

* «je suis mal payée pour mon travail»;
* «ma tante Louise est de plus en plus malade, elle devient plus malade d'année en année»;
* «notre maison est trop petite pour cela»;
* «la terre est trop sèche, il faudrait de la pluie»;
* «notre compte en banque est presque vide».

Pour une femme, des affirmations de ce genre servent seulement à exprimer ses inquiétudes, ses déceptions et ses frustrations. Elle sait pertinemment qu'il n'y a rien à faire pour résoudre ses problèmes, mais pour se soulager elle a quand même besoin d'en parler. Elle se sent soutenue si celui qui l'écoute sympathise avec sa frustration et son désappointement. Elle peut, cependant, frustrer son partenaire masculin, à moins qu'il ne comprenne qu'elle a tout simplement besoin d'en parler et qu'elle se sentira mieux après.

Les hommes s'impatientent aussi quand les femmes décrivent leurs problèmes trop en détail. Dans leur façon de penser, les hommes croient alors que tous ces détails leur sont nécessaires pour élaborer une solution. Il s'évertue à trouver leur importance et perd souvent patience. Encore là il ne réalise pas qu'elle ne lui demande pas une solution mais de la compréhension.

De plus, l'écoute des doléances de la femme est rendue encore plus difficile pour l'homme du fait que, pendant qu'il recherche un ordre logique à ses propos elle saute de sujet en sujet. Après qu'elle a étalé deux, trois ou quatre problèmes, il devient extrêmement frustré et confus en tentant de trouver la ligne directrice qui les relie entre eux.

Une autre raison de la réticence à l'écoute des hommes, c'est qu'ils cherchent la conclusion. Ils sont incapables de commencer à formuler une solution avant de connaître le but de l'exercice. Alors, plus les détails sont nombreux et plus leur frustration augmente. Évidemment, s'il comprend qu'elle ressent un grand soulagement à parler de tous ces petits détails, sa frustration diminue et il peut se détendre. Tout comme l'homme tire une grande satisfaction de l'élaboration d'une solution à partir des détails d'un problème, la femme, elle, tire sa satisfaction de la simple action de parler des détails de ses problèmes.

....

Tout comme l'homme tire une grande satisfaction
de l'élaboration d'une solution à partir des détails d'un problème,
la femme, elle, tire sa satisfaction de la simple action
de parler des détails de ses problèmes.

....

Une chose qu'une femme peut faire pour faciliter l'écoute de l'homme, c'est de lui communiquer d'abord la conclusion de son propos. Ensuite elle peut revenir en arrière et en donner tous les détails. Ainsi elle lui évite le suspense. La femme aime habituellement maintenir le suspense pour soutenir l'intérêt de son exposé, et les autres femmes aiment ce genre de crescendo, mais les hommes en sont aisément frustrés.

La résistance de l'homme au discours d'une femme à propos de ses problèmes est proportionnelle à son incompréhension de la nature des femmes. Au fur et à mesure qu'un homme apprend à répondre aux réelles attentes d'une femme, il découvre qu'il est de moins en moins difficile de l'écouter patiemment parler. Encore plus important, si une femme se donnait la peine d'aviser son homme qu'elle veut seulement lui parler de ses problèmes, et qu'il n'a pas besoin de chercher des solutions, cela permettrait au monsieur de se détendre et de mieux l'écouter parler.

COMMENT LES MARTIENS
ET LES VÉNUSIENNES ONT FAIT LA PAIX

Les Martiens et les Vénusiennes en sont arrivés à vivre ensemble et en paix parce qu'ils ont été capables de respecter leurs différences. Les Martiens ont appris à respecter le besoin qu'ont les Vénusiennes de parler pour se sentir mieux. Même sans avoir grand-chose à dire ils ont compris qu'ils pouvaient leur manifester un support moral en les écoutant. Les Vénusiennes ont appris à respecter le besoin des Martiens de se retirer en eux-mêmes pour contrôler leur stress. Pour elles, la fameuse caverne masculine a fini par perdre son air mystérieux ou alarmant.

CE QUE LES MARTIENS ONT APPRIS

Les Martiens ont réalisé que, même quand ils étaient attaqués, blâmés, ou critiqués par les Vénusiennes, ce n'était que temporaire. Très bientôt ces dernières se sentaient mieux et commençaient à les accepter et à les apprécier. En apprenant à écouter, les Martiens découvrirent à quel point les Vénusiennes étaient enchantées de parler de leurs problèmes.

Chaque Martien a pu retrouver la paix de l'esprit en comprenant enfin que le besoin qu'avaient les Vénusiennes de parler de leurs problèmes n'était pas directement relié à quelque déficience de leur part. Ils apprirent en plus, qu'une fois qu'une Vénusienne sait qu'elle a été entendue, elle cesse de se plaindre de ses problèmes et devient très positive. Muni de cette information, tout Martien devint capable d'écouter les Vénusiennes sans se sentir obligé de résoudre leurs problèmes.

Beaucoup d'hommes, et même des femmes, critiquent fortement ce besoin de parler de ses problèmes parce qu'ils n'ont jamais eu l'occasion de ressentir les bienfaits de cette pratique. Ils n'ont jamais vu comment une femme qui se sent écoutée peut changer, se sentir mieux, adopter puis maintenir ensuite une attitude positive. Généralement, ils ont déjà vu une femme (probablement leur mère) qui, sachant qu'on ne l'écoutait pas, continuait de se complaire en ressassant des problèmes. C'est ce qui arrive généralement aux femmes qui ne se sentent pas aimées ou écoutées pendant une période de temps prolongée. Le vrai problème cependant, c'est qu'elles se sentaient mal aimées, et non pas qu'elles parlaient trop de leurs problèmes.

Une fois que les Martiens eurent appris à écouter, ils ont fait une découverte assez surprenante. Ils ont commencé à réaliser que l'écoute d'une Vénusienne parlant de problèmes pouvait produire autant d'effet sur eux, et de motivation à sortir de leur caverne, que de regarder les nouvelles à la télévision ou de lire un journal.

Concurremment, à mesure que les hommes apprennent à écouter sans se sentir blâmés ou responsables, il leur devient beaucoup moins pénible d'écouter. Et en devenant bon auditeur, l'homme réalise que ce peut être pour lui une très bonne façon d'oublier les problèmes de la journée tout en procurant beaucoup de satisfaction à sa partenaire. Bien que certains jours, lorsqu'il est sérieusement stressé, il éprouve encore le besoin de se retirer dans sa caverne avant d'en revenir lentement à l'aide de certaines autres distractions, comme les nouvelles ou la compétition sportive.

CE QUE LES VÉNUSIENNES ONT APPRIS

Les Vénusiennes ont aussi retrouvé la paix de l'esprit quand elles ont enfin compris que lorsque leur Martien chéri rentrait dans sa caverne, ce n'était pas qu'il ne l'aimait plus autant. Elles ont appris à être plus tolérantes avec lui dans ces moments-là, parce qu'il vivait un grand stress.

Les Vénusiennes ne s'offensaient pas lorsque les Martiens étaient facilement distraits. Et quand cela arrivait pendant que l'une d'elles parlait, elle n'avait qu'à s'arrêter bien poliment et le regarder dans les yeux jusqu'à ce qu'il s'en rende compte, et recommencer à parler ensuite. Elles comprirent que c'était parfois très difficile pour un Martien de donner toute son attention à leurs paroles. Enfin elles s'aperçurent que, lorsqu'elles demandaient l'attention des Martiens avec douceur et compréhension, ces derniers la leur accordaient avec grand plaisir.

Les Vénusiennes apprirent aussi à ne pas s'offusquer et considérer comme une insulte personnelle le fait que les Martiens se retirent dans leur caverne. Elles comprirent que ce temps-là n'était pas propice aux conversations intimes, mais très approprié pour s'amuser, pour discuter de problèmes avec leurs consœurs et pour faire du magasinage.

Et les Vénusiennes découvrirent surtout que lorsque les Martiens se sentaient aimés et acceptés, ils sortaient plus volontiers et rapidement de leur caverne.

Chapitre 4

COMMENT MOTIVER
LE SEXE OPPOSÉ

Pendant des siècles, avant qu'ils ne se rencontrent, les Martiens et les Vénusiennes avaient été très heureux dans leurs mondes séparés. Puis un jour, tout a changé. Sur leur planète respective, les Martiens et les Vénusiennes sont devenus très déprimés. Et c'est cette dépression qui, éventuellement, les a poussés à se joindre.

La compréhension du secret de leur transformation peut nous aider à comprendre aujourd'hui que la motivation des hommes et des femmes est différente. Cette nouvelle connaissance vous aidera à mieux soutenir votre partenaire moralement, et à savoir mieux recevoir son support moral, dans les moments tendus et difficiles. Retournons dans le temps et imaginons que nous sommes témoins de ce qui s'y passe.

Lorsque les Martiens se déprimaient, tous les habitants de la planète s'enfermaient dans leur caverne pour longtemps. Ils n'arrivaient plus à en sortir, jusqu'au jour où l'un d'eux aperçut les Vénusiennes dans son télescope. Ce privilégié se mit à partager son instrument, et sa vision providentielle, avec ses confrères. Bientôt tous les Martiens furent inspirés, et leur dépression disparut miraculeusement. Tout à coup, ils avaient senti qu'on avait besoin d'eux. Ils sortirent de leurs cavernes et commencèrent à construire une flotte de vaisseaux spaciaux pour s'envoler vers Vénus.

Par ailleurs, quand les Vénusiennes sont devenues déprimées, elles se sont réunies par petits groupes et elles ont commencé à échanger leurs sentiments et à se raconter leurs problèmes. Mais cela ne suffit pas à éliminer leur dépression. Elles continuèrent à se sentir abattues pendant longtemps, jusqu'à ce que leur intuition leur inspire une vision. Des êtres puissants et beaux (les Martiens) viendraient de l'espace universel pour les aimer, les servir et les soutenir. Déjà, elles se sentaient appréciées. Au fur et à mesure qu'elles partageaient leur vision leur dépression s'estompait, et elles commencèrent à se préparer joyeusement à accueillir les Martiens sur leur planète.

....
Les hommes sont motivés et en possession
de leurs moyens lorsqu'ils sentent qu'on a besoin d'eux.
Les femmes sont motivées et en possession
de leurs moyens lorsqu'elles se savent aimées.
....

Ces secrets de la motivation s'appliquent toujours. Les hommes sont motivés et en pleine possession de leurs moyens lorsqu'ils sentent qu'on a besoin d'eux. Par contre, quand un homme ne sent plus que sa partenaire a besoin de lui dans une relation de couple, il devient de plus en plus passif et perd son énergie. De jour en jour sa contribution à la relation diminue. D'un autre côté, quand il voit que sa partenaire sait qu'il fait de son mieux pour combler ses besoins, et quand ses efforts sont appréciés, il déborde d'énergie et contribue au maximum à la relation.

Comme les Vénusiennes, les femmes sont motivées et en possession de leurs moyens lorsqu'elles sentent qu'on les aime. Quand une femme n'est pas appréciée par son partenaire, elle se sent de plus en plus, et de façon compulsive, responsable de l'échec et épuisée d'avoir trop donné. Par contre, si elle se sent choyée et respectée, elle est comblée et peut, elle aussi, contribuer beaucoup plus à la relation de couple.

QUAND UN HOMME AIME UNE FEMME

L'avènement de l'amour chez un homme est semblable à ce qui s'est passé lorsque le premier Martien a découvert les Vénusiennes. Pris dans sa caverne il scrutait le ciel à l'aide de son télescope, cherchant des solutions. Comme s'il eût été frappé par l'éclair, sa vie a été transformée pour toujours en un seul et glorieux instant. Son télescope lui a apporté une vision de ce qu'il a décrit comme le paroxysme de la beauté et de la grâce.

Il avait découvert les Vénusiennes. Son corps s'est enflammé. En admirant ces déesses dans son télescope, pour la première fois de sa vie, il eut envie d'aimer et de choyer quelqu'un d'autre que lui-même. En un seul regard la vie prit pour lui une toute nouvelle signification. Sa dépression disparut.

Les Martiens avaient une philosophie particulière de la victoire et de la défaite qui s'exprimait ainsi: «Je veux gagner et tant pis si l'autre doit perdre!» Tant que chaque Martien n'avait qu'à s'occuper de lui-même cette formule convenait très bien. Mais maintenant, malgré son utilité séculaire le temps était venu de la remplacer. Il n'était plus satisfaisant de ne se donner qu'à soi-même. Étant devenus amoureux, ils désiraient que les Vénusiennes gagnent aussi, c'est-à-dire qu'elles reçoivent autant qu'eux.

De nos jours, on retrouve un parallèle à ce code de compétition martien dans la plupart de nos sports. Par exemple, au tennis, je tente évidemment de gagner mais j'essaie en même temps de faire perdre mon adversaire, en lui rendant difficile le retour de mon service. Et je savoure ensuite ma victoire, même s'il a fallu que mon ami perde pour que je gagne.

La plupart des attitudes des Martiens peuvent aussi avoir une certaine utilité dans notre société, mais dans le cas des comportements dictés par cette codification de la victoire et de la défaite, ils peuvent nuire à nos relations d'adulte. Si je m'efforce de satisfaire mes besoins au détriment de ceux de mon partenaire, nous en viendrons inévitablement à être malheureux, à avoir du ressentiment l'un pour l'autre, et à un conflit inextricable. En amour comme en toute autre chose, le secret d'un partenariat réussi réside dans la capacité de faire gagner les deux parties.

LES DIFFÉRENCES S'ATTIRENT

Après que le premier Martien fut devenu amoureux, il se mit à fabriquer des télescopes pour tous ses frères Martiens. Très rapidement, ils sortirent tous de leur dépression. Eux aussi devinrent amoureux des Vénusiennes. De choyer les Vénusiennes devint pour eux aussi important que de satisfaire leurs propres besoins.

Ces étranges et superbes Vénusiennes devinrent une attraction mystérieuse et irrésistible pour les Martiens. Leurs différences surtout les attiraient. Là où les Martiens étaient durs, les Vénusiennes étaient douces. Les gracieuses courbes des Vénusiennes contrastaient avec les traits anguleux des Martiens. Les froids Martiens étaient attirés par la chaleur des Vénusiennes. Comme par magie et dans les deux sens, les différences des uns étaient le complément parfait des autres.

Dans un langage visuel, sans paroles, les Vénusiennes transmettaient clairement aux Martiens le message suivant: «Nous avons besoin de vous. Votre pouvoir et votre force peuvent nous procurer une grande satisfaction et remplir le vide de notre être. Nous serions très heureux ensemble.» Cette invitation silencieuse fut la source d'une grande motivation et d'une immense énergie pour les Martiens.

Beaucoup de femmes savent transmettre ce même message aux hommes. Au tout début d'une relation amoureuse par exemple, il suffit d'un bref regard de la femme pour dire à l'homme: «Tu pourrais être celui qui me rend heureuse.» D'ailleurs, c'est souvent ce geste subtil qui initie en réalité la relation. Ce regard encourage l'homme à se rapprocher. Il lui donne même la force de compter sa peur naturelle et d'entrer en relation avec celle qui est encore une étrangère. Malheureusement, une fois que la relation est établie et que les problèmes surgissent, elle oublie peu à peu qu'il serait encore important de lui transmettre ce même message. Et hélas! elle ne le fait plus.

La possibilité d'influencer la vie et de changer les choses sur Vénus motivait aussi grandement les Martiens. Leur race tout entière abordait une nouvelle étape de son évolution. Ils n'étaient plus satisfaits de se prouver à eux-mêmes et d'augmenter leur pouvoir personnel. Ils voulaient mettre leur force et leurs talents au service des autres, au service des Vénusiennes surtout. Ils s'appliquèrent à développer leur nouvelle philosophie du partenariat gagnant/gagnant. Ils envisageaient et souhaitaient un monde où chacun s'occuperait non seulement de soi mais des autres aussi.

L'AMOUR MOTIVE LES MARTIENS

Les Martiens commencèrent à construire une flotte de vaisseaux spatiaux qui les emmèneraient à travers les cieux jusqu'à Vénus. Ils ne s'étaient jamais sentis aussi vivants. Depuis qu'ils épiaient les Vénusiennes, et pour la première fois de leur histoire, ils avaient commencé à développer des sentiments altruistes.

C'est ainsi que, quand un homme est amoureux, ses sentiments et sa motivation sont à leur mieux, et il a envie de se mettre au service des autres. Et quand son cœur s'ouvre ainsi il a tellement confiance en lui qu'il est capable de changements majeurs. Alors, si on lui donne l'occasion de démontrer son potentiel, il va se présenter sous son meilleur jour. Car c'est seulement s'il en vient à se sentir incapable de réussir qu'il régressera, qu'il reprendra ses vieilles habitudes et qu'il redeviendra égoïste.

Quand on lui donne l'occasion de démontrer son potentiel,
l'homme se présente sous son meilleur jour.
C'est seulement quand il se sent incapable de réussir qu'il régresse,
reprend ses vieilles habitudes et redevient égoïste.

Quand l'amour atteint un homme, il se met à désirer le bien de l'autre tout autant que le sien. Il est soudainement soulagé du carcan de l'égoïsme et libre de donner pour le plaisir de l'autre, et non plus uniquement pour le sien. La satisfaction de sa partenaire devient autant sinon plus importante que son propre contentement. Il est capable des plus grands sacrifices pour lui plaire, parce qu'il en jouit autant lui-même. Ses efforts deviennent bien plus faciles, et la noblesse de sa motivation lui donne des ailes.

Même si, dans sa jeunesse, il arrivait à se satisfaire seul, en atteignant la maturité amoureuse, l'autogratification ne sera plus aussi satisfaisante pour lui. Dorénavant, pour en arriver au véritable contentement, sa vie devra être motivée par l'amour. Son inspiration à donner aussi gratuitement et son nouvel élan d'altruisme le libéreront enfin de l'immobilisme dans lequel il avait été retenu par son besoin d'autogratification sans souci pour autrui. Et bien qu'il ressente encore le besoin d'être aimé, c'est son besoin d'aimer qui domine largement.

La plupart des hommes n'ont pas qu'une simple faim d'amour, ils ont une véritable rage d'amour! Leur plus grand problème c'est qu'ils ne savent pas ce qui leur manque. Ils ont rarement vu leur père donner à leur mère jusqu'à la satisfaction complète des besoins sentimentaux de cette dernière. Ainsi, ils n'ont aucune idée que l'homme puisse tirer l'une de ses plus grandes satisfactions de l'acte de donner. Lorsque l'homme subit l'échec de sa relation de couple, il se retrouve en dépression et prisonnier dans sa caverne. Il cesse de penser aux autres et devient incapable de comprendre pourquoi il est si déprimé.

Dans ces moments-là, il se retire de toute relation intime et demeure pris au fond de sa caverne. Il se demande à quoi tout cela peut bien servir, et pourquoi il devrait continuer à s'en faire. Il ne sait pas que s'il a perdu le souci des autres, c'est parce qu'il ne se sent plus utile à personne. Il ne réalise pas que s'il retrouvait quelqu'un qui ait besoin de lui, il pourrait secouer sa dépression et recouvrer sa pleine motivation.

C'est une mort lente pour un homme
que de ne plus sentir qu'on a besoin de lui.

Lorsqu'un homme n'a plus le sentiment de contribuer positivement à la vie de quelqu'un d'autre, il trouve pénible de continuer à se préoccuper de sa propre vie et de ses relations. Il lui est difficile d'être motivé s'il n'est pas désiré. Et pour faire renaître sa motivation, il aura besoin de sentir à nouveau qu'on l'apprécie, qu'on l'accepte et qu'on a confiance en lui.

QUAND UNE FEMME AIME UN HOMME

Ce qui se passe quand une femme devient amoureuse ressemble à ce qui s'est passé au moment où les Vénusiennes ont appris que les Martiens s'en venaient vers elles. Elle aussi se met à rêver. Elle voit un vaisseau spatial atterrir et un beau grand jeune homme racé en sortir pour la prendre dans ses bras. Et ce mâle solide est déjà tout élevé, prêt et désireux de se charger d'elle et de lui procurer tout ce dont elle a besoin.

Inspirés par la beauté et la culture des Vénusiennes, les Martiens se sont montrés très dévoués. Ils savaient que, sans quelqu'un à qui consacrer leurs efforts, leur force et leur compétence leur seraient inutiles. Ces admirables et merveilleux êtres avaient trouvé soulagement et inspiration dans cette occasion de pouvoir plaire aux Vénusiennes, comme de pouvoir les servir et même les combler. Quel miracle!

La réaction des Vénusiennes fut contagieuse, et toutes furent tirées de leur dépression comme par enchantement. Mais ce qui les a tout d'abord transformées c'est la conviction que les secours étaient imminents parce que les Martiens s'en venaient. La dépression des Vénusiennes dépendait de leur isolement et de leur solitude. Alors, pour s'en sortir, elles ont eu simplement à croire qu'une assistance aimante était en route.

La plupart des hommes n'ont aucune idée de l'importance pour une femme de se sentir supportée par quelqu'un qui tient à elle. Les femmes sont heureuses quand elles savent que leurs besoins seront comblés. Quand une femme se sent bouleversée, excédée, confuse, épuisée ou même désespérée, ce dont elle a le plus besoin, c'est de compagnie. Elle a surtout besoin de sentir qu'elle n'est pas seule. Et elle a aussi besoin de se sentir aimée et chérie.

L'empathie, la compréhension, l'appréciation et la compassion font beaucoup pour la rendre réceptive et reconnaissante du support d'un homme. Les hommes ne comprennent pas cela parce que leur instinct de Martien leur a toujours dit qu'il valait mieux se retrouver seul quand on était bouleversé. Donc, lorsqu'un homme voit sa femme bouleversée, par respect il la laisse seule. Ou encore, s'il choisit de rester auprès d'elle, il la trouble davantage en essayant de l'aider à résoudre ses problèmes. Il ne saisit pas d'instinct que la proximité d'un être cher, l'intimité et le partage sont très importants pour elle. Au fond, ce dont elle a le plus besoin c'est de quelqu'un qui sait écouter.

En partageant ses sentiments elle redécouvre qu'elle a droit à l'amour et à la satisfaction de ses besoins. Son doute et sa méfiance s'estompent. Sa compulsion est désamorcée et fait place au relâchement, puis elle se rappelle qu'elle mérite d'être aimée, qu'elle n'a pas nécessairement besoin de gagner l'amour. Alors elle peut se détendre, donner moins et recevoir davantage Elle sait qu'elle le mérite bien.

....
La compulsion d'une femme est désamorcée
et fait place au relâchement lorsqu'elle se rappelle
qu'elle mérite d'être aimée, qu'elle n'a pas à gagner l'amour.
Elle peut alors se détendre, donner moins et recevoir davantage,
parce qu'elle sait qu'elle le mérite bien.
....

IL EST FATIGANT DE TROP DONNER

Pour supporter leur dépression, les Vénusiennes passaient leur temps à partager leurs sentiments et à parler de leurs problèmes. Et en parlant, elles en arrivaient à identifier la cause de leur dépression. C'est qu'elles étaient fatiguées de toujours donner autant. Elles étaient lasses de toujours se sentir responsables les unes des autres. Elles avaient envie de se reposer et de laisser quelqu'un d'autre prendre soin d'elles pour un bout de temps. Elles en avaient assez de tout partager avec tout le monde. Elles voulaient être tout simplement elles-mêmes, et pouvoir posséder des choses pour elles-mêmes. Elles n'étaient plus satisfaites de leur rôle de martyres, et de vivre pour les autres.

Jusque-là, sur Vénus, c'était la philosophie opposant la victoire et la défaite, le «je dois perdre pour que tu gagnes», qui s'appliquait. Tant que tout le monde se sacrifiait pour les autres les besoins de tout le monde étaient satisfaits. Mais après des siècles de ce régime, les Vénusiennes en avaient assez de ne vivre que pour les autres et de devoir tout partager. Comme les Martiens elles étaient aussi prêtes pour adhérer à la philosophie de la victoire contre la victoire.

Pour beaucoup de femmes aujourd'hui, il en est encore ainsi. Elles ont besoin d'un répit, d'un peu de temps pour apprendre à devenir elles-mêmes, pour penser à elles-mêmes d'abord. Elles cherchent quelqu'un qui puisse leur offrir le support moral dont elles ont besoin, quelqu'un dont elles n'auraient pas à prendre soin elles-mêmes. Et il est assez évident qu'un individu du genre martien répondrait parfaitement à leurs attentes.

Au point où nous en sommes dans notre histoire, les martiens apprennent à donner alors que les Vénusiennes apprennent à recevoir. Après des siècles ils étaient tous deux parvenus à cet important stade de complémentarité dans leur évolution, le besoin pour les Vénusiennes d'apprendre à recevoir et celui pour les Martiens d'apprendre à donner.

Des transformations similaires se produisent chez les hommes et les femmes au moment d'atteindre leur maturité. Dans sa jeunesse, la femme est beaucoup plus capable de se sacrifier et de se plier aux besoins de son partenaire. Par contre, le jeune homme, lui, est préoccupé par lui-même et inconscient des besoins des autres. C'est en vieillissant que la femme commence à réaliser à quel point elle est en train de gâcher son propre épanouissement en essayant de plaire à son partenaire, alors que les années apprennent à l'homme qu'il gagnerait à mieux respecter et à mieux servir les autres.

Au cours de ce processus de maturation, l'homme peut réaliser qu'il est en train de se sacrifier pour sa compagne, mais sa principale transformation vient de la découverte de sa propre capacité à donner. Sur un plan parallèle, en mûrissant la femme peut bien apprendre de nouvelles manières de donner, mais elle développe surtout sa capacité de se fixer des limites pour être mieux en mesure de recevoir ce dont elle a besoin.

ABANDONNER LE BLÂME

Quand une femme s'aperçoit qu'elle a trop donné elle a souvent tendance à blâmer son partenaire de son malheur. Elle ressent l'injustice inhérente au fait de donner plus qu'elle n'a reçu.

Cependant, bien qu'elle n'ait pas reçu ce qu'elle mérite, pour améliorer sa relation de couple, la femme devrait d'abord pouvoir reconnaître à quel point elle a elle-même contribué au problème. Quand une femme donne trop, elle ne devrait pas blâmer son partenaire. Tout comme un homme qui contribue moins ne devrait pas accuser sa partenaire de négativisme, ou de n'être pas réceptive à son endroit. Dans les deux cas, le blâme n'apporte rien de positif.

C'est dans la compréhension, la confiance, la compassion, l'acceptation et le support moral que réside la solution, plutôt que dans le blâme du partenaire. Dans ce genre de situation, au lieu de rejeter la responsabilité de son propre ressentiment sur sa partenaire, l'homme devrait lui montrer de la compassion et lui offrir du soutien, même si elle ne lui en demande pas. Il devrait l'écouter, même si au début tout ce qu'elle dit n'est qu'un blâme pour lui. Il devrait aider sa compagne à reprendre confiance en lui et à se confier, et lui faciliter l'approche par de petits gestes qui prouveraient qu'elle lui tient à cœur.

Au lieu de blâmer un homme de contribuer moins qu'elle à leur relation, une femme devrait lui exprimer sa compréhension et accepter ses imperfections, surtout lorsqu'il la déçoit. Elle pourrait s'efforcer de croire qu'il serait bien prêt à lui offrir plus, même quand elle trouve qu'il ne la supporte pas assez. Elle devrait l'encourager à faire plus en se montrant reconnaissante de ce qu'il lui fait déjà, et solliciter son soutien moral.

FIXER ET RESPECTER LES LIMITES

Il est cependant de première importance qu'une femme apprenne ses propres limites, sache jusqu'où elle peut s'avancer dans sa générosité sans déclencher en elle-même du ressentiment à l'égard de son partenaire. Et, au lieu d'exiger que ce soit l'homme qui égalise le pointage en contribuant davantage, elle pourrait peut-être égaliser le pointage elle-même, en contrôlant sa propre contribution.

Voyons un exemple. Jim avait 39 ans et sa femme Susan en avait 41 lorsqu'ils sont venus me voir pour une consultation professionnelle. Susan voulait le divorce. Elle se plaignait d'avoir contribué beaucoup plus que Jim à la relation depuis douze ans, et disait ne plus être capable de continuer. Elle blâmait Jim de sa léthargie, de son égoïsme, de sa tendance dominatrice et de son manque de romantisme. Elle avouait n'avoir plus rien à donner et se déclarait prête à le quitter. Lui avait réussi à la convaincre d'essayer la thérapie mais elle était très sceptique. En six mois, ils ont franchi les six étapes menant au rétablissement de leur relation. Et aujourd'hui, avec leurs trois enfants, ils forment un couple heureux.

Première étape: LA MOTIVATION

J'ai d'abord expliqué à Jim que sa femme souffrait d'une surcharge de ressentiment, accumulée au cours des douze dernières années. Je lui ai dit que, s'il voulait sauver son mariage, il lui faudrait écouter patiemment et permettre à sa femme de retrouver la motivation dont elle aurait besoin pour accepter d'entreprendre la restauration de leur relation. Pendant les six premières séances conjointes, j'ai encouragé Susan à exprimer ce qu'elle ressentait, et j'ai patiemment aidé Jim à comprendre l'attitude négative de sa femme. Ce fut le passage le plus difficile de tout leur cheminement vers la guérison. Au fur et à mesure qu'il entendit Susan exprimer sa souffrance et ses besoins, Jim se sentit de plus en plus motivé et confiant de pouvoir effectuer les changements nécessaires pour rétablir la relation d'amour solide et durable qu'il voulait partager avec elle.

Pour faire ce premier pas avant de retrouver la motivation nécessaire pour vouloir redresser leur situation de couple, Susan avait besoin d'être entendue et de savoir que Jim reconnaissait la validité de ses sentiments. Et une fois qu'elle se sentit comprise, ils purent ensemble aborder la deuxième étape.

Deuxième étape: LA RESPONSABILISATION

Il s'agissait ici pour eux de redevenir responsables de leur relation. Jim devait se reconnaître responsable de n'avoir pas suffisamment supporté sa femme, alors que Susan devait accepter la responsabilité de n'avoir pas fixé de barrières d'acceptabilité aux actions de son mari. Sitôt que Jim s'excusa de l'avoir blessée, elle commença donc à réaliser que, s'il avait outrepassé les limites du respect pour crier après elle, résister à ses demandes et méconnaître la validité de ses sentiments, c'est qu'elle ne s'était jamais donné la peine de clairement établir les limites de l'acceptable avec lui. Et même s'il ne lui fallait pas absolument s'excuser, elle reconnut une part de responsabilité dans leurs problèmes.

Et graduellement, en reconnaissant que son omission de fixer des limites et sa tendance à trop donner avaient contribué à leurs difficultés, elle acquit peu à peu la capacité de lui pardonner. Cette responsabilisation vis-à-vis de ses propres problèmes était nécessaire pour le désamorçage de son ressentiment. De cette façon, ils ont tous deux retrouvé la motivation nécessaire pour chercher de nouveaux moyens de supporter et de respecter les limites de l'autre.

Troisième étape: LA PRATIQUE

Pour sa part, Jim devait apprendre à respecter les limites, alors que Susan devait apprendre à fixer les siennes. Et tous deux devaient apprendre à s'exprimer mutuellement, honnêtement et respectueusement leurs sentiments. Cette troisième étape constitua donc un exercice de fixation et de respect des limites, en toute connaissance de la possibilité d'erreurs de parcours. D'ailleurs cette reconnaissance de faiblesse fut leur assurance contre l'abandon pendant cette période de pratique. Voyons quelques exemples de ce qu'ils ont pratiqué et appris.

• Susan s'exerçait à dire: «Je n'aime pas la façon dont tu me parles. Arrête de crier ou je vais m'en aller.» Après qu'elle eut effectivement quitté la pièce à quelques reprises, Jim se conforma à ses désirs et elle n'eut plus jamais besoin de le faire.

• Lorsque Jim lui demandait de faire quelque chose qu'elle aurait à regretter par la suite, elle s'exerçait à dire: «Non, j'ai besoin de me détendre» ou bien «Non, je suis trop occupée». Et elle s'aperçut qu'il lui portait plus d'attention ensuite, parce qu'il était capable de comprendre à quel point elle était fatiguée ou occupée.

• Susan exprima à Jim son désir de prendre des vacances et lorsqu'il lui déclara être trop occupé pour partir, elle l'informa qu'elle partirait seule. Et tout à coup il trouva le moyen de réorganiser son agenda et se dit prêt à l'accompagner.

• Quand Jim l'interrompait en parlant, elle s'habitua à dire: «Je n'ai pas fini, laisse-moi parler.» Et très vite il se mit à écouter davantage et à moins l'interrompre.

• Ce qui était le plus difficile à apprendre pour Susan, c'était de demander ce qu'elle voulait de Jim. Elle me dit par exemple: «Pourquoi est-ce que je serais obligée de lui demander quoi que ce soit, après tout ce que j'ai fait pour lui?» Je lui expliquai que de rendre son mari responsable de pressentir ses besoins n'était pas seulement irréaliste, mais que c'était une partie importante du problème. Elle devait assumer elle-même la responsabilité de la satisfaction de ses propres besoins.

• Pour Jim le grand défi consistait à respecter les changements de comportement de sa femme, à ne plus compter retrouver la partenaire serviable du début de leur mariage. Il reconnut que pour elle l'obligation de fixer des limites était aussi difficile que pour lui de les respecter. Et il entrevoyait que graduellement, avec la pratique, ils finiraient par devenir tous deux très à l'aise dans leurs nouveaux comportements.

En se heurtant à des limites, l'homme est porté à donner davantage. Et en étant forcé de respecter ces limites il remet son comportement en question et s'ouvre au changement. Pour la femme, quand elle réalise que pour que l'homme réponde à ses besoins, elle doit fixer ses limites, elle est automatiquement portée à pardonner à son partenaire et à chercher de nouvelles manières de demander et d'obtenir le support dont elle a besoin. Quand une femme fixe ses limites, peu à peu elle devient capable de se détendre et de recevoir davantage de son partenaire.

APPRENDRE À RECEVOIR

Il est très inquiétant pour une femme de fixer des limites et d'accepter de recevoir plus d'un homme. Elle a habituellement peur de trop compter sur lui puis d'être rejetée, jugée ou abandonnée. Le rejet, le jugement et l'abandon sont extrêmement pénibles pour elle, parce qu'au fond d'elle-même elle croit à tort qu'elle ne mérite pas de recevoir davantage. C'est une conviction qui remonte à son enfance, alors qu'elle a souvent dû refouler ses sentiments, ses besoins ou ses désirs.

La femme est particulièrement vulnérable à ce sentiment négatif et erroné qu'elle ne mérite pas qu'on l'aime. Et si dans son enfance elle a été victime ou témoin d'abus, elle est encore plus en danger de croire qu'elle est indigne d'amour, et il lui est plus difficile de prendre conscience de sa propre valeur. Du fond de son inconscient, ce sentiment dévalorisant lui fait craindre la dépendance et elle en vient facilement à croire qu'elle ne trouvera plus personne pour la soutenir.

Parce qu'elle a peur de manquer de support, la femme peut même inconsciemment repousser le soutien dont elle aurait besoin. Et quand l'homme voit qu'elle n'a pas confiance en lui pour répondre à ses besoins, il se sent rejeté et se referme. À cause de son désespoir et de sa méfiance, la femme exprime ses besoins légitimes comme une carence en même temps qu'elle transmet son manque de confiance. Et curieusement, s'il est important pour l'homme qu'une femme ait besoin de lui, il sera vite démotivé devant une partenaire nécessiteuse.

Dans ce genre de situation, la femme s'imagine à tort que l'homme résiste à ses besoins, alors que c'est son désespoir et sa méfiance qui l'éloignent. Alors, sans une certaine connaissance du besoin de confiance de l'homme, il est difficile pour la femme de reconnaître et de comprendre la différence entre besoin et nécessité.

Le «besoin» pour une femme, c'est demander ou chercher ouvertement le support d'un homme dans un contexte de confiance, en présumant qu'il fera son possible. De cette attitude, l'homme tire de la force. Tandis que la «nécessité» chez la femme c'est de chercher désespérément du support lorsqu'elle n'a pas confiance de pouvoir en trouver. Cela repousse l'homme en lui transmettant le message qu'elle le rejette et qu'elle ne l'apprécie pas.

Pour la femme le besoin d'autrui est peut-être embêtant, mais la déception et l'abandon, même à un infime degré, sont particulièrement blessants. Il est très pénible pour elle d'être dépendante puis ensuite de se voir ignorée, oubliée ou rejetée. Son besoin d'autrui la place dans une position de vulnérabilité. Mais l'indifférence et la déception lui font encore plus mal, en venant renforcer la conviction erronée qu'elle est indigne de recevoir.

COMMENT LES VÉNUSIENNES ONT ÉTÉ VALORISÉES

Pendant des siècles, les Vénusiennes ont pallié leur crainte fondamentale de l'indignité de recevoir en étant attentives aux besoins des autres et empressées d'y répondre. Elles donnaient et redonnaient sans cesse, mais en elles-mêmes elles ne croyaient toujours pas mériter de recevoir. Elles espéraient acquérir ce mérite en donnant. Ce n'est qu'après des siècles passés à donner qu'elles comprirent enfin qu'elles méritaient aussi d'être aimées et supportées moralement. Puis enfin, en rétrospective, elles s'aperçurent qu'elles l'avaient toujours mérité.

Le processus du don à autrui les avait menées à la sagesse de l'amour-propre. Et parce qu'il leur avait fait réaliser que les autres méritaient de recevoir, elles arrivèrent à la conclusion que tout le monde devait mériter de recevoir. Et c'est là qu'elles ont compris qu'elles aussi le méritaient.

Ici sur terre, quand une petite fille voit sa mère recevoir des marques d'amour, elle s'en sent automatiquement digne elle-même. Elle arrive facilement à vaincre la compulsion qu'a toute Vénusienne à trop donner. Elle n'a pas elle-même à vaincre la peur de recevoir, parce qu'elle s'identifie de si près à sa mère. Si la mère a déjà acquis cette sagesse, l'enfant l'absorbera à travers ses observations et ses sentiments pour sa mère. C'est l'ouverture de la mère à recevoir qui crée la capacité de la fille à recevoir aussi.

Du fait que les Vénusiennes ne pouvaient compter sur des exemples à observer et à suivre, il leur fallut des milliers d'années pour abandonner leur besoin compulsif de donner. Ce n'est qu'en observant que les autres méritaient de recevoir, qu'elles déduisirent qu'elles le méritaient aussi. Et c'est au moment précis de cette constatation que les Martiens subirent eux aussi une transformation et commencèrent à construire leurs vaisseaux spatiaux.

QUAND LES VÉNUSIENNES FURENT PRÊTES LES MARTIENS ARRIVÈRENT

Lorsqu'une femme réalise qu'elle mérite vraiment d'être aimée, elle donne la possibilité à l'homme de répondre à ses besoins. Mais quand dans son mariage elle a fourni pendant dix ans au-delà de sa juste part de contribution avant de réaliser qu'elle mérite plus en retour, elle a plutôt le goût d'abandonner ses efforts sans donner une chance de plus à son partenaire. Devant lui elle pense probablement: «Je t'ai tant donné et tu m'as ignorée. Tu as eu ta chance. Je mérite mieux que ça. Je ne peux plus avoir confiance en toi. Je suis tellement fatiguée qu'il ne me reste plus rien à te donner. Je ne te permettrai plus de me blesser davantage.»

Inévitablement, quand elles en étaient arrivées à ce point, j'ai rassuré les femmes en leur disant qu'elles n'avaient pas besoin de donner plus pour améliorer leur relation de couple. En fait, j'ai pu leur assurer qu'elles recevraient davantage de leur partenaire en lui donnant moins. Quand l'homme ignore les besoins de la femme, c'est comme s'ils étaient tous deux endormis. Et sitôt qu'elle se réveille et se rappelle ses besoins, il se réveille aussi et commence à chercher comment lui en donner plus.

> *Lorsqu'elle se réveille et se rappelle ses besoins,*
> *il se réveille aussi et cherche à lui en donner plus.*

On peut prédire que son partenaire sortira de son sommeil disposé à effectuer les changements qu'elle désire. À partir du moment où elle arrête de trop donner, parce qu'elle a repris confiance en son mérite personnel, l'homme sort de sa caverne et se met à construire son vaisseau spatial pour accourir auprès d'elle et tenter de la rendre heureuse. Il lui faudra sans doute encore du temps pour apprendre à donner davantage, mais à ce moment-là il a déjà franchi le pas le plus important. Il a pris conscience d'avoir négligé sa femme et il a le désir de changer.

C'est aussi vrai à l'inverse. Quand un homme se sent malheureux et désire augmenter l'amour et le romantisme dans sa relation, habituellement sa femme va se montrer mieux disposée et ranimer son amour pour lui. Le mur du ressentiment commence à s'écrouler et l'amour renaît. S'il y a eu trop de négligence et d'accumulation de ressentiments, il va falloir un certain temps pour guérir les blessures mais c'est possible. Je vais donner des moyens faciles et pratiques pour effectuer cette guérison dans le chapitre 11.

Souvent quand un partenaire arrive à changer, l'autre change aussi. Cette coïncidence prévisible est l'une des manifestations du miracle de la vie. Quand l'élève est prêt, le maître arrive. Quand la question est posée, la réponse est trouvée. Quand on est réellement disposé à recevoir, ce dont on a besoin devient disponible. Quand les

Vénusiennes furent prêtes à recevoir, les Martiens étaient prêts à donner.

APPRENDRE À DONNER

La plus grande crainte de l'homme c'est d'être incompétent, ou de ne pas être à la hauteur de la situation. Pour compenser cette peur, il concentre ses efforts sur sa force et sa compétence. Le succès, le rendement et l'efficacité deviennent ses priorités. Avant de découvrir les Vénusiennes, les Martiens étaient tellement préoccupés par ces objectifs qu'ils ne se préoccupaient plus de personne ou de rien d'autre. C'est lorsqu'il est paralysé par la peur que l'homme a l'air le plus indifférent.

La plus grande crainte de l'homme c'est d'être incompétent, ou de ne pas être à la hauteur de la situation.

Tout comme les femmes ont peur de recevoir, les hommes ont peur de donner. Pour l'homme, s'avancer pour donner aux autres représente un risque d'échec, de correction et de désapprobation. Ces conséquences lui paraisssent d'autant plus pénibles que subsiste toujours en lui cette conviction erronée qu'il n'est pas à la hauteur de la situation. Cette croyance s'est installée dans son enfance et a été renforcée chaque fois qu'il a senti qu'on s'attendait à ce qu'il fasse toujours mieux. Lorsque son rendement était ignoré ou insuffisamment apprécié, en son for intérieur il confirmait sa crainte de n'être pas à la hauteur du défi.

Tout comme les femmes ont peur de recevoir, les hommes ont peur de donner.

Devant sa conviction intérieure d'être inadéquat, l'homme est particulièrement vulnérable. Il aimerait donner mais il a peur de l'échec, alors il n'ose même pas essayer. Si sa plus grande peur est l'incompétence, il évitera tout naturellement quelque risque inutile.

Curieusement, plus un homme s'attache, plus sa peur de l'échec augmente, et moins il met d'effort à donner. Donc ironiquement, pour éviter de manquer son coup, il cesse de donner à la personne à laquelle il voudrait donner le plus.

Quand un homme souffre d'insécurité il peut lui arriver de compenser en ne se préoccupant de personne d'autre que de lui-même. Sa réaction de défense la plus automatique sera de dire: «Je m'en fous!»

Et c'est ainsi que les Martiens en étaient arrivés à ne plus trop se préoccuper de personne. En connaissant le succès et en devenant puissants, ils ont finalement compris qu'ils étaient à la hauteur de la plupart des situations et qu'ils étaient capables de donner. C'est alors qu'ils ont découvert les Vénusiennes.

Bien qu'ils aient toujours été à la hauteur, c'est la capacité de démontrer leur pouvoir qui les a enfin préparés à acquérir la sagesse de l'amour-propre. En goûtant au succès et en analysant leur cheminement, ils se sont rendu compte que chacun de leurs échecs passés avait été nécessaire pour les mener aux succès qui ont suivi. Chaque erreur leur avait appris une importante leçon dont ils avaient besoin pour atteindre leurs objectifs. Ainsi ils ont compris qu'ils avaient toujours été à la hauteur.

ON A LE DROIT DE FAIRE DES ERREURS

Le premier pas pour qu'un homme parvienne à savoir donner davantage c'est d'apprendre qu'il a le droit de se tromper, de faire des erreurs, qu'il a le droit d'échouer, et qu'il n'est pas absolument nécessaire qu'il ait réponse à tout.

Je me souviens du cas d'une femme qui se plaignait que son partenaire n'était jamais prêt à s'engager dans le mariage. Il lui semblait qu'il ne tenait pas autant à elle qu'elle tenait à lui. Cependant, un jour elle s'échappa pour dire qu'elle était si heureuse avec lui. Que même s'ils devaient vivre dans la pauvreté, elle voudrait qu'il soit à ses côtés. Le lendemain, il la demanda en mariage. Il avait eu besoin de se savoir accepté et d'entendre affirmer qu'il était assez bon pour elle, avant qu'il puisse se rendre compte de l'importance que cette femme avait dans sa vie à lui.

LES MARTIENS ONT AUSSI BESOIN D'ÊTRE AIMÉS

Tout comme les femmes peuvent se sentir rejetées, lorsqu'elles ne reçoivent pas toute l'attention dont elles ont besoin, les hommes sont hypersensibles à l'idée d'avoir été inadéquats, quand les femmes leur parlent de leurs problèmes. Voilà pourquoi il est parfois tellement difficile pour un homme d'écouter. Il veut être le héros de sa femme.

Lorsqu'elle est malheureuse ou déçue par quoi que ce soit, il a l'impression d'avoir échoué. La déception de sa femme confirme sa plus grande crainte, de n'être pas assez bon pour elle, de n'avoir pas été à la hauteur de la situation. De nos jours beaucoup de femmes sont incapables de réaliser la vulnérabilité des hommes sur ce point, et leur immense besoin d'amour aussi. Après tout, c'est l'amour qui lui permet de savoir qu'il a la capacité de satisfaire les besoins des autres.

> *Il est difficile pour un homme d'écouter parler*
> *une femme qui est malheureuse ou désappointée,*
> *parce c'est lui qui a l'impression d'avoir échoué.*

Un petit garçon qui a le bonheur de voir son père réussir à satisfaire sa mère parviendra, une fois devenu adulte, à entrer en relation de couple avec la conviction solide qu'il est capable de satisfaire les besoins de sa compagne. Il n'a pas peur de l'engagement parce qu'il sait qu'il peut fournir sa part adéquatement. Il sait aussi que, même s'il ne livre pas toujours la commande à cent pour cent, il est encore à la hauteur, et digne d'amour et d'appréciation, parce qu'il a fait son possible. Il ne se culpabilise pas, parce qu'il sait qu'il n'est pas parfait, qu'il fait toujours son possible, et qu'il arrive parfois que ce ne soit pas assez. Il est capable de s'excuser de ses erreurs, parce qu'il a confiance qu'on va lui pardonner, l'aimer quand même, et apprécier le fait qu'il a fait de son mieux.

Il sait que tout le monde fait des erreurs. Il a vu son père se tromper et continuer à avoir confiance en lui-même. Il a vu sa mère excuser et continuer à aimer son père malgré toutes ses erreurs. Il a senti sa confiance et son encouragement, même si parfois elle avait été déçue.

Malheureusement, beaucoup d'hommes n'ont pas eu de tels exemples dans leur famille. Peur eux il est aussi difficile de rester amoureux, de se marier et d'avoir une famille, que de piloter un avion sans entraînement. S'ils arrivent à décoller, ils volent vers un écrasement certain. Et même avec la meilleure des chances, il y a de forts doutes qu'ils puissent continuer à voler après un premier écrasement, ou un deuxième, ou s'ils ont été témoins d'un accident d'avion de leur père. Il en va de même pour les relations de couple. Il est facile de comprendre pourquoi sans un bon guide d'instruction beaucoup d'hommes et de femmes abandonnent.

Chapitre 5

LA CONFUSION DES LANGAGES

Lors de leur rencontre, les Martiens et les Vénusiennes connurent certains problèmes qu'on rencontre encore dans nos relations aujourd'hui. Cependant, parce qu'ils reconnaissaient leurs différences, ils purent régler ces problèmes rapidement. L'un des secrets du succès: de bonnes communications.

Curieusement, le fait qu'ils parlaient des langages différents a plutôt contribué que nui à la qualité de ces communications. Quand se présentait une difficulté ils sollicitaient l'aide d'un interprète. Tout le monde savait que le Martien et le Vénusien étaient deux langages différents, alors à la moindre incompréhension, au lieu de commencer à argumenter et à se fâcher, ils sortaient leur petit dictionnaire pour essayer de mieux comprendre ce que l'autre disait. Et si cela ne suffisait pas, ils faisaient appel à un traducteur.

> *Bien que les Martiens et les Vénusiens utilisâssent les mêmes mots, ils leur donnaient une signification différente.*

En effet, les mots utilisés par les Martiens et les Vénusiens étaient les mêmes, mais par leur façon de les utiliser ils leur donnaient des sens différents. Leurs expressions étaient aussi similaires, mais ils leur donnaient des connotations différentes, ou un accent émotionnel qui en faisait varier la signification. Il était très facile de se méprendre. Alors, sitôt qu'un problème de communication se pointait, ils présumaient qu'il s'agissait simplement d'une petite méprise habituelle qui, avec un peu d'aide s'aplanirait tout de suite. Ils en étaient arrivés à un degré de confiance mutuelle qu'on voit rarement de nos jours.

EXPRIMER DES SENTIMENTS OU DONNER DE L'INFORMATION

On a toujours besoin d'interprètes, encore aujourd'hui. Les hommes et les femmes veulent rarement dire la même chose même s'ils utilisent les mêmes mots. Par exemple, lorsqu'une femme dit «J'ai l'impression que tu ne m'écoutes jamais», elle ne donne pas au mot «jamais» son sens littéral. Elle utilise un mot plus fort simplement pour projeter le niveau de frustration qui l'habite à ce moment-là. Et ce mot ne doit pas être interprété comme s'il transmettait une information exacte.

Pour exprimer leurs sentiments au maximum, les femmes n'hésitent pas à utiliser la licence poétique, les superlatifs, les métaphores et les généralisations.

Pour exprimer leurs sentiments au maximum, les femmes n'hésitent pas à utiliser la licence poétique, les superlatifs, les métaphores et les généralisations. Et malheureusement les hommes donnent une interprétation littérale à ces expressions. Et parce qu'ils ont mal compris le sens donné aux mots par les femmes, ils réagissent souvent d'une façon démoralisante. Dans le tableau suivant on donne dix des plaintes féminines les plus souvent mal interprétées par les hommes.

PLAINTES FÉMININES SOUVENT MAL INTERPRÉTÉES PAR LES HOMMES

Quand une femme dit... a)	l'homme répond... b)
a) «On ne sort jamais!»	b) «Ce n'est pas vrai, on est sorti la semaine dernière.»
a) «Personne ne s'occupe de moi!»	b) «Je suis certain qu'il y a des gens qui t'ont remarquée.»
a) «Je suis tellement fatiguée que je ne peux plus rien faire.»	b) «C'est ridicule, tu n'es pas infirme tout de même!»

a) «Je voudrais oublier tout ça!»   b) «Si c'est parce que tu n'aimes plus ton travail, arrête-toi donc!»

a) «La maison est toujours sens dessous dessus!»   b) «Elle n'est pas toujours ainsi, voyons!»

a) «Il n'y a plus personne qui m'écoute!»   b) «Mais tu vois bien, moi je t'écoute!»

a) «Rien ne marche!»   b) «C'est ma faute, je suppose!»

a) «Tu ne m'aimes plus!»   b) «Bien sûr que je t'aime. Tu vois bien, je suis là!»

a) «On est toujours pressés!»   b) «Ce n'est pas vrai, vendredi passé on s'est reposé!»

a) «J'aimerais que tu sois plus romantique avec moi.»   b) «Dis-tu que je ne suis pas romantique?»

Voyez comment une interprétation «littérale» du langage de la femme peut facilement embrouiller l'homme qui, lui, est habitué de toujours utiliser les mots justes pour transmettre des faits, de l'information. On voit aussi comment les réponses de l'homme peuvent facilement mener à une dispute en règle. Des communications moins que claires et dépourvues d'amour sont la principale cause des problèmes de couple. La plainte numéro un des femmes à propos de leur partenaire c'est: «J'ai l'impression qu'il me comprend pas.» Et cette plainte même est souvent mal comprise ou mal interprétée.

La plainte numéro un des femmes à propos de leur partenaire c'est: «J'ai l'impression qu'il ne me comprend pas.» Et cette plainte même est souvent mal comprise ou mal interprétée.

Bien sûr qu'en interprétant littéralement une phrase comme «J'ai l'impression qu'il me comprend pas», l'homme est porté à mettre en doute les sentiments de la femme et à argumenter pour se défendre. Il est convaincu de l'avoir bien entendue et de pouvoir même répéter ce qu'elle a dit. Mais pour que l'homme interprète correctement ce que la femme a voulu dire, il aurait fallu qu'elle dise plutôt «J'ai l'impression que tu comprends pas ce que je voudrais tellement te dire, ou comment je me sens. Pourrais-tu au moins me faire voir que t'es réellement intéressé à ce que j'ai à dire?»

Si l'homme avait vraiment compris sa plainte, alors il aurait eu beaucoup moins envie d'argumenter avec elle, et il aurait pu réagir plus positivement. Quand un homme et une femme sont sur le point d'entamer une dispute verbale, c'est généralement qu'ils ne se comprennent pas. Et c'est à ce moment-là qu'il serait plus sage de repenser ou de réinterpréter ce qu'ils ont entendu l'autre dire.

Parce que beaucoup d'hommes ne comprennent pas que les femmes s'expriment de manière différente, ils portent un mauvais jugement et mettent en doute les sentiments de leur partenaire. Et cela conduit à la dispute. Les anciens Martiens ont appris à interpréter correctement pour éviter les disputes. Quand leur compréhension première de ce qu'ils entendaient avait tendance à les hérisser, ils consultaient leur petit dictionnaire de phrases martiennes et vénusiennes pour en avoir une interprétation correcte.

QUAND LES VÉNUSIENNES PARLENT

Cette section contient différents extraits tirés de l'ex-petit dictionnaire de comparaison des phrases martiennes et vénusiennes. Chacune des dix plaintes féminines déjà mentionnées y est traduite en langage masculin, afin que les hommes saisissent le sens réel de ces paroles comme l'intention qui se cache derrière. Et chaque traduction de ces propos donne aussi un indice de ce à quoi la femme qui les a prononcés s'attendait de la part de l'homme à qui elle les adressait.

Voyez-vous, quand une Vénusienne est bouleversée, elle ne fait pas qu'utiliser des généralités, des métaphores, etc. Elle sollicite aussi une certaine forme de support. Toutefois, elle ne demande pas ce support ouvertement parce que sur Vénus tout le monde a toujours su que ce genre de langage dramatisé implique nécessairement une demande spécifique.

Dans chacune de ces traductions, la demande de support qui se cache derrière les mots est révélée, parce que si l'homme qui écoute les propos d'une femme pouvait reconnaître cette demande cachée et réagir en conséquence, enfin elle sentirait qu'il l'écoute réellement et qu'il l'aime.

LE PETIT DICTIONNAIRE DE PHRASES
VÉNUSIENNES ET MARTIENNES

«On ne sort jamais» en langage martien, ça veut dire: «J'ai envie de sortir; j'aimerais qu'on fasse quelque chose ensemble; on a toujours tellement de plaisir, et puis j'aime être avec toi; qu'en penses-tu? N'aurais-tu pas envie de m'emmener dîner? ça fait déjà quelque temps qu'on n'est pas sorti ensemble, hein?»

Par contre, sans traduction, «on ne sort jamais» sonne aux oreilles de l'homme comme: «Tu ne fais pas ton devoir; tu me désappointes beaucoup; on ne fait plus rien ensemble parce que tu manques de romantisme, et puis tu es devenu paresseux; tu es tout simplement ennuyant!»

«Personne ne s'occupe de moi!» en martien ça veut dire: «Aujourd'hui je me sens ignorée et abandonnée; j'ai l'impression de passer inaperçue; bien sûr qu'il y a des gens qui voient que je suis là, mais ça ne semble pas leur faire de différence, ils s'en foutent; je crois que je suis aussi déçue que tu aies été aussi occupé dernièrement; j'apprécie que tu travailles tant, mais des fois je commence à me demander si tu as encore besoin de moi; ton travail t'accapare tellement plus que moi; j'aimerais que tu me serres fort puis que tu me dises que je suis encore très importante pour toi?»

Pourtant, quand Madame dit «personne ne s'occupe de moi!», souvent Monsieur entend plutôt: «Je suis si malheureuse, je n'arrive pas à obtenir toute l'attention dont j'ai besoin, tout est absolument foutu pour moi; même toi qui devrais m'aimer tu ne fais pas attention à moi; tu devrais avoir honte; tu manques tellement d'affection envers moi; jamais je ne serais capable de te faire ça, moi.»

«Je suis tellement fatiguée que je ne peux plus rien faire» se traduit en martien par: «J'ai fait tellement de choses aujourd'hui que j'ai besoin d'un repos avant de pouvoir faire autre chose de plus; je suis si chanceuse d'avoir ton soutien;

j'aimerais que tu me serres contre toi et que tu me dises que je fais du bon travail puis que je mérite de me reposer.»

Non traduite, cette phrase féminine «je suis tellement fatiguée que je peux plus rien faire» dit à l'homme: «C'est moi qui fais tout ici pendant que toi, tu ne fais rien; tu devrais m'aider, je ne peux pas tout faire toute seule; je me sens tellement découragée; j'aimerais un vrai homme pour partager ma vie; j'ai fait une erreur quand je t'ai choisi.»

«Je voudrais oublier tout ça!» signifie en martien: «Je voudrais que tu saches que j'aime mon travail et que j'aime ma vie, mais qu'aujourd'hui je suis dépassée; j'aimerais pouvoir souffler un peu avant de reprendre le collier; pourrais-tu me demander ce qui va pas, puis simplement m'écouter avec empathie, sans essayer de me proposer des solutions? J'aimerais seulement savoir que tu comprenne la pression que j'ai sur les épaules; je me sentirais tellement mieux; ça m'aiderait à me détendre, puis demain je pourrais recommencer à assumer toutes mes responsabilités et à m'occuper de tout ce dont il faut que je m'occupe.»

Sans traduction, au lieu de «je voudrais oublier tout ça!» l'homme entend: «Je dois faire tant de choses que je n'ai pas envie de faire; je suis tellement déçue de toi puis de notre relation; j'aimerais un meilleur partenaire, capable de rendre ma vie plus satisfaisante; et puis tu as tellement mal fait ton devoir.»

«La maison est toujours sens dessus dessous», pour un Martien, veut dire: «Aujourd'hui, j'aurais envie de me reposer mais la maison est dans un tel état; je suis frustrée et j'ai besoin de repos; j'espère que tu ne penses pas que je vais nettoyer tout ça; pourrais-tu me dire que, toi aussi, tu trouves que la maison est en désordre, puis que tu es prêt à m'aider à la remettre en ordre?»

En l'absence de traduction «la maison est toujours en désordre» pourrait frapper un homme comme voulant dire: «La maison est en désordre à cause de toi; je fais tout mon possible pour la nettoyer mais chaque fois, avant même que j'aie fini, tu la mets encore en désordre; tu es salaud et paresseux, puis je n'ai pas envie de continuer avec toi si tu ne veux pas changer; nettoie ou va-t'en!»

Dans la bouche d'un Martien **«Il n'y a plus personne qui m'écoute»** veut dire: «j'ai bien peur que je t'ennuie; j'ai bien peur que tu n'es plus intéressé à moi; je pense que je suis trop sensible aujourd'hui; j'aimerais ça que tu me portes une attention spéciale; j'ai eu une dure journée puis il me semble que personne ne veut entendre ce que j'ai à dire; j'aimerais que tu m'écoutes et que tu me poses des questions qui montrent que tu es intéressé, comme «qu'est-ce que tu as fait aujourd'hui?», «qu'est-ce qui s'est passé?», «comment t'es-tu sentie?», «qu'est-ce que tu voulais?», «et ensuite, comment te sentais-tu?»; et puis j'aimerais aussi que tu m'offres ton support moral en me disant des choses aimantes, reconnaissantes et rassurantes, comme «parle m'en donc» ou «tu as raison» ou encore «je comprends» ou bien que tu m'écoutes seulement et, au moment où je fais une pause, que tu me rassures avec un «ah oui!», «d'accord!» ou même un «bravo!» à l'occasion.»

Les Martiens n'ont découvert ce genre de mots et d'expressions qu'une fois arrivés sur Vénus. Donc sans préparation, quand sa femme dit «Il n'y a plus personne qui m'écoute» l'homme, lui, entend: «moi je porte attention à ce que tu dis mais toi, tu ne m'écoutes pas; pourtant, tu m'écoutais avant; mais tu es devenu un compagnon tellement ennuyant pour moi; moi qui voudrais quelqu'un d'excitant et d'intéressant dans ma vie, ce n'est sûrement pas toi; tu m'as déçue; tu n'es qu'un égoïste, un indifférent et un bon à rien!»

Les mots **«Il n'y a rien qui marche!»** disent plutôt à un Martien: «je suis dépassée aujourd'hui, et je suis si contente de pouvoir partager mes sentiments avec toi; ça m'aide tellement à me sentir mieux; j'ai vraiment l'impression que rien de ce que je fais fonctionne aujourd'hui; je sais que c'est pas tout à fait vrai, mais c'est bien l'impression que j'ai quand je deviens excédée par tout ce qu'il me reste à faire; j'aimerais tant que tu me serres dans tes bras et que tu me dises que je fais du bon boulot; ça me ferait tellement de bien.»

Mais sans cette traduction, lorsqu'une femme dit à un homme que «Il n'y a rien qui marche!» lui peut entendre «tu ne fais jamais rien de bien; je suis incapable d'avoir confiance en toi; si je ne t'avais pas écoutée, je ne serais pas dans ce pétrin; un autre homme aurait su arranger les choses, mais toi tu les as compliquées davantage.»

«Tu ne m'aimes plus!» pour un Martien veut dire: «Aujourd'hui j'ai l'impression que tu ne m'aimes plus; j'ai bien peur de t'avoir repoussé; dans le fond je sais que tu m'aimes, tu fais tellement pour moi; mais je souffre un peu d'insécurité aujourd'hui; je voudrais que tu me rassures sur ton amour, et que tu me dises «je t'aime»; tu le sais, ça me fait tellement de bien quand tu me dis ça!»

Venant d'une femme et sans traduction «tu ne m'aimes plus!» signifie pour l'homme qui se le fait dire: «je t'ai donné les meilleures années de ma vie mais tu ne m'as rien donné en retour, tu m'as simplement utilisée; tu es égoïste et indifférent avec moi; tu ne fais seulement que ce qui te plaît, pour toi et toi seulement; tu ne te préoccupes de personne d'autre; j'ai été idiote de t'aimer; maintenant, il ne me reste rien.»

«On est toujours pressés!» sonne à l'oreille d'un Martien comme: «je me sens poussée dans le dos aujourd'hui; je n'aime pas courir comme ça; j'aimerais qu'on ne soit pas toujours aussi pressés dans la vie; je sais que ce n'est pas ta faute et je ne te blâme pas; je sais que tu fais ton possible pour qu'on soit toujours à temps, et j'apprécie comment tu t'en fais pour moi; mais j'aurais besoin de te sentir de mon côté; par exemple, j'aimerais que tu me dises que tu sais que c'est fatigant d'être toujours pressé, et que toi non plus tu n'aimes pas courir tout le temps.»

Cependant, plutôt que ce qu'elle a voulu dire par «on est toujours pressés», son partenaire, lui, a entendu: «tu es tellement irresponsable; tu es toujours à la dernière minute; je ne peux jamais être heureuse quand je suis avec toi, on est toujours en train de courir pour pas être en retard; tu gâtes les affaires chaque fois que tu es avec moi; je suis tellement plus heureuse quand tu n'es pas autour de moi.»

L'interprétation martienne de **«j'aimerais que tu sois plus romantique avec moi»** c'est: «Chérie, tu as travaillé dernièrement, on devrait prendre un peu de temps pour nous deux, tout seuls; j'aime beaucoup ça quand on peut se relaxer et passer du temps ensemble, sans les enfants ou les pressions du travail; tu es tellement romantique! J'aimerais que bientôt tu me surprennes avec des fleurs puis que tu me sortes quelque part; j'adore ça quand tu me fais la cour!»

Encore une fois, sans traduction, les mêmes mots veulent dire autre chose. «J'aimerais que tu sois plus romantique» pour un homme sonne comme: «je veux plus d'amour; tu ne me satisfais plus; je ne suis plus attirée par toi; tu n'es définitivement pas à la hauteur en amour; en réalité tu ne m'as jamais réellement satisfaite; j'aimerais tellement que tu sois comme d'autres hommes que j'ai connus.»

Après avoir eu recours à ce dictionnaire pendant quelques années, pour décoder les paroles de sa femme, l'homme en vient à n'avoir plus besoin d'y recourir chaque fois qu'il se sent blâmé ou critiqué. Il en arrive à pouvoir comprendre comment les femmes pensent, et comment elles se sentent à l'intérieur. Il apprend à ne pas prendre ce genre de phrases au pied de la lettre, parce qu'en réalité, elles ne sont qu'un moyen qu'utilisent les femmes pour mieux extérioriser leurs sentiments. C'est ainsi que ça se passait sur Vénus, et ces Martiens d'hommes doivent le savoir et s'en souvenir.

QUAND LES MARTIENS NE PARLENT PAS

L'un des plus grands défis pour l'homme, c'est d'interpréter correctement et de supporter la femme quand elle extériorise ses sentiments. Par contre, pour la femme, le plus grand défi c'est de soutenir et d'interpréter correctement un homme quand il reste silencieux. C'est ce silence qui le plus souvent trompe la capacité d'interprétation féminine.

Le plus grand défi pour la femme c'est de soutenir et d'interpréter correctement un homme qui reste silencieux.

Très souvent un homme va cesser de communiquer et demeurer silencieux, un comportement inconnu sur Vénus. En premier la femme va penser que son homme est devenu sourd. Elle va croire qu'il ne réagit pas parce qu'il n'entend pas ce qu'elle dit.

Remarquez qu'il y a une différence entre la façon dont l'homme et la femme pensent et traitent l'information reçue. La femme pense tout haut, partageant le cheminement interne de ses découvertes avec celui ou celle qui lui prête son attention. Même aujourd'hui, une femme en arrive souvent à trouver ce qu'elle veut dire à force de parler. C'est ce processus, consistant à laisser jaillir ses pensées librement en les exprimant tout haut, qui lui permet de se brancher sur son intuition. Cela est parfaitement normal, et parfois même spécialement nécessaire pour elle.

Pour l'homme, c'est différent. Avant de parler il pense et «mijote» en silence tout ce qu'il a entendu ou expérimenté. Avant même d'ouvrir la bouche il cherche la meilleure réponse qu'il puisse donner. Puis il l'élabore soigneusement dans son esprit avant de l'exprimer. C'est un processus qui peut durer quelques minutes, ou des heures. Et ce qui rend la chose encore plus déroutante pour la femme, c'est que si l'homme ne considère pas détenir suffisamment d'information pour formuler une réponse, il peut ne jamais répondre du tout.

La femme devrait comprendre que le silence de son mari signifie: «Je ne sais pas encore quoi dire mais j'y pense.» Mais elle reçoit un message plutôt différent de son silence, comme par exemple: «Je ne te réponds pas parce que tu ne m'intéresses pas, et je vais continuer à t'ignorer. Comme ce que tu m'as dit n'a pas d'importance, cela ne mérite pas une réponse de ma part.»

COMMENT LA FEMME RÉAGIT AU SILENCE DE L'HOMME

Le silence masculin est mal interprété par la femme. Selon son état du jour elle peut même soupçonner le pire comme: «Il me déteste, il ne m'aime plus, il va me quitter pour de bon.» Cela peut réveiller sa plus grande appréhension et elle se dit: «J'ai peur que s'il me rejette personne ne m'aimera plus jamais. Je ne mérite donc plus qu'on m'aime.»

Si la femme s'imagine le pire devant le silence de l'homme, c'est qu'elle-même n'a recours au silence que lorsque ce qu'elle voudrait dire est trop blessant, ou lorsqu'elle n'a plus confiance à quelqu'un et ne veut plus avoir affaire à cette personne. Dans cette perspective, il n'est donc pas surprenant que la femme s'inquiète sérieusement du silence de l'homme.

Devant le silence de son homme,
il est facile pour la femme d'imaginer le pire.

Quand une femme écoute parler une autre femme, elle rassure constamment cette dernière sur son attention et son support. Instinctivement, à la moindre pause de celle qui parle, la femme lui transmet de petits messages rassurants avec des mots comme: «Oui!», «Bien!» ou «D'accord!». Ou plus subtilement par un hochement de tête ou l'expression du visage.

Sans ces petits signaux rassurants, le silence d'un homme peut être très menaçant pour une femme. C'est en comprenant le principe de la «caverne» de l'homme que la femme peut en arriver à interpréter correctement ses silences, et à réagir de façon appropriée.

COMPRENDRE LA CAVERNE DE L'HOMME

Les femmes doivent apprendre beaucoup sur les hommes avant d'aspirer à des relations de couple pleinement satisfaisantes. Elles doivent d'abord savoir que lorsqu'un homme est bouleversé ou stressé, il s'arrête automatiquement de parler et rentre dans sa «caverne» imaginaire pour mettre de l'ordre dans ses idées. Et à ce moment-là elle doit absolument savoir que personne, pas même son meilleur ami, n'est bienvenu dans sa caverne. C'est ainsi qu'il en était sur Mars. La femme n'a pas à craindre qu'elle ait pu faire quelque chose de terrible. Elle a seulement besoin d'apprendre graduellement qu'en laissant son homme aller à sa caverne lorsqu'il en sent le besoin, elle le verra bientôt ressortir et tout sera très bien à nouveau.

Ceci est particulièrement difficile à accepter pour une femme, parce que l'une des règles d'or sur Vénus commandait de ne jamais abandonner une amie en détresse. Cela semble tellement contraire à l'amour que de tourner le dos à son Martien favori au moment où il est perturbé. Parce qu'elle tient tellement à lui, la femme cherche plutôt à le suivre dans sa caverne et à l'aider à arranger les choses.

De plus, elle a souvent la fausse impression que, si elle pouvait lui poser beaucoup de questions sur ses sentiments intérieurs et l'écouter patiemment, il se sentirait mieux. Mais cela ne fait que perturber davantage un Martien. Son instinct féminin lui dicte de le soutenir de la même façon qu'elle aimerait être soutenue elle-même dans des circonstances semblables. Elle a de bonnes intentions, mais le résultat de sa démarche est plutôt dévastateur.

Les femmes, comme les hommes, doivent cesser d'offrir à leur partenaire le genre de soutien moral qui leur convient à elles-mêmes, ou à eux-mêmes. Ils et elles doivent commencer à apprendre les différents modes de pensée, de sentiments et de réaction de leur partenaire.

POURQUOI LES HOMMES SE RETIRENT DANS LEUR CAVERNE

Voici quelques raisons pour lesquelles l'homme se tait ou se retire dans sa caverne, c'est-à-dire en lui-même:

1 - Il a besoin de réfléchir et d'élaborer une solution.

2 - Il n'a pas de réponse à une question ou de solution à un problème. On n'a jamais enseigné aux hommes à dire: «Bon! Je n'ai pas de réponse. J'ai besoin d'aller réfléchir dans ma caverne pour en trouver une.» C'est pourquoi seuls les hommes comprennent ce qui se passe quand l'un deux devient silencieux et absorbé.

3 - Il est bouleversé ou stressé. Dans ces moments-là, il a besoin d'être seul pour laisser la tension diminuer et retrouver la maîtrise de lui-même. Il ne veut pas dire ou faire quoi que ce soit qu'il pourrait regretter par la suite.

4 - Il a besoin de se ressourcer. Cette raison prend beaucoup d'importance quand l'homme est amoureux. Il arrive qu'un homme commence à ne plus trop bien savoir qui il est, et comment il doit agir. Il peut craindre qu'une intimité trop grande affaiblisse son pouvoir. Il a besoin de définir le degré d'intimité acceptable pour lui, sinon en se rapprochant au point de perdre le contrôle, son système d'alarme interne va se déclencher et il va automatiquement se précipiter vers sa caverne. C'est là qu'il arrive à se ressourcer et à recouvrer sa force et sa capacité d'aimer.

POURQUOI LES FEMMES PARLENT

Il y a plusieurs raisons pour lesquelles les femmes parlent. Elles le font parfois pour les mêmes raisons qui font taire les hommes. Voici quatre raisons qui font habituellement parler la femme:

1 - Pour donner ou demander de l'information. (La seule raison qui fait généralement parler les hommes aussi.)

2 - Pour explorer et découvrir ce qu'elle voudrait dire. (Alors que lui se tait pour savoir quoi dire, elle réfléchit tout haut, en parlant.)

3 - Pour ne pas perdre le contrôle et se sentir mieux, quand elle est bouleversée. (Lui arrête de parler quand il est bouleversé, parce c'est dans sa caverne qu'il peut retrouver les meilleures conditions pour se calmer.)

4 - Pour créer l'intimité. C'est en partageant ses sentiments, amoureux surtout, qu'elle peut le mieux connaître leur valeur, particulièrement la valeur de son amour. (Le Martien, lui, s'arrête de parler pour se retrouver, parce qu'il craint que trop d'intimité lui fasse perdre son identité.)

Sans ces connaissances vitales de nos différences et de nos besoins, il est facile de comprendre pourquoi les relations de tant de couples sont conflictuelles.

LA MORSURE DU DRAGON

Il est important que les femmes comprennent qu'il ne faut jamais essayer de faire parler un homme avant qu'il ne soit prêt à le faire. En fait, au cours d'une discussion sur ce sujet à l'un de mes séminaires, une Amérindienne nous a dit que dans sa tribu les mères enseignaient aux jeunes filles en âge de se marier que lorsque l'homme est bouleversé ou stressé, il va se retirer dans sa caverne, qu'elles ne devaient pas s'en offusquer parce que cela allait se produire de temps en temps, et que cela ne signifiait nullement qu'il ne les aimait pas. Elles les assuraient même qu'il reviendrait vers elles ensuite. Mais ces mères disaient aussi qu'il était encore plus important pour elles de ne pas suivre leur homme dans sa caverne, parce qu'alors elles seraient mordues par le dragon chargé de protéger cette caverne.

*N'allez jamais dans la caverne d'un homme
ou vous serez mordues par le dragon!*

Beaucoup de conflits inutiles ont été déclenchés par une femme suivant son homme jusque dans sa caverne. Les femmes n'ont donc pas compris que l'homme a vraiment besoin de solitude ou de silence quand il est bouleversé. Quand un homme se retire dans sa caverne, la femme ne comprend tout simplement pas ce qui se passe, et tout naturellement elle essaie de lui parler. S'il y a problème, elle espère pouvoir le résoudre en l'invitant à sortir de sa solitude et à en discuter avec elle.

Elle lui demande «Qu'est-ce qu'il y a qui ne va pas?» et lui répond «Rien!», mais elle sent bien qu'il est troublé. Elle se demande pourquoi il ne partage pas ses sentiments avec elle, et, au lieu de le laisser régler les choses selon sa méthode à lui, dans la solitude de sa caverne, elle interrompt son processus interne. Elle demande encore: «Je sais qu'il y a quelque chose qui ne va pas, dis-moi donc ce que c'est?»

Alors il répète: «Je te dis que ce n'est rien!»

Elle réplique: «Ce n'est pas rien! Je le sais, il y a quelque chose qui te dérange. Dis-moi ce que tu ressens?»

Il s'impatiente: «Écoute! Je te l'ai dit, je suis bien! Bon! Laisse-moi tranquille!»

Et elle éclate: «Comment peux-tu me traiter comme ça? Tu veux plus jamais me parler. Comment veux-tu que je comprenne comment tu te sens? Tu ne m'aimes plus! Je le sais, tu ne veux plus de moi!»

Et là il perd pied et commence à dire des choses qu'il va regretter par la suite. Le dragon vient de mordre!

LORSQUE LES MARTIENS SE METTENT À PARLER

Les femmes se font mordre non seulement quand elles envahissent le processus d'introspection d'un homme, mais aussi quand elles interprètent mal certaines de ses paroles, qui sont généralement des indications qu'il est en route ou déjà installé dans la solitude de sa caverne. Quand on lui demande: «Qu'est-ce qui ne va pas?», un Martien va toujours répondre par une expression courte comme «Ce n'est rien du tout!» ou «Je vais très bien!»

Ces signaux d'alarme très brefs sont habituellement le seul moyen qu'a une Vénusienne pour détecter le besoin d'espace de son homme pour mettre de l'ordre dans ses affaires, tout seul. Au lieu de dire «Je suis bouleversé et j'ai besoin que tu me laisses seul pour un moment», l'homme devient tout bonnement silencieux.

Dans le tableau suivant, on cite six des signaux d'alarme abrégés le plus souvent lancés par les hommes, et six des réponses féminines qui constituent une intrusion et un manque de support moral bien involontaires.

SIX SIGNAUX D'ALARME ABRÉGÉS PARMI LES PLUS COURANTS

Quand une femme demande: «Qu'est-ce qui ne va pas?»,

si l'homme donne l'une des réponses (a) ci-après, la femme, elle, pourrait offrir la réplique (b) correspondante:

a) «Ça va! Tout va très bien!» b) «Je sais qu'il y a quelque chose de travers, qu'est-ce que c'est?»

a) «Je suis très bien. Je ne suis pas bouleversé.» b) «Mais tu as l'air bouleversé. Veux-tu, on va en parler?»

a) «Ce n'est rien. Rien ne me dérange.» b) «Je veux t'aider. Je sais qu'il y a quelque chose qui te dérange. Qu'est-ce que c'est?»

a) «Tout est en ordre. Je suis correct.» b) «En es-tu sûr? J'aimerais t'aider.»

a) «Ce n'est pas important!» b) «Mais il y a quelque chose qui te tourmente. Faudrait qu'on en parle.»

a) «Il n'y a pas de problème!» b) «Mais oui, il y a un problème. Puis-je t'aider!»

Quand l'homme fait l'un de ces brefs commentaires, il recherche habituellement l'acceptation silencieuse de sa partenaire, ou un peu d'espace pour régler son problème tout seul. Dans des moments comme ceux-là, les Vénusiennes consultaient généralement leur petit dictionnaire comparatif de la signification des phrases martiennes et vénusiennes. Mais, sans un tel instrument de clarification, de nos jours les femmes interprètent souvent mal les signaux d'alarme de leur homme.

Quand leur homme dit «Je suis très bien», ces dames ont besoin de savoir que ce n'est qu'une abréviation de ce qu'il voudrait réellement leur dire, par exemple: «Je suis très bien parce que je suis capable de régler ce problème-là tout seul. Je n'ai pas besoin d'aide. J'aimerais mieux que tu me supportes en ne t'inquiétant de rien. Aie simplement confiance, je vais régler tout ça moi-même.»

Sans cette traduction, quand il est bouleversé et dit «Je suis très bien», elle a l'impression qu'il essaie de nier ses problèmes ou ses propres sentiments. Elle essaie alors de l'aider en lui posant des questions, ou en parlant de ce qu'elle croit être le problème. Elle ne sait pas qu'il utilise un langage abrégé. Les extraits ci-après sont tirés de ce fameux petit dictionnaire comparatif de la signification des phrases martiennes et vénusiennes.

DICTIONNAIRE COMPARATIF DE PHRASES MARTIENNES ET VÉNUSIENNES

«Ça va!» traduit en martien, ça veut dire: «Ça va! je suis capable de m'occuper de ce qui m'inquiète, je n'ai pas besoin d'aide; merci!»

Sans ce genre de traduction, quand il dit «Ça va!» elle peut comprendre plutôt «Je ne suis pas bouleversé parce que ça ne me fait rien» ou bien «Je ne veux pas partager mon irritation avec toi parce que je ne crois pas que tu vas appuyer ma démarche.»

«Je suis très bien!» en vénusien, ça veut dire: «Je suis très bien parce que je suis en train de régler mon problème sans toi; si j'ai besoin de ton aide, je te la demanderai.»

Sans cette traduction en entendant «Je suis très bien», elle croit plutôt entendre «Je me fous de ce qui est arrivé; ce problème n'est pas important pour moi; même si ça t'énerve, je m'en fous!»

«Ce n'est rien!» en langage de Vénus signifie: «Il n'y a rien de ce qui me dérange que je ne sois pas capable de régler tout seul; ne me pose plus de question là-dessus.»

Encore une fois, sans la traduction, quand elle entend «Il n'y a rien qui me dérange» elle saisit plutôt «je ne sais pas ce qui me dérange; j'ai besoin que tu me questionnes pour savoir ce qui se passe.» Et c'est à ce moment-là qu'elle le choque en se mettant à lui poser des questions, alors qu'il voudrait réellement qu'elle le laisse tranquille.

«Tout est en ordre» traduit en vénusien signifie «Il y a un problème mais ce n'est pas de ta faute; je suis capable de le résoudre tout seul si tu ne viens pas interrompre mon processus en posant d'autres questions ou en proposant des solutions; fais simplement comme si ça n'existait pas et j'arriverai à tout régler plus efficacement.»

Sans cette traduction son «Tout est en ordre» peut signifier pour elle «C'est comme ça que ça doit être et il n'y a pas besoin de changer; je peux continuer à t'insulter et toi aussi tu peux continuer à m'insulter.» Ou bien elle peut l'interpréter comme «Ça va aller cette fois-ci mais rappelle-toi que c'est ta faute; tu as fais ça une fois, mais ne recommence pas, sinon...»

«Ce n'est pas important!» en vénusien veut dire: «Ce n'est pas important parce que je suis capable de réparer ça; je t'en prie ne continue pas à parler de ça parce que ça m'énerve encore plus; j'ai pris sur moi de résoudre ce problème, et ça me rend heureux de le régler.»

Sans traduction officielle, quand il dit: «Ce n'est pas important», elle pourrait l'interpréter comme «Tu fais tout un plat pour des riens; ce qui te concerne n'est pas important; cesse donc tes réactions exagérées.»

L'interprétation vénusienne de **«Il n'y a pas de problème!»**, c'est: «Je n'ai pas de problème à faire ou à régler ceci pour toi; je t'offre ce cadeau avec plaisir.»

Et sans traduction **«Il n'y a pas de problème»,** signifie pour elle «Ceci n'est pas réellement un problème; pourquoi en fais-tu un l'erreur de se mettre à lui expliquer pourquoi elle considère qu'il s'agit en effet d'un problème.

L'utilisation de ce dictionnaire comparatif de phrases martiennes et vénusiennes peut aider les femmes à comprendre ce que les hommes veulent dire quand ils parlent en langage abrégé. Parfois, ce qu'ils veulent vraiment dire est exactement à l'opposé de ce que les femmes comprennent.

QUOI FAIRE QUAND IL RENTRE DANS SA CAVERNE

Lorsque dans mes séminaires j'explique ma théorie des cavernes et des dragons, les femmes veulent savoir ce qu'elles peuvent faire pour réduire le temps que leur homme passe dans sa caverne. Quand elles me le demandent, je renvoie la question aux hommes présents, et en général, ils disent que plus les femmes essaient de leur parler ou de les inciter à sortir de leur isolement, plus ça prend du temps.

Un autre commentaire masculin: «C'est difficile de me décider à sortir quand je sais que ma partenaire va me reprocher le temps que j'ai passé dans ma caverne.» Blâmer un homme parce qu'il s'est retiré dans sa caverne ne fait que le pousser à rester là, même quand il aurait envie d'en sortir.

On sait qu'un homme va généralement à sa caverne quand il se sent blessé, ou stressé, et qu'il veut essayer de régler ses problèmes tout seul. Alors s'il acceptait l'aide que sa femme veut lui apporter, cela irait à l'encontre de sa démarche. Il y a en réalité six façons de supporter son homme quand il a décidé de se retirer dans sa caverne, et c'est ce genre de support qui pourrait aider à raccourcir le temps qu'il passe dans son isolement.

COMMENT SUPPORTER UN HOMME DANS SA CAVERNE

1. Ne vous montrez pas en désaccord avec son besoin de s'isoler.
2. N'essayez pas de l'aider à résoudre son problème en lui offrant des solutions.
3. N'essayez pas d'accélérer le processus en lui posant des questions.
4. Ne vous assoyez pas près de la porte de sa caverne pour attendre sa sortie.

5. Ne vous inquiétez pas de lui et ne le prenez pas en pitié.
6. Faites quelque chose pour vous plaire à vous-même.

Si vous sentez le besoin de lui dire quelque chose, écrivez-lui une petite lettre qu'il pourra lire en sortant de son isolement. Et si vous avez besoin qu'on vous soutienne, parlez à une amie. Arrangez-vous pour qu'il ne soit pas votre seule source d'intérêt et de gratification.

Un homme veut que sa Vénusienne favorite ait confiance en lui, qu'elle reconnaisse qu'il est capable de corriger ce qui le dérange. Cette confiance en son habileté à prendre soin de lui-même est essentielle à son amour-propre, à sa fierté et à son honneur.

Il est difficile pour elle de ne pas s'inquiéter de lui. Les femmes expriment souvent leur amour et leur attachement en se souciant du bien-être de l'autre. Pour elles, c'est une façon de dire «je t'aime». D'être heureux quand la personne qu'on aime est perturbée ne semble pas correct aux yeux d'une femme. Son compagnon ne désire sûrement pas qu'elle soit heureuse «parce qu'il est bouleversé», mais il veut quand même qu'elle soit heureuse, ne serait-ce que pour qu'il n'ait pas besoin de s'inquiéter d'elle. De plus il la veut heureuse parce que ça l'aide, lui, à se sentir aimé par elle. Quand il sent que sa femme est heureuse et libre de soucis, il est plus facile pour lui de sortir de sa caverne.

Curieusement, les hommes démontrent leur amour en ne s'inquiétant pas. Ils se disent: «Comment peux-tu t'inquiéter d'une personne que tu admires et en qui tu as pleine confiance? Couramment les hommes s'offrent un support mutuel en se disant des phrases comme: «Ne t'inquiète pas, tu es capable!» ou «C'est leur problème, pas le tien.», ou encore «Je suis certain que ça va marcher.» Ils se soutiennent les uns les autres en minimisant leurs difficultés et en repoussant les inquiétudes.

J'ai mis des années à découvrir que ma femme voulait en réalité que je m'inquiète pour elle quand elle était bouleversée. Sans cette connaissance de la différence dans nos besoins j'étais porté à minimiser ses inquiétudes, ce qui la rendait encore plus bouleversée.

Rappelons-nous encore une fois que quand un homme se retire dans sa caverne, il essaie généralement de régler un problème. Si sa partenaire est sans soucis ni besoins à ce moment-là, ça lui fait une chose de moins à régler avant d'en sortir. Et de la savoir heureuse avec lui augmente sa capacité à régler son problème pendant qu'il est dans son isolement.

Tout ce qui peut la distraire ou l'aider à se sentir bien est d'un précieux secours pour lui. En voici quelques exemples.

*Lire un bon livre
*Écouter de la musique
*Travailler dans le jardin
*Faire de l'exercice
*Se faire donner un massage
*Écouter des cassettes de motivation
*Manger quelque chose de délicieux
*Piquer une bonne discussion avec une amie

*Noter ses impressions dans son journal personnel
*Aller magasiner
*Prier ou méditer
*Faire une promenade
*Prendre un bain moussant
*Consulter un thérapeute
*Regarder la télévision ou un vidéo

Les Martiens recommandaient aussi aux Vénusiennes de faire quelque chose d'agréable. Et bien qu'elles aient de la difficulté à se sentir bien tant que leur ami était dérangé, ces dernières ont fini par trouver un moyen. Chaque fois que leur Martien favori prenait la direction de sa caverne elles sortaient pour magasiner, ou pour quelque autre excursion agréable. Les Vénusiennes adorent magasiner. Ma femme Bonnie utilise parfois cette technique. Quand elle me sent dans l'isolement de ma caverne, elle part à l'assaut des magasins, ce qui me soulage de l'obligation de m'excuser pour mon comportement de Martien. Quand je vois qu'elle est capable de prendre soin d'elle-même, je me sens libre de rentrer dans ma caverne pour prendre soin de moi-même. Et elle sait que je vais en ressortir encore plus aimant que jamais.

Elle a compris que, dans ma caverne, ce n'est pas le temps de me parler. Quand elle perçoit les premiers signes d'intérêt de ma part, elle sait que je suis en train de sortir de mon isolement, et que c'est le temps de recommencer à parler. Parfois elle me dira d'un air détaché: «Quand tu auras envie de parler j'aimerais qu'on passe un peu de temps ensemble, veux-tu me faire signe quand tu seras prêt?» De cette façon, elle peut sonder le terrain sans paraître exigeante, ou trop insistante.

COMMENT COMMUNIQUER SON SOUTIEN À UN MARTIEN

Même hors de leur caverne, les hommes veulent qu'on ait confiance en eux. Ils n'apprécient guère la sollicitude ou les conseils gratuits. Ils ont toujours besoin de se prouver leur capacité à eux-mêmes. Ils se glorifient grandement de pouvoir accomplir des choses sans l'aide d'autrui. Pour une femme, au contraire, quand quelqu'un vient à son aide c'est la sensation de support dans sa relation qui fait sa gloire. L'homme, lui, se sent supporté quand sa femme lui communique sa confiance à travers son comportement, ce qui signifie pour lui: «Si tu ne demandes pas de l'aide directement, je sais que tu es capable de te débrouiller.»

Au début, ce peut être très difficile d'apprendre à supporter son homme de cette façon. Beaucoup de femmes croient encore que la seule manière d'obtenir ce qu'elles désirent, c'est de critiquer leur homme quand il fait des erreurs, et de lui donner des conseils sans qu'il en demande. Sans avoir bénéficié de l'exemple d'une maman qui savait comment obtenir le soutien dont elle avait besoin de la part de leur papa, il ne leur vient pas à l'esprit qu'elles encourageraient leur partenaire à leur donner davantage en sollicitant directement son support, sans le critiquer ou lui donner des conseils. De plus, si lui se comporte d'une manière qu'elles n'aiment pas, elles peuvent lui dire simplement et directement qu'elles n'apprécient pas son comportement, sans porter jugement en lui disant qu'il a tort, ou qu'il est bon à rien.

COMMENT PRÉSENTER SES CRITIQUES ET CONSEILS À UN HOMME

Sans une compréhension de l'effet négatif de leurs critiques et conseils sur un homme, beaucoup de femmes se sentent impuissantes pour obtenir de lui ce dont elles ont besoin, ou ce qu'elles désirent. Nancy se sentait frustrée dans sa relation de couple. Elle dit: «Je ne sais toujours pas comment approcher mon partenaire avec mes critiques et mes conseils. Quoi faire si ses manières sont inacceptables à table, ou s'il s'habille horriblement mal? Comment intervenir s'il est un bon garçon mais que je le vois se comporter comme un mufle avec les gens, au point d'être incapable de relations durables avec qui que ce soit? Qu'est-ce que je devrais faire? Peu importe comment j'essaie de lui parler de choses comme ça, il se fâche et devient défensif, ou bien il m'ignore complètement.»

La réponse c'est qu'elle ne doit strictement jamais le critiquer ou lui donner des conseils, à moins qu'il ne le lui ait demandé. Elle devrait plutôt s'efforcer de lui démontrer une acceptation empreinte d'amour. C'est de ça qu'il a besoin, pas de sermons! Ce n'est qu'en commençant à ressentir son acceptation qu'il va graduellement s'habituer à lui demander son avis. Cependant, s'il détecte la moindre exigence de changement de sa part, il cessera de demander conseil ou avis. Surtout dans une relation intime, l'homme a besoin de se sentir très en sécurité pour s'ouvrir et solliciter le support dont il a besoin.

En plus de garder patiemment confiance en son partenaire pour évoluer et changer par lui-même, la femme qui ne reçoit pas de lui ce dont elle a besoin ou ce qu'elle désire, peut et devrait lui faire part de ses sentiments et demandes, mais toujours sans lui faire de critiques ou lui donner des conseils. C'est là un art qui va exiger d'elle beaucoup de dévouement et de créativité. Et il y a quatre approches possibles.

1 - La femme peut dire à son homme qu'elle n'aime pas sa manière de s'habiller, mais sans lui donner un cours sur la façon correcte de le faire. Par exemple, tout bonnement, alors qu'il est en train de s'habiller elle peut dire: «Je n'aime pas cette chemise-là pour toi. Voudrais-tu en porter une autre ce soir?» S'il se montre vexé, elle se doit de respecter sa susceptibilité et de s'excuser en disant par exemple: «Excuse-moi, je ne voulais pas te dire comment t'habiller.»

2 - S'il est aussi chatouilleux que cela, et bien des hommes le sont, elle pourra alors essayer d'en parler à un autre moment. Et elle pourrait l'aborder en disant par exemple: «Tu sais, la chemise bleue que t'as portée avec ton pantalon vert? Je n'aime pas tellement cette combinaison-là. N'aurais-tu pas envie de l'essayer avec ton pantalon gris?»

3 - Ou elle pourrait lui demander directement: «Aimerais-tu que j'aille magasiner avec toi un de ces jours? J'aurais envie de choisir un ensemble à porter.» S'il oppose un refus elle sera certaine qu'il ne veut pas se laisser chouchouter par elle comme si elle était sa mère. Par contre, s'il se montre le moindre-

ment intéressé, il ne faut surtout pas poursuivre en lui donnant des conseils. On connaît sa susceptibilité.

4 - Ou encore elle pourrait lui dire: «Il y a quelque chose dont j'aimerais discuter avec toi mais je ne sais pas trop comment aborder la question», puis faire une pause avant de poursuivre en ajoutant «Je ne voudrais pas t'offenser, mais j'ai vraiment besoin de te le dire. Voudrais-tu m'écouter puis me suggérer la meilleure façon d'en parler si ça t'intéresse?» Voilà qui va l'aider à se préparer à absorber le choc, pour découvrir aussitôt que c'était pas aussi grave qu'il pouvait l'avoir anticipé.

Regardons un autre exemple. Si elle déplore ses manières à table et qu'ils sont seuls, sans donner aucun signe de désapprobation, elle peut lui dire: «Voudrais-tu te servir de ton couteau et de ta four-chette?» ou «Voudrais-tu utiliser ta tasse pour boire?» Par contre, en présence d'autres personnes, il est plus sage de ne rien dire, de ne rien faire voir non plus, et de remettre toute intervention à plus tard. Lors d'un moment plus opportun en privé elle pourrait lui dire: «J'aimerais que tu utilises toujours tes «ustensiles» pour manger en présence des enfants» ou «Je n'aime pas quand tu manges avec tes doigts. Tu sais que je suis tellement pointilleuse pour ces choses-là. Alors quand tu manges avec moi, j'aimerais mieux que tu te serves toujours de ton couteau et de ta fourchette.»

Si sa conduite vous gêne ou vous fait honte en présence d'autres gens, attendez toujours un autre moment – quand vous serez seuls tous les deux – pour lui faire savoir ce que vous ressentez. Ne lui dites pas alors «comment» il devrait se conduire, ou qu'il a tort. Faites-lui plutôt part de vos sentiments d'une manière brève, honnête et aimante. Vous pourriez par exemple lui dire: «Sais-tu, l'autre soir à la réception, je n'ai pas tellement apprécié quand tu parlais si fort. J'aimerais que tu essayes de baisser le ton chez les gens, au moins quand je suis là.» S'il paraît offensé par cette remarque, excusez-vous simplement de l'avoir critiqué.

On discutera plus en profondeur l'art de faire des remarques négatives ou de solliciter du support moral plus loin, dans les chapitres 9 et 12. De plus, dans le chapitre qui suit on explore les meilleurs moments pour tenir ces conversations.

QUAND UN HOMME N'A PAS BESOIN D'AIDE

Quand une femme tente de le réconforter ou de l'aider à résoudre son problème, un homme peut commencer à se sentir écrasé. Il peut avoir l'impression qu'elle tente de le contrôler, ou qu'elle veut le faire changer.

Cela ne veut pas dire qu'un homme n'a pas besoin d'amour et de réconfort. La femme doit comprendre qu'elle l'aide quand même en s'abstenant de le critiquer ou de le conseiller. Il souhaite et désire son soutien moral et aimant, mais pas nécessairement présenté sous la forme qu'elle a choisie. Se retenir pour ne pas corriger un homme, ou essayer de le changer, est une manière de l'aider à s'épanouir. Cependant, les conseils peuvent seulement apporter une aide positive lorsque c'est lui qui les a sollicités.

L'homme demande conseil ou de l'aide seulement après avoir tout fait ce qu'il peut faire seul. Si l'aide qu'on lui donne est trop poussée, ou trop hâtive, il peut avoir l'impression de perdre de sa capacité et de son pouvoir pour se laisser gagner par l'insécurité et la paresse. Instinctivement, les hommes se supportent mutuellement en ne donnant jamais de conseils ou d'aide quand ils n'ont pas été spécifiquement approchés avec une demande.

En cherchant à résoudre un problème l'homme sait qu'il doit d'abord faire une bonne partie du chemin tout seul, après quoi s'il a besoin d'aide il peut en demander sans perdre de son pouvoir, de sa dignité et de sa force. Offrir de l'aide à un homme au mauvais moment peut être pressenti comme une insulte.

Quand un homme est en train de dépecer la dinde à Noël et que sa femme passe son temps à lui dire comment et quoi tailler, il ressent un manque de confiance. Alors il résiste et s'acharne à le faire à sa façon, sans l'aide de personne. Au contraire, si l'homme offrait d'aider sa femme à dépecer la dinde, il lui rendrait un témoignage d'amour et d'attention très apprécié.

Quand une femme conseille à son homme de suivre les conseils d'un certain spécialiste il peut s'en offenser. Je me souviens d'une femme qui me demandait pourquoi son mari se fâchait tellement contre elle. Elle m'a expliqué qu'au moment d'entamer les approches d'un échange sexuel, elle lui a candidement demandé s'il avait consulté ses notes sur l'une des conférences que j'ai enregistrées concernant les formules secrètes pour des rapports sexuels satisfaisants.

Elle ne réalisait pas que cette demande représentait l'insulte suprême pour lui. Bien qu'il ait apprécié mes enregistrements, il ne voulait pas qu'elle lui dise quoi faire en lui rappelant de suivre mes conseils. Il importait plus pour lui qu'elle ait confiance en sa capacité d'agir correctement.

Pendant que les hommes recherchent la confiance de leur partenaire, les femmes, elles, ont besoin que leur compagnon prenne soin d'elles. Quand un mari dit à sa femme avec un air soucieux «Qu'est-ce qui ne va pas, chérie?» elle est réconfortée par son aimable attention. Par contre, lorsqu'une femme dit d'une façon tout aussi aimable et attentive à son mari «Qu'est-ce qui ne va pas, chéri?», elle peut le repousser ou l'insulter. Parce qu'il perçoit ces mots comme l'expression d'un doute sur sa capacité de faire les choses correctement.

C'est très difficile pour un homme de faire la différence entre empathie et sympathie. Il déteste qu'on ait pitié de lui. À sa femme qui lui dira «Je regrette tellement de t'avoir fait de la peine» il répondra «c'était pas grave» et repoussera son support. Elle, de son côté, aimera beaucoup l'entendre dire «Je regrette de t'avoir fait de la peine», parce que c'est une indication qu'il tient vraiment à elle. Les hommes ont besoin de trouver des moyens de dire à leur partenaire qu'ils l'apprécient, alors que les femmes ont besoin de trouver des moyens de dire à leur compagnon qu'elles ont confiance en lui.

Il est très difficile pour un homme de faire la différence entre empathie et sympathie. Il déteste qu'on ait pitié de lui.

UN SURPLUS D'ATTENTION PEUT ÊTRE SUFFOCANT

Au début de notre mariage, la veille d'une sortie à l'extérieur de la ville pour une conférence, Bonnie me demandait à quelle heure je devais me lever le lendemain matin, puis à quelle heure je devais prendre l'avion. Ensuite, elle faisait un calcul mental et m'avertissait que je n'avais pas prévu suffisamment de temps entre mon lever et mon vol. Chaque fois, elle croyait me rendre service, mais moi je me sentais plutôt offensé. J'avais donné des cours à travers le monde pendant quatorze ans sans jamais rater un seul vol.

Puis au matin, avant de partir, elle me posait une série de questions comme: «As-tu ton billet?», «Ton portefeuille?», «As-tu assez d'argent?» «As-tu mis des chaussettes dans ta valise?», «Sais-tu où tu vas loger?» Elle disait cela très amoureusement, mais moi je ressentais qu'elle manquait de confiance et ça m'agaçait. Éventuellement, je lui ai laissé comprendre que j'appréciais sûrement ses bonnes intentions et son souci amoureux, mais que je n'aimais pas du tout être l'objet de telles attentions maternelles de sa part.

Je lui ai fait part que la seule attitude maternelle que j'accepterais de sa part devait être basée sur une confiance et un amour inconditionnels. J'ai dit: «Si je rate l'avion, ne me dis pas "je te l'avais dit", mais accepte que je vais apprendre ma leçon et agir en conséquence. Si j'oublie ma brosse à dents ou ma trousse de rasage, laisse-moi me débrouiller avec ça. Essaie aussi de ne pas m'en parler quand je t'appellerai.» En tentant d'orienter ses attitudes sur ce que je voulais, plutôt que sur ce qu'elle aurait voulu, elle a trouvé beaucoup plus facile de m'offrir son support moral.

UNE HISTOIRE À SUCCÈS

Une fois, en route vers la Suède pour l'un de mes séminaires sur les relations de couple, je téléphonai en Californie pendant une escale à New York pour informer Bonnie que j'avais oublié mon passeport à la maison. Et elle a réagi d'une manière tellement aimante et gentille. Elle ne m'a pas fait un sermon sur le manque de responsabilité. Elle s'est plutôt mise à rire en disant: «Pauvre John! Il t'arrive vraiment toutes sortes d'aventures. Qu'est-ce que tu vas faire?»

À ma demande, elle a simplement expédié mon passeport par téléscripteur au consulat suédois, et le problème était réglé. Elle m'a offert toute sa collaboration, et pas un instant elle n'a succombé à la tentation de me faire la leçon sur l'importance d'être mieux préparé. Elle était même fière de moi pour avoir trouvé la solution à mon problème.

EFFECTUANT DE PETITS CHANGEMENTS

Un jour j'ai remarqué que, lorsque mes enfants me demandaient de faire quelque chose, je répondais toujours «Pas de problème!». C'était ma façon de leur faire savoir que je serais heureux de le faire. Éventuellement, c'est ma belle-fille Julie qui m'a demandé pourquoi je disais toujours «Pas de problème!» Sur le coup je ne savais pas quoi répondre. Au bout d'un certain temps j'ai pris conscience qu'il s'agissait là d'une de ces vieilles habitudes martiennes profondément enracinées en moi. À partir de ce moment-là, j'ai remplacé ma réponse classique par «Il me fera plaisir de le faire». Cette nouvelle phrase exprimait parfaitement mon accord, mais en faisant plus de place au rapport aimant qui existe entre ma belle-fille Vénusienne et moi.

Cet exemple symbolise un secret très important pour enrichir nos relations. Dans la vie, on peut changer petit à petit sans sacrifier son identité. C'était aussi le secret du succès pour les Martiens et les Vénusiennes. Ils faisaient bien attention de ne pas sacrifier leur véritable nature, mais ils consentaient en même temps à faire de menus changements dans leur interaction. Ils ont appris comment ils pouvaient faire en sorte que leurs relations fonctionnent mieux, simplement en créant ou en changeant quelques petites phrases de leur vocabulaire.

Le point important dans ce principe c'est que pour enrichir nos relations, il peut suffire de «petits» changements. Alors que les «gros» changements entraînent toujours la suppression d'une partie de notre identité, ce qui n'est pas bon.

Donner une certaine assurance au moment où il s'engouffre dans sa caverne représente l'un de ces «petits» changements que l'homme peut faire sans sacrifier une partie de son identité. Pour en arriver là, il lui faut réaliser que les femmes ont réellement besoin d'une telle assurance, pour réduire leur inquiétude surtout. Quand un homme ne comprend pas les différences fondamentales entre les sexes, il est incapable de saisir pourquoi ses silences subits inquiètent tant sa compagne. En la rassurant simplement un peu, il pourrait facilement remédier à la situation.

D'un autre côté s'il ignore ces différences, en voyant sa compagne bouleversée par son retrait vers sa caverne, il pourrait décider de plutôt ignorer son instinct et tenter de la satisfaire, elle. Ce serait une grave erreur. S'il va contre sa nature et abandonne sa caverne, il devient irritable, hypersensible, défensif, faible, passif, ou même méchant. Et pour ajouter à la confusion, il ne comprend même pas pourquoi il est devenu si déplaisant.

Quand sa femme est affectée au moment où son homme se retire dans sa caverne, au lieu d'abandonner cette coutume, celui-ci peut effectuer quelques petits changements qui élimineront en grande partie le problème. Il n'est pas nécessaire pour lui de résister à ses besoins fondamentaux, ou de renier sa nature masculine.

COMMENT COMMUNIQUER SON SOUTIEN À UNE VÉNUSIENNE

Comme nous l'avons dit, quand un homme rentre dans sa caverne ou devient silencieux il veut dire: «J'ai besoin d'un peu de temps pour penser à mon affaire. Je t'en prie, arrête de me parler, je serai de retour bientôt.» Il ne réalise pas que pour une femme cela peut plutôt vouloir dire: «Je ne t'aime pas. Je ne suis plus capable de t'écouter. Je m'en vais et je ne reviendrai jamais!» Pour contrecarrer l'effet néfaste de cette compréhension erronée, il peut simplement, au moment de se retirer, apprendre à dire à sa femme ces trois mots magiques: «Je vais revenir!»

Quand une femme sent que son homme va lui échapper, elle apprécierait qu'il lui dise clairement «J'ai besoin d'un peu de temps pour réfléchir, mais je vais revenir.» C'est assez incroyable à quel point ces trois petits mots «Je vais revenir» peuvent faire une énorme différence.

Les femmes apprécient grandement d'être ainsi rassurées. Et c'est en réalisant cette importance pour elles qu'un homme peut s'entraîner à toujours penser à la rassurer chaque fois qu'il sent le besoin de rentrer en lui-même.

Si une femme s'est déjà sentie abandonnée ou rejetée par son père, ou si elle a vu sa mère rejetée par son mari, l'enfant qui est en elle demeurera toujours hypersensible au danger d'abandon. Pour cette raison, on ne devrait jamais faire de jugement sur le besoin d'assurance d'une femme. Et de la même façon, il ne faut jamais non plus juger un homme sur son besoin de rentrer dans sa caverne.

··
On ne doit jamais faire de jugement sur le besoin d'assurance d'une femme, comme il ne faut jamais juger un homme sur son besoin de se retirer en lui-même.
··

Quand une femme n'est pas trop blessée par son passé et qu'elle comprend le besoin qu'a l'homme de passer du temps dans sa caverne, elle a moins besoin d'être rassurée.

Je me rappelle qu'en discutant ce point au cours d'un séminaire, une femme a déclaré: «Moi, je suis tellement sensible au silence de mon mari. Pourtant, je ne me suis jamais sentie abandonnée ou rejetée comme enfant. Ma mère ne s'est jamais sentie rejetée par mon père non plus. Même quand ils ont divorcé, ils l'ont fait d'une manière aimante.»

Elle n'a pu s'empêcher d'éclater de rire en réalisant à quel point elle s'était elle-même caché la vérité. Puis elle s'est mise à pleurer. Bien sûr que sa mère avait dû se sentir rejetée. Bien sûr qu'elle s'était sentie rejetée aussi, ses parents avaient divorcé! Et comme ses parents elle avait toujours étouffé ces sentiments douloureux.

De nos jours, alors que le divorce est si courant, il est encore plus important pour l'homme de rassurer sa compagne. Et tout comme les hommes peuvent offrir plus de support à leur partenaire en effectuant de petits changements, les femmes peuvent faire de même.

COMMENT COMMUNIQUER SANS JETER LE BLÂME

L'homme se sent couramment attaqué et blâmé par l'expression des sentiments féminins, au moment où leur femme parle de ses pro-blèmes. Parce qu'il ne comprend pas vraiment les différences entre les sexes, il ne saisit pas tout de suite le besoin qu'a sa compagne de parler de ses difficultés.

Il présume à tort qu'elle lui parle de ses frustrations parce qu'elle pense qu'il doit d'une certaine façon en porter la responsabilité, ou le blâme. Parce qu'il la voit bouleversée et en train de lui parler, il présume que c'est à cause de lui qu'elle est ainsi bouleversée. Il re-çoit chacune de ses plaintes comme un blâme. Beaucoup d'hommes ne comprennent pas ce besoin – d'origine Vénusienne – de partager ses bouleversements avec les personnes aimées.

Avec la pratique et une prise de conscience, les femmes peuvent en arriver à exprimer leurs sentiments sans que cela sonne comme un blâme. Pour rassurer son homme au moment où elle parle ainsi de ses problèmes, la femme pourrait faire une pause après quelques minutes, et lui dire combien elle apprécie qu'il l'écoute patiemment.

Elle pourrait dire quelque chose comme ce qui suit:

* «Je suis bien contente de pouvoir en parler.»
* «Ça me fait beaucoup de bien d'en parler.»
* «Je me sens très soulagée de pouvoir parler de ceci.»

* «Ça me soulage tellement de pouvoir me plaindre de cela.»
* «Bon! Maintenant que je me suis vidé le cœur, je me sens mieux. Merci de m'avoir écoutée!»

Ce simple changement pourrait faire tout un monde de différence. Dans la même veine, en lui décrivant ses problèmes, elle pourrait du même coup lui apporter son support en exprimant son appréciation pour tout ce qu'il a déjà pu faire pour rendre sa vie plus agréable et plus satisfaisante. Par exemple, si elle se plaint de difficultés à son travail, elle pourrait mentionner combien elle apprécie sa présence à lui en revenant à la maison. Si elle expose ses problèmes à la maison, elle pourrait en même temps le remercier d'avoir réparé le robinet. En exprimant des problèmes financiers, il serait opportun de lui dire qu'elle sait comment il travaille fort pour améliorer leur condition et leur bien-être. Et si elle se dit exaspérée par ses difficultés comme parent, elle pourrait en profiter pour lui dire qu'elle apprécie son aide avec les enfants.

PARTAGER LES RESPONSABILITÉS

Pour de bonnes communications il faut la collaboration des deux parties. L'homme peut s'efforcer de se rappeler que sa femme peut se plaindre de ses problèmes sans lui jeter un blâme, qu'elle ne fait que se soulager de ses frustrations en en parlant. Et la femme peut s'efforcer de lui faire savoir que, malgré qu'elle se plaigne, elle l'apprécie.

Par exemple, ma femme vient d'entrer et de me demander comment ça allait dans ce chapitre, et je lui ai répondu: «J'ai presque fini. Comment a été ta journée?»

Alors elle ajouta: «Il y a tellement à faire, on ne passe presque plus de temps ensemble.» Si elle m'avait dit cela autrefois je me serais tout de suite mis sur la défensive et je lui aurais rappelé combien de temps on avait déjà passé ensemble. Ou je lui aurais répété combien il était important pour moi de finir ce livre à temps. De toute façon, j'aurais contribué à créer une tension entre nous.

Par contre, l'homme que je suis devenu maintenant, conscient des différences entre les sexes, a compris qu'elle cherchait de la compréhension plutôt qu'une justification ou des explications, et qu'elle avait surtout besoin d'être rassurée. Alors je lui ai dit: «Tu as raison, on a été très occupés. Viens t'asseoir sur mes genoux que je te serre un peu. Ça a été une dure journée.»

Alors elle me dit: «Tu as l'air de te sentir vraiment bien.» C'était là en plein l'appréciation dont j'avais besoin pour me rendre plus disponible à ses besoins. Elle s'aventura ensuite à se plaindre un peu plus de sa journée et à me rappeler à quel point elle était épuisée. Après quelques minutes, elle s'arrêta. Je lui offris alors de reconduire la gardienne chez elle pour lui permettre de se détendre et de méditer un peu avant le dîner.

Elle s'exclama alors: «Ah oui, tu vas reconduire la gardienne? C'est merveilleux! Merci beaucoup!» Encore là elle m'a rendu l'appréciation et l'acceptation dont j'avais besoin pour sentir que j'étais le parfait partenaire, même quand elle était fatiguée et même épuisée.

Les femmes ne pensent pas à exprimer leur appréciation parce qu'elles présument que leur homme sait à quel point elles aiment qu'on les écoute. Mais il ne le sait pas du tout! Lorsqu'elle parle de problèmes, il sent plutôt le besoin d'être rassuré sur l'amour et de sa femme.

L'homme est frustré par les problèmes, à moins qu'il soit appelé à leur trouver une solution. En lui témoignant de l'appréciation, la femme peut arriver à faire réaliser à son partenaire que lorsqu'il l'écoute parler, tout simplement, c'est aussi une autre façon de lui prodiguer de l'aide.

La femme n'a pas besoin de réprimer ses sentiments, ou même de les modifier, pour soutenir son partenaire. Elle doit cependant apprendre à les exprimer de manière à ce qu'il ne se sente pas attaqué, accusé ou blâmé. Quelques petits changements peuvent faire une grande différence.

DES MOTS MAGIQUES POUR SUPPORTER SON PARTENAIRE

Ces mots magiques qui vont rassurer son homme sont: «Ce n'est pas ta faute!» Quand une femme veut parler de ce qui la bouleverse à son partenaire, elle peut quand même lui démontrer du support en s'arrêtant occasionnellement pour l'encourager, et dire par exemple: «J'apprécie vraiment que tu m'écoutes, et si tu pouvais penser que je suis en train de te jeter un blâme, je veux que tu saches qu'il n'en est rien, parce que je sais que ce n'est pas ta faute.»

La femme pourra apprendre à ménager les sentiments de son partenaire lorsqu'elle lui parle, si elle arrive à comprendre la tendance qu'il a à se culpabiliser à force d'entendre parler de beaucoup de problèmes.

Encore l'autre jour, ma sœur m'a appelé pour me raconter certaines difficultés qu'elle était en train de vivre. En l'écoutant, je me disais que, pour pouvoir la supporter, il fallait que je me garde de lui proposer des solutions. Elle avait seulement besoin de quelqu'un qui l'écoute. Après dix minutes d'écoute et de «Ah!», de «Bon!» et de «Vraiment!» par-ci, par-là, je l'ai entendue me dire: «Bon! Merci John! Je me sens bien mieux après t'avoir parlé.»

C'était assez facile de l'écouter parce que je savais bien qu'elle ne me blâmait absolument pas, elle blâmait quelqu'un d'autre. Je trouve cela plus difficile de faire la même chose avec ma femme, parce qu'avec elle j'appréhende toujours un blâme de sa part. Toutefois, lorsque cette dernière m'encourage à l'écouter en m'exprimant un peu d'appréciation, je deviens un très bon auditeur.

QUOI FAIRE QUAND ON A ENVIE DE BLÂMER L'AUTRE

La femme est seulement capable de rassurer son homme sur le fait qu'il ne soit pas coupable et qu'elle ne le blâme pas, à condition de ne pas le blâmer effectivement, ni le désapprouver, ni le critiquer. Plutôt que de l'attaquer, il vaudrait mieux qu'elle aille parler de ses problèmes à quelqu'un d'autre. Elle devrait attendre un moment où elle serait plus aimante et en possession de ses moyens pour lui parler. Elle devrait plutôt partager son ressentiment avec quelqu'un avec qui elle ne se sent pas aussi tendue, quelqu'un qui pourra lui donner le support dont elle a besoin. Après, lorsqu'elle se sentira plus aimante et magnanime, elle pourrait approcher son partenaire pour tenter de se confier à lui. Dans le chapitre 11, nous verrons plus en détail comment nous y prendre pour communiquer nos sentiments les plus délicats.

COMMENT ÉCOUTER SANS JETER LE BLÂME

Il arrive souvent qu'un homme blâme sa compagne de le blâmer lui, quand elle ne fait que parler innocemment de ses problèmes. C'est un phénomène très nuisible pour le couple, parce qu'il détruit la communication.

Imaginez une femme disant: «On ne fait que travailler, travailler et travailler. On n'a plus de plaisir comme avant. Tu es si sérieux.» Il serait assez facile pour un homme de se sentir blâmé par ces paroles.

Si tel est le cas, je lui conseillerais de ne pas la blâmer en retour en disant: «J'ai l'impression que tu veux me blâmer.»

Je lui suggère plutôt de dire: «Je trouve difficile de t'entendre dire que je suis si sérieux. Veux-tu dire que c'est ma faute si on n'a plus autant de plaisir?»

Ou il pourrait aussi dire: «Ça me fait drôle de t'entendre dire que je suis si sérieux, et qu'on n'a plus de plaisir. Veux-tu dire que tout ça c'est ma faute?»

En plus, pour faciliter la communication, il pourrait lui offrir une porte de sortie, en disant par exemple: «Tu sembles dire que c'est ma faute si nous travaillons si fort, est-ce que c'est exact?»

Ou encore: «Quand tu dis qu'on n'a plus de plaisir et que je suis si sérieux, j'ai l'impression que tu veux dire que c'est ma faute. Est-ce que c'est ça?»

Toutes ces interventions sont respectueuses, parce qu'elles offrent à la femme la chance de nier tout blâme dont l'homme aurait pu se sentir affublé. En entendant sa femme dire: «Oh non! Je ne veux pas dire que tout ça c'est ta faute!» l'homme se sentira probablement bien soulagé.

Une autre approche que je trouve très utile est de se rappeler que la femme a toujours le droit d'être bouleversée, et qu'après en avoir parlé, elle se sent toujours mieux. Cette connaissance me permet de me relaxer et de savoir que si je peux l'écouter sans me sentir visé, lorsqu'elle aura vraiment besoin de se plaindre, elle me sera très reconnaissante. Et même si elle devait me blâmer, il y a de fortes chances qu'elle ne se cramponne pas à ce blâme.

L'ART DE SAVOIR ÉCOUTER

Pour l'homme, apprendre à écouter et à interpréter correctement les sentiments de sa femme peut faciliter la communication. Comme tout art, l'écoute demande de la pratique. Chaque jour en rentrant à la maison, je vais donc généralement chercher Bonnie et lui demander comment a été sa journée, ce qui me procure une autre occasion de pratiquer l'art de savoir écouter.

Si elle semble troublée après une journée énervante, je vais d'abord avoir l'impression qu'elle me dit que j'ai une quelconque responsabilité de sa déconfiture, et qu'elle me blâme. Mon plus grand défi est de ne pas le prendre comme une accusation personnelle, de ne pas me méprendre sur le sens de ses paroles. J'y arrive en me rappelant qu'elle ne parle pas le même langage que moi. En poursuivant la conversation par: «Qu'est-ce qui s'est passé d'autre?», je découvre ensuite qu'elle a aussi beaucoup d'autres préoccupations. Et graduellement je réalise que je ne suis pas responsable de tous ses déboires. Après quelque temps, au fur et à mesure qu'elle commence à apprécier ma patience à l'écouter, même si je peux encore avoir quelque responsabilité partielle dans ses problèmes elle finit par me démontrer beaucoup de reconnaissance, d'appréciation et d'amour.

Bien que l'écoute soit une adresse qu'il est important d'acquérir, certains jours l'homme est trop sensible ou stressé pour pouvoir interpréter adéquatement le sens des phrases de sa femme. Dans ces moments-là, il ne devrait même pas essayer d'écouter. Il pourrait plutôt dire: «Ce n'est pas un bon moment pour moi, si tu veux nous en reparlerons plus tard.»

Parfois l'homme s'aperçoit qu'il n'est pas en état d'écouter au moment où la femme a déjà commencé à parler. S'il se sent frustré en essayant d'écouter, il ne devrait pas s'astreindre à continuer, sous peine de voir augmenter sa frustration. Cette attitude ne peut rien donner de bon, ni pour elle, ni pour lui. Dans ce cas il serait beaucoup plus respectueux de dire: «Écoute, je veux vraiment savoir tout ce que t'as à dire mais en ce moment j'ai de la difficulté à t'écouter. Je sens que j'ai besoin de temps pour réfléchir à ce que tu viens de me dire.»

Depuis que Bonnie et moi avons appris à communiquer d'une manière qui tienne compte de nos différences et de nos besoins respectifs, notre relation de couple est devenue bien plus facile. Et j'ai vu cette même transformation s'opérer chez des milliers d'autres individus et de couples. Toutes les relations humaines s'épanouissent lorsque appuyées sur une communication qui reflète l'acceptation et le respect des différences fondamentales des partenaires.

Quand des malentendus surviennent, souvenez-vous que nous parlons des langages différents, et prenez le temps qu'il faut pour interpréter le véritable sens de ce que votre partenaire désire, ou veut dire. Il vous faudra y mettre de la pratique, mais ça vaut amplement la peine.

Chapitre 6

LES HOMMES SONT COMME DES ÉLASTIQUES

Oui, les hommes sont comme des élastiques. Lorsqu'ils se retirent, ils peuvent seulement s'étirer jusqu'à un certain point avant d'être ramenés au point de départ. En effet, l'élastique est le symbole parfait pour nous aider à comprendre le cycle de l'intimité masculine. C'est un cycle comportant un rapprochement suivi d'un éloignement, puis d'un nouveau rapprochement plus serré.

La plupart des femmes sont étonnées que, même quand un homme aime beaucoup sa partenaire, il a occasionnellement besoin de se retirer pendant un certain temps, puis de revenir ensuite plus près d'elle. Ce retrait est instinctif chez l'homme et non pas délibéré, ou consécutif à une décision. Il se produit tout simplement. Ce n'est ni sa faute à lui, ni sa faute à elle. Il s'agit d'un cycle de la nature.

Quand un homme aime une femme, il a occasionnellement besoin de se retirer, puis de revenir ensuite plus près d'elle.

Si la femme interprète mal ce retrait de l'homme, c'est que dans son cas, quand elle choisit de se retirer, c'est pour des raisons bien différentes. Elle se retire quand elle n'a plus confiance aux sentiments de son homme, quand elle se sent blessée et craint d'être blessée davantage, et quand il l'a déçue en faisant quelque chose d'incorrect.

Bien sûr qu'un homme peut se retirer pour les mêmes raisons, mais il va aussi le faire sans que ça n'ait rien à voir avec elle. Il peut l'aimer beaucoup et avoir pleine confiance en elle, mais commencer à se retirer soudainement quand même. Et comme un élastique il va d'abord prendre de la distance, puis revenir par lui-même.

Un homme se retire pour satisfaire son besoin d'indépendance ou d'autonomie. Et quand il atteint la limite de son besoin, il est immédiatement ramené vers son point de départ. Quand il est au maximum de son éloignement, son désir d'amour et d'intimité réapparaît tout à coup, et automatiquement sa motivation à aimer et à être aimé s'en trouve augmentée. Ainsi, quand un homme reprend contact avec celle qu'il aime à la suite d'un de ces éloignements rituels, il reprend la relation au même niveau d'intimité qu'elle avait au moment de son départ. Il n'a donc pas besoin d'une période de réintégration ou de rattrapage.

CE QUE TOUTE FEMME DEVRAIT CONNAÎTRE SUR LES HOMMES

Lorsqu'il est bien compris, ce cycle d'intimité masculin peut enrichir une relation mais, étant donné qu'il est souvent mal compris, il est plutôt la source de problèmes inutiles. Voyons-en un exemple.

Maggie était en détresse, anxieuse et confuse. Elle fréquentait son ami Jeff depuis six mois, et tout était si romantique. Mais voici que, sans raison apparente, il commença à prendre de la distance par rapport à elle, émotionnellement. Maggie n'arrivait pas à comprendre pourquoi il s'éloignait ainsi. Elle me dit: «Un instant il était attentif à mes moindres désirs, et l'instant d'après il ne voulait même plus me parler. J'ai tout essayé pour le ramener, mais ça ne semble qu'envenimer la situation. Il est tellement distant. Je ne sais pas ce que j'ai pu lui faire de mal. Est-ce que je suis aussi mauvaise que ça?»

Lorsque Jeff a commencé à prendre ses distances, Maggie s'est sentie personnellement visée. C'est là une réaction courante. Elle voulait redresser la situation, mais plus elle tentait de se rapprocher de Jeff, plus il lui échappait.

Après avoir assisté à mon séminaire, Maggie se sentait tellement soulagée. Son anxiété et sa confusion avaient immédiatement disparu. Encore plus important: elle avait cessé de se culpabiliser. Elle avait compris que ce n'était pas du tout à cause d'elle que Jeff s'était retiré de leur relation. Elle a aussi appris pourquoi il se retirait, et comment réagir élégamment à une telle situation. Quelques mois plus tard, lors d'un autre séminaire, Jeff m'a remercié d'avoir enseigné ces choses à Maggie. Il m'a appris qu'ils étaient maintenant fiancés et allaient bientôt se marier. Maggie avait découvert un secret que bien peu de femmes connaissent sur les hommes.

Maggie avait réalisé qu'en tentant de se rapprocher de Jeff au moment où celui-ci cherchait à s'isoler, elle ne faisait que l'empêcher d'aller jusqu'au bout de son élastique, retardant d'autant son retour. En le poursuivant, elle retardait aussi son cheminement vers la prise de conscience de son besoin d'elle, et de son besoin d'être avec elle. Elle réalisa du même coup qu'elle avait agi de la même façon dans toutes ses relations passées. Sans le savoir, elle avait entravé un cycle naturel essentiel. Et en essayant de maintenir son intimité, elle l'avait rendue impossible.

LA TRANSFORMATION SUBITE D'UN HOMME

Lorsqu'un homme n'a plus la chance de se retirer occasionnellement pour se ressourcer, il n'arrive plus à ressentir pleinement son désir d'intimité. Il est essentiel que les femmes comprennent qu'en insistant sur une intimité continue, ou en s'entêtant à poursuivre leur partenaire intime lorsqu'il tente de se retirer, celui-ci aura toujours tendance à s'évader et à s'éloigner, et il n'aura jamais la chance de prendre contact avec sa propre passion amoureuse.

Dans mes séminaires, j'utilise justement un gros élastique pour faire la démonstration de ce principe. Imaginez que vous tenez cet élastique dans vos mains, et que vous commencez à l'étirer sur la droite. Cet élastique peut s'étirer jusqu'à 30 centimètres, ou douze pouces. Au moment où il atteint cette limite vous ne pouvez pousser plus loin votre traction, vous devez revenir en arrière, et cela se fait non plus avec résistance mais avec beaucoup de force et d'énergie.

D'une façon similaire, lorsqu'un homme s'est éloigné jusqu'à sa distance maximale, il ne peut que revenir à son point de départ avec beaucoup de force et d'énergie. En s'éloignant jusqu'à sa limite, une transformation s'opère en lui. Toute son attitude commence à changer. Alors qu'il semblait devenir de moins en moins intéressé ou attiré par sa partenaire au fur et à mesure qu'il s'éloignait, soudain il devient incapable de vivre sans elle. Il retrouve à nouveau sa soif d'intimité. Et il reprend possession de son pouvoir avec le réveil de son désir d'aimer et d'être aimé.

Cela est généralement déconcertant pour une femme, parce que quand elle se retire d'une relation, elle est incapable de revenir à cette même intimité sans nécessairement passer par une période de ré-intégration. Si elle n'est pas au fait de ce comportement différent des hommes sur ce point, elle pourrait être tentée de se méfier de ce désir d'intimité soudainement retrouvé par son homme, et repousser ses approches.

Il faut aussi que les hommes comprennent cette différence. Quand l'un deux revient à toute vitesse vers sa bien-aimée, celle-ci, avant d'être à nouveau capable de l'accueillir à bras ouverts, a généralement besoin d'une bonne cure de temps et de conversation pour rétablir la communication. Cette transition pourrait se faire plus harmonieusement si l'homme comprenait qu'elle a besoin de ce temps supplémentaire pour revenir à leur ancien niveau d'intimité, surtout si elle a été blessée par son départ. Mais malheureusement, sans cette compréhension, l'homme perd souvent patience en constatant que, malgré qu'il soit redevenu disponible et maintenant prêt à reprendre la relation intime au même point où il l'avait abandonnée, sa bien-aimée ne lui reconnaît pas ce droit.

QUAND L'HOMME SE RETIRE

Les hommes n'arrivent à ressentir leur besoin d'autonomie et d'indépendance qu'une fois leur besoin d'intimité satisfait. Automatiquement, sitôt qu'il commence à se retirer, elle commence à paniquer. Elle ne peut même pas soupçonner qu'après s'être retiré pour satisfaire son besoin d'autonomie, il veuille encore et soudainement redevenir intime avec elle. Elle ne comprend pas que les désirs de l'homme oscillent entre l'intimité et l'autonomie.

> *Les besoins de l'homme oscillent automatiquement entre son intimité et son autonomie.*

Reprenons l'exemple de Jeff. Au début de son union il était fort et rempli de désir. Son élastique était étiré au maximum. Il voulait impressionner Maggie, la satisfaire, lui plaire et s'approcher d'elle. Au fur et à mesure qu'il y arrivait, elle voulait aussi s'approcher de lui. Et lorsque enfin elle lui ouvrit son cœur, il était tout heureux de pénétrer dans son intimité et il se sentait merveilleusement bien. Pourtant, après très peu de temps, le changement se produisit.

Revoyons ce qui arrive à notre bande élastique après son étirement au maximum. Elle redevient lâche, son énergie et son pouvoir disparaissent et il n'y a plus aucun mouvement. C'est la même chose qui arrive au désir de rapprochement de l'homme, après qu'il a réussi à atteindre l'intimité.

Bien que l'homme tire beaucoup de satisfaction de son rapprochement avec celle qu'il aime, à cause de cette transformation intérieure, il commence bientôt à ressentir un urgent et inévitable besoin de s'éloigner d'elle. Ayant temporairement comblé son besoin d'intimité, son besoin d'indépendance se réveille. Il a fortement envie d'être seul, de ne plus devoir compter sur personne. Il peut avoir l'impression d'être devenu trop dépendant, ou n'avoir simplement aucune idée du pourquoi de son désir de partir.

POURQUOI LES FEMMES PANIQUENT

Quand Jeff suit son instinct et commence à vouloir s'éloigner sans raison apparente, Maggie prend peur, elle panique et lui court après. Elle pense avoir fait quelque chose pour le détourner d'elle. Elle imagine qu'il tient pour acquis qu'elle va vouloir reprendre leur intimité. Elle a peur qu'il ne lui revienne pas.

Pour ajouter à son désarroi, elle se sent impuissante à le ramener, parce qu'elle n'a aucune idée de ce qu'elle a pu faire pour le chasser. Elle ne sait pas que son retrait n'est qu'une manifestation de son cycle d'intimité. Lorsqu'elle lui demande ce qui se passe, il n'a pas de réponse nette à lui offrir, alors il refuse d'en parler. Et il continue irrémédiablement à se distancer d'elle.

POURQUOI LES HOMMES ET LES FEMMES DOUTENT DE LEUR AMOUR

Sans une compréhension de ce cycle d'intimité masculin, il est clair que les hommes et les femmes se mettent à douter de leur amour. Sans comprendre comment elle-même empêchait Jeff d'accéder à sa passion, Maggie pourrait naturellement assumer qu'il ne l'aime pas. Et sans la possibilité de se retirer, Jeff pourrait perdre toute possibilité de contact avec sa passion et son désir de rapprochement. Enfin, il pourrait facilement présumer qu'il n'aime tout simplement plus Maggie.

Après avoir appris à laisser «de l'espace» à Jeff, à le laisser prendre ses distances, Maggie s'aperçut qu'il revenait toujours. Elle s'exerça à ne pas courir après lui lorsqu'il commençait à s'éloigner, et à avoir confiance que tout irait bien. Et chaque fois il lui est revenu.

Au fur et à mesure que sa confiance grandissait, sa sensation de panique disparaissait. En le voyant devenir distant, elle ne courait plus après lui, et elle cessa de penser qu'il devait y avoir quelque chose de travers. Elle accepta cette facette de la nature de Jeff. À mesure qu'elle devint tolérante de son comportement dans ces moments-là, Jeff lui revint de plus en plus rapidement. Et à mesure que Jeff se familiarisa avec ses sentiments et ses besoins, il devint plus confiant en amour. Il devint capable de s'engager sérieusement. Le secret du bonheur de Maggie et de Jeff, c'est qu'ils sont arrivés à comprendre et à accepter que les hommes sont comme des élastiques.

LES FEMMES INTERPRÈTENT MAL LES RÉACTIONS DES HOMMES

Sans comprendre comment les hommes sont comme des élastiques, les femmes peuvent facilement se tromper en interprétant les réactions des hommes. Une confusion courante survient quand elle dit: «Viens, on va parler», et lui réagit en commençant à prendre ses distances. Juste au moment où elle est prête à s'ouvrir au dialogue, il lui tourne le dos. Les femmes me font constamment cette remarque: «Chaque fois que je veux discuter il s'en va. J'ai l'impression qu'il ne tient pas à moi.» Et elles concluent à tort qu'il ne veut plus jamais leur parler.

La théorie de l'élastique illustre comment l'homme peut très bien apprécier sa partenaire et lui tourner le dos subitement quand même. Lorsqu'il s'échappe ainsi, ce n'est pas qu'il ne veuille pas parler, c'est plutôt qu'il a besoin de se retrouver seul et de ne plus se sentir responsable de quelqu'un d'autre pendant quelque temps. C'est du temps pour prendre soin de lui-même. Et quand il en sort il redevient disponible au dialogue.

Jusqu'à un certain point l'homme perd de son identité en se fondant dans le couple. En s'associant aux besoins, aux problèmes, aux espérances et aux émotions de sa compagne, il peut perdre un peu contact avec sa propre réalité. En se retirant il peut redéfinir ses limites personnelles et combler son propre besoin d'autonomie.

••
*Jusqu'à un certain point l'homme perd un peu
de son identité en s'associant à sa partenaire.*
••

Toutefois, certains hommes décrivent ce retrait masculin différemment. Ils parlent d'un «besoin d'espace» ou d'un «besoin de solitude». Mais peu importe quel nom on donne au phénomène, quand un homme se retire en solitaire il répond au besoin légitime de s'occuper de lui-même pour un bout de temps.

Tout comme personne ne «décide» pas d'avoir faim, un homme ne «décide» pas non plus de se retirer de sa relation. Il répond à une pulsion instinctive. Il est seulement capable de s'approcher de l'autre jusqu'à un certain point, après quoi il s'enfonce dans l'incertitude. Et c'est à ce point précis que son besoin d'autonomie refait surface et qu'il commence à s'isoler. C'est seulement par la compréhension de ce processus que la femme peut arriver à interpréter correctement ce retrait masculin.

LES HOMMES SE RETIRENT QUAND
LES FEMMES SE RAPPROCHENT

Selon beaucoup de femmes, l'homme est porté à s'éloigner précisément au moment où la femme recherche l'intimité et le dialogue. Et cela peut se produire pour deux raisons:

1 - Inconsciemment, une femme perçoit que son homme est sur le point de prendre la poudre d'escampette et, à ce moment précis, elle va chercher à rétablir leur relation intime en disant: «Viens, on va parler.» Et comme il continue à s'éloigner elle conclut à tort qu'il ne veut pas dialoguer, ou qu'il ne tient pas à elle.

2 - Lorsqu'une femme soulève des problèmes ou émet des sentiments de plus en plus intimes et profonds, cela déclenche chez l'homme le besoin de fuir. Un homme peut seulement atteindre un certain niveau d'intimité avant que son système d'alarme ne se déclenche pour l'avertir qu'il est temps de rééquilibrer les choses en prenant du recul. Au paroxysme de l'intimité, l'équilibre des besoins de l'homme semble sou-

dainement et automatiquement basculer du côté de l'autonomie, le poussant à rechercher la solitude.

La femme peut aussi être traumatisée par le retrait de son homme
lorsqu'il se produit à la suite de quelque chose qu'elle vient de dire
ou de faire. Il est courant que l'homme sente ce besoin de partir au
moment où la femme parle de choses avec une connotation émotionnelle. C'est parce que les sentiments rapprochent les hommes et
créent l'intimité, mais qu'au moment où l'homme se sent trop intimement engagé, il se retire automatiquement.

Et il ne s'échappe pas parce qu'il refuse d'entendre sa compagne
parler de ses sentiments. Dans un autre segment de son cycle
d'intimité, les mêmes sentiments qui l'incitent à fuir le pousseraient
vers un rapprochement. En somme, ce n'est pas «ce qu'elle dit» mais
«le moment où elle le dit», qui le porte à fuir.

QUAND PARLER À UN HOMME

Ce n'est pas le temps de parler à un homme, ou d'essayer de se rapprocher de lui quand il est sur le point de rentrer en lui-même. Il faut
le laisser faire. Après un certain temps il va redevenir disponible. Il
sera aussi redevenu aimant et coopératif, comme s'il ne s'était rien
passé. C'est là le meilleur temps de lui parler.

Malheureusement, la femme profite rarement de ce moment
privilégié où l'homme est le plus disposé à parler et recherche l'intimité pour initier la conversation. Il y a trois raisons pour cela.

1 - La femme a peur de lui parler, parce que la dernière fois
qu'elle a essayé de le faire il l'a repoussée. Elle présume à tort
qu'elle ne l'intéresse pas et qu'il ne voudra pas l'écouter.

2 - La femme craint que son homme lui en veuille et elle attend
qu'il se montre disposé à partager ses sentiments avec elle. Elle
sait que si elle lui tournait le dos subitement, avant de pouvoir
rétablir la communication, elle devrait parler de ce qui s'est
passé. Elle attend qu'il décide lui-même de parler de ce qui l'a
bouleversé. Cependant, lui n'a pas du tout envie de parler de
bouleversement, puisqu'il n'est pas du tout bouleversé à ce
moment-là.

3 - La femme en a tellement à dire qu'elle ne veut pas paraître effrontée en se mettant subitement à parler. Par politesse, au lieu de parler de ses propres pensées et sentiments, elle commet l'erreur de lui poser des questions sur ses idées et sentiments à lui. Et quand elle voit qu'il n'a rien à dire, elle conclut qu'il ne veut pas discuter avec elle.

Quand on constate toutes ces conclusions erronées, il n'est pas surprenant de voir tant de femmes frustrées par l'attitude de leur homme.

COMMENT FAIRE PARLER UN HOMME

Lorsqu'une femme a envie de parler, ou sent le besoin de se rapprocher de son partenaire, c'est elle qui devrait initier la conversation au lieu d'attendre que lui se mette à parler. Pour initier la conversation, elle doit la première se montrer disponible à partager, même si son partenaire n'a à peu près rien à dire. En lui exprimant de la gratitude pour sa patience à écouter, il se mettra à parler davantage.

Même quand de prime abord l'homme semble n'avoir rien à dire, il peut être très bien disposé à converser avec sa compagne. Ce que les femmes ignorent des Martiens, c'est qu'ils ont besoin d'une raison pour parler. Ils ne gaspillent pas leur salive simplement pour partager. Mais quand la femme parle pendant quelque temps, il commence à s'ouvrir et à partager ses sentiments sur ce qu'elle vient de partager avec lui.

Par exemple, si elle lui fait part des difficultés de sa journée, il peut se mettre à partager avec elle certaines des difficultés de sa journée à lui, et ils ont de bonnes chances de se comprendre. Et si elle lui raconte comment elle se sent avec les enfants, il pourra lui aussi parler de ses sentiments envers les enfants. À mesure qu'elle se confie et qu'il ne sent aucune pression ou aucun blâme, il commencera graduellement à se confier lui aussi.

COMMENT LES FEMMES TENTENT
DE FORCER LES HOMMES À PARLER

Comme on vient de le voir, l'homme peut être motivé à parler par les confidences de sa femme. Mais aussitôt qu'il soupçonne qu'elle voudrait le forcer à parler, ses idées s'embrouillent et il n'a rien à dire. Et même s'il avait quelque chose à dire il restera muet, parce qu'il ressent trop d'insistance.

L'homme n'aime pas que sa femme tente de le forcer à parler. Elle le bloque sans le savoir en l'interrogeant. Particulièrement quand il ne sent pas le besoin de parler. La femme présume, à tort, que l'homme a «besoin de parler», et que, conséquemment, il «devrait parler». Elle oublie ses origines martiennes, et son besoin beaucoup moindre de parler.

Elle pense même que, s'il ne parle pas il ne l'aime pas. Rejeter un homme parce qu'il refuse de parler c'est s'assurer qu'il n'aura rien à dire, puisque l'homme a d'abord besoin de se sentir accepté tel qu'il est avant de devenir graduellement capable de parler. Et il ne se sentira jamais accepté tant qu'elle insistera pour qu'il parle davantage, ou qu'elle lui reprochera de s'éloigner d'elle.

L'homme qui a un grand besoin de prendre du recul avant de se confier et de partager ses sentiments aura aussi un grand besoin d'écouter. Il doit d'abord savoir qu'on apprécie sa capacité d'écouter, après quoi il se mettra graduellement à en dire davantage.

COMMENT INITIER LA CONVERSATION AVEC UN HOMME

Plus la femme tentera de forcer l'homme à parler, plus il lui résistera. L'attaque directe n'est pas la meilleure façon de faire parler un homme, surtout s'il a tendance à tuer le temps. Et au lieu de se demander comment briser son silence, la femme devrait plutôt se demander: «Comment puis-je en arriver à plus d'intimité, de communication et de conversation avec mon partenaire?»

Si une femme désire plus de communication dans son couple, et c'est ce que la plupart des femmes veulent, elle peut très bien initier la conversation. Mais elle doit le faire avec une maturité qui non seulement tient compte et accepte, mais s'attend à ce que son homme se montre parfois disponible, alors que d'autres fois il cherche instinctivement à fuir.

Dans les moments où il est disponible, au lieu de lui poser des dizaines de questions ou d'insister pour qu'il parle, la femme devrait lui faire comprendre qu'elle apprécie sa présence même quand il ne fait qu'écouter. Au début, elle devrait même lui demander de ne pas parler.

Par exemple, Maggie pourrait dire: «Jeff, voudrais-tu seulement m'écouter un bout de temps? J'ai eu une dure journée et j'aimerais en parler, ça me ferait du bien.» Après avoir parlé pendant quelques minutes, Maggie pourrait, par exemple, s'arrêter et dire: «J'apprécie beaucoup que tu m'écoutes parler de ce que je ressens, c'est important pour moi.» Ce genre d'appréciation encourage un homme à continuer d'écouter.

Sans encouragement l'homme peut manquer d'intérêt parce qu'il a l'impression que son écoute n'apporte rien. Il ne réalise pas à quel point c'est important pour elle. La plupart des femmes, elles, connaissent instinctivement cette importance. S'attendre à ce qu'un homme le sache aussi sans préparation, c'est s'attendre à ce qu'il réagisse comme une femme. Heureusement, après un peu d'appréciation pour son écoute, l'homme arrive à comprendre l'importance du besoin de parler.

LORSQU'UN HOMME NE VEUT PAS PARLER

Sandra et Larry étaient mariés depuis vingt ans. Sandra voulait le divorce mais Larry continuait à essayer d'arranger les choses.

Au cours d'un de mes séminaires, Sandra s'exprima ainsi: «Comment peut-il dire qu'il veut rester marié? Il ne m'aime pas. Il n'a aucun sentiment. Il me tourne le dos quand j'ai besoin de lui parler. Il a une attitude froide et inconsidérée. Je n'ai aucunement l'intention de lui pardonner. Je ne veux plus de ce mariage. Je suis épuisée à force d'essayer de le faire parler, pour qu'il partage ses sentiments et qu'il accepte de se montrer vulnérable.»

Sandra ne réalisait pas à quel point elle avait contribué à créer le problème. Elle était convaincue que son mari devait en porter toute la responsabilité. Elle croyait avoir tout fait pour encourager l'intimité, la conversation et la communication avec lui, alors qu'il n'avait fait que résister pendant vingt ans.

Au cours du séminaire, après avoir entendu l'explication de la théorie de l'élastique sur le comportement des hommes, Sandra se mit à pleurer et pardonna immédiatement à Larry. Elle venait de réaliser que «son» problème était en réalité «leur» problème. Et elle reconnut volontiers qu'elle y avait contribué autant, sinon plus que lui.

«Je me souviens qu'au début de notre mariage, dit-elle, je lui parlais de mes sentiments, et il tournait les talons et s'en allait. J'étais convaincue qu'il ne m'aimait pas. Après quelques-uns de ces épisodes j'ai abandonné cette habitude, parce que je ne voulais plus être blessée. Je ne sais pas qu'à d'autres moments il pourrait être d'accord pour je lui parle de mes sentiments. Je ne lui ai plus donné de chance. J'ai cessé d'être vulnérable. Je tenais à ce que ce soit lui qui fasse les premiers pas pour se confier.»

CONVERSATIONS À SENS UNIQUE

Les conversations de Sandra étaient généralement à sens unique. Elle essayait de le faire parler le premier en lui posant une série de questions. Ensuite, avant qu'il puisse partager ce dont elle voulait parler, elle perdait patience devant ses réponses lapidaires. Alors elle parlait toujours de la même chose, de sa frustration parce qu'il ne l'aimait pas assez pour se confier et partager ses sentiments avec elle.

Voyons un exemple de ces conversations à sens unique.

Sandra: «Comment a été ta journée?»
Larry: «Bien.»
Sandra: «Qu'est-ce que tu as fait?»
Larry: «Comme d'habitude.»
Sandra: «Qu'est-ce que tu veux faire en fin de semaine?»
Larry: «Ça ne me dérange pas. Qu'est-ce que tu veux, toi?»
Sandra: «Est-ce qu'on devrait inviter des amis?»
Larry: «Je ne sais pas. Où est le guide de télévision?»
Sandra (impatiente): «Pourquoi est-ce que tu ne veux pas me parler?»
Larry, (visiblement irrité, ne répond pas.)
Sandra: «M'aimes-tu?
Larry: «Bien sûr que je t'aime, je t'ai épousée.»
Sandra: «Comment peux-tu dire que tu m'aimes? On ne se parle plus jamais. Comment peux-tu rester là à ne rien dire? N'es-tu pas intéressé du tout?»

Là-dessus, Larry se levait et sortait de la maison. Quand il revenait il faisait comme si de rien n'était. Sandra se comportait aussi comme si tout allait pour le mieux, refoulant son amour et son affection. En apparence, elle se faisait aimante, mais son ressentiment croissait à l'intérieur. De temps en temps, quand ça bouillait trop dans la marmite, elle s'adonnait à un autre questionnement à sens unique des sentiments de son mari. Et après avoir accumulé pendant vingt ans ce qu'elle croyait être des preuves de son absence d'amour pour elle, elle ne voulait pas continuer à souffrir de cette carence d'intimité.

COMMENT SE SUPPORTER SANS CHANGER

Au cours du séminaire, Sandra a dit: «J'ai essayé de faire parler Larry pendant vingt ans. Je voulais qu'il se confie à moi et qu'il accepte de me laisser voir sa vulnérabilité. Je n'étais pas consciente que ce qui me manquait, c'était un homme qui pouvait me supporter quand moi je me confiais à lui, et quand moi je lui laissais voir ma vulnérabilité. C'était ce dont j'avais réellement besoin. J'ai partagé plus de sentiments et d'intimité avec mon mari au cours de ce week-end qu'au cours des vingt dernières années. Je me sens tellement aimée. C'est ce qui me manquait le plus. Je croyais qu'il fallait qu'il change. Maintenant je sais qu'il n'y a rien qui ne va pas chez lui, ni chez moi. Nous ne savions tout simplement pas comment nous donner mutuellement le support moral dont nous avions besoin.

Sandra s'était toujours plainte du silence de Larry. Elle s'était convaincue que son silence rendait toute intimité impossible entre eux. Au cours du séminaire, elle a appris à partager ses sentiments avec lui sans exiger ou s'attendre à la réciproque de la part de Larry. Au lieu de déplorer son silence, elle a appris à l'apprécier. Cela lui permet de mieux écouter.

En effet, Larry a appris l'art de l'écoute. Il s'est exercé à écouter Sandra sans succomber à son désir de lui fournir des solutions. Il est beaucoup plus pratique d'apprendre à un homme à écouter, que de lui enseigner à livrer ses sentiments et à se montrer vulnérable. Au fur et à mesure qu'il apprend à écouter quelqu'un qu'il aime, et qu'il se sent apprécié pour cela, il va peu à peu s'ouvrir et automatiquement devenir plus capable de partager.

Quand un homme sait qu'on apprécie sa patience à écouter, et qu'il ne se sent pas rejeté à cause de sa réticence à partager, il va commencer à s'ouvrir graduellement. Quand il sentira qu'il n'est pas absolument obligé de parler davantage, naturellement il va le faire. Mais il doit se sentir accepté d'abord. Si elle est toujours frustrée devant le silence masculin, alors elle ignore le côté martien des hommes.

LORSQU'UN HOMME NE TOURNE PLUS LES TALONS

Lisa et Jim étaient mariés depuis deux ans, et ils faisaient tout ensemble. Ils ne se séparaient jamais. Après un bout de temps, Jim devint graduellement plus passif, irritable, pointilleux et d'humeur changeante.

En session privée, Lisa me dit: «Ce n'est plus amusant d'être avec lui. J'ai tout essayé pour le ramener, mais rien n'y fait. J'aimerais qu'on fasse des choses amusantes ensemble, comme aller au restaurant, au théâtre, magasiner, voyager, sortir dans des soirées et danser, mais il ne veut rien savoir. On ne fait plus rien ensemble. On regarde la télévision, on mange, on dort, puis on travaille, c'est tout. J'essaie de lui témoigner mon amour, mais je suis trop frustrée. Il était si amoureux et romantique avant. Vivre avec lui maintenant c'est comme vivre avec une loque. Il n'y a rien pour le faire bouger!»

Après avoir entendu parler du cycle d'intimité masculin, de la théorie de l'élastique, Lisa et Jim ont réalisé ce qui leur arrivait. Ils passaient trop de temps ensemble. Ils avaient besoin de fonctionner séparément de temps en temps.

Quand un homme reste constamment collé à sa femme, certains symptômes font inévitablement leur apparition, par exemple: des sautes d'humeur, une certaine passivité, une irritabilité et une attitude défensive. Jim n'avait jamais appris à de détacher de Lisa. Il se sentait coupable aussitôt qu'il n'était plus en sa compagnie. Il croyait qu'il lui fallait toujours tout partager avec sa femme.

Lisa croyait aussi qu'ils devaient tout faire ensemble. En consultation, je lui ai demandé pourquoi elle avait passé tant de temps avec Jim.

Elle me répondit: «J'avais peur qu'il accepte mal que je fasse quoi que ce soit d'agréable en son absence. Une fois je suis allée magasiner sans lui et il était très fâché contre moi.»

Et Jim s'empressa d'ajouter: «Je me souviens de cette journée-là. Je n'étais pas fâché contre toi, j'étais bouleversé parce que j'avais perdu de l'argent dans une transaction d'affaires. Je m'en souviens parce que je me rappelle avoir remarqué comment il était agréable d'avoir la maison à moi tout seul. Je n'ai pas osé te dire ça parce que j'ai pensé que ça allait te blesser.»

Lisa rétorqua: «Je croyais que tu ne voulais pas que je sorte sans toi. Tu paraissais si distant.»

DEVENIR PLUS INDÉPENDANT

Après cette découverte de leurs véritables sentiments respectifs, Lisa reçut la permission dont elle avait besoin: ne plus se soucier autant de Jim. Pour sa part, en sachant se retirer de temps en temps, Jim l'aida réellement à devenir plus autonome et indépendante de lui. Elle s'accorda plus de temps pour prendre mieux soin d'elle-même. En s'habituant à faire les choses qui lui plaisaient et à se sentir supportée par ses amies, elle devint plus heureuse.

Son ressentiment pour Jim disparut. Elle comprit qu'elle avait trop exigé de lui. Grâce à la comparaison de l'élastique, elle réalisa comment elle avait contribué à leur problème. Elle constata qu'il avait besoin de plus de temps sans elle, de solitude. Les sacrifices qu'elle avait faits par amour n'avaient pas seulement empêché Jim de s'échapper de temps en temps pour revenir en vitesse, mais sa dépendance avait aussi étouffé l'homme qu'elle aimait.

Lisa commença alors à se permettre du plaisir sans la présence de Jim. Elle s'adonna à plusieurs des choses qu'elle avait toujours voulu faire. Un soir elle est allée manger avec des amies. Une fois elle a participé à un match. Et une autre fois elle est allée célébrer l'anniversaire d'une ligue de quilles féminine.

DE SIMPLES MIRACLES

Ce qui a renversé Lisa, c'est la rapidité avec laquelle leur relation a changé. Jim s'est intéressé à elle et est devenu beaucoup plus attentif. En une couple de semaines seulement il était redevenu l'homme qu'elle avait marié. Il reprit le goût de faire des choses amusantes avec elle et commença à planifier des sorties. Il avait retrouvé sa motivation.

S'exprimant au cours d'une consultation, il dit: «Je me sens si soulagé. Je me sens aimé. Quand Lisa rentre du travail, elle est heureuse de me voir. J'apprécie même qu'elle me manque lorsqu'elle est absente. Quel plaisir de recommencer à avoir des sentiments! J'en étais presque arrivé à oublier ce que c'est. Avant il me semblait que je ne faisais rien d'assez bien. Lisa essayait toujours de me faire faire des choses, en me disant quoi faire et en me posant des questions.»

Et Lisa de rétorquer: «J'ai réalisé que je le blâmais du fait que j'étais malheureuse. En assumant mon propre malheur, j'ai découvert que Jim était bien énergique et vivant. C'est comme un miracle!»

ENTRAVE AU CYCLE D'INTIMITÉ

Une femme peut entraver le cycle d'intimité naturel de son partenaire masculin de deux façons. Premièrement, en le pourchassant quand il tente de s'éloigner d'elle. Et deuxièmement, en le punissant pour s'être éloigné d'elle.

Voici une liste des manières les plus courantes pour une femme de pourchasser un homme pour tenter de l'empêcher de s'éloigner.

MÉTHODES DE POURSUITE

1 - La poursuite physique

Lorsqu'il essaie de se retirer, elle le suit, physiquement. S'il entre dans une autre pièce, elle entre derrière lui. Ou, comme dans le cas de Lisa et Jim, elle s'empêche de faire ce qu'elle aimerait faire pour ne pas quitter son partenaire.

2 - La poursuite émotionnelle

Quand il s'évade, elle le suit émotionnellement. Elle s'inquiète de lui. Elle tente de l'aider à se sentir mieux. Elle le prend en pitié. Elle l'inonde d'attentions et de louanges.

3 - La poursuite mentale

Elle peut tenter de le ramener sur le plan mental, en essayant de le rendre coupable par des questions comme: «Comment peux-tu me faire ça?» ou «Qu'as-tu donc dans la tête?» ou bien «Tu ne vois pas à quel point tu me fais mal quand tu m'ignores comme ça?»

Ou encore elle peut essayer de le ramener en faisant tout pour lui plaire. Elle va exagérément au-devant de ses moindres désirs. Elle tente d'être la perfection même, pour ne lui laisser aucune raison valable de s'éloigner. Elle sacrifie sa propre personnalité pour essayer d'être le genre de femme qu'elle croit qu'il veut.

Elle craint tout ce qui pourrait justifier son retrait de près ou de loin, alors elle lui cache ses véritables sentiments et elle évite de faire quoi que ce soit qui puisse l'indisposer, même légèrement.

Le deuxième moyen majeur mais inconscient qu'utilisent les femmes pour tenter d'interrompre le cycle d'intimité de leur homme, c'est de le punir parce qu'il s'est éloigné d'elle.

Voici une liste des façons les plus courantes par lesquelles les femmes «punissent leur homme» et, du même coup, l'empêchent involontairement de sortir de sa retraite et de s'ouvrir à nouveau à leurs besoins à elles.

MÉTHODES DE PUNITION

1 - La punition physique

Au moment où l'homme recommence à la désirer, la femme le rejette. Elle repousse toute expression physique de son affection. Elle peut le refuser sexuellement. Elle ne lui permet pas de s'approcher d'elle ou de la toucher. Elle peut même le frapper ou briser des objets pour lui démontrer son mécontentement.

Quand un homme a été puni pour s'être éloigné de sa femme, il peut avoir peur de recommencer. Cela peut l'empêcher de se retirer à nouveau quand son instinct le lui demandera à nouveau. Son cycle naturel est alors détraqué. Cela peut aussi le laisser avec une colère qui bloque son désir d'intimité. Et si jamais il réussit à s'échapper de celle qui veut le retenir, il ne reviendra peut-être plus.

2 - La punition émotionnelle

Après son retour, elles est mécontente et elle le blâme. Elle ne lui pardonne pas de l'avoir abandonnée. Il n'y a rien qu'il puisse faire pour lui plaire ou la rendre heureuse. Il se sent incapable de la satisfaire et il cesse d'essayer.

Après son retour elle manifeste sa désapprobation par ses paroles, le ton de sa voix, et un certain regard d'animal blessé qu'elle adresse à son partenaire.

3 - La punition mentale

Lorsqu'il lui revient elle refuse de s'ouvrir et de lui confier ses sentiments. Elle devient indifférente, et lui démontre du ressentiment parce qu'il ne s'ouvre pas et ne lui parle pas.

Elle refuse de croire qu'il tient à elle, et elle le punit en ne lui donnant plus la chance d'écouter ses propos, c'est-à-dire d'être un «bon garçon». Et quand il est prêt à lui revenir tout joyeux, elle lui fait sentir qu'il n'est pas le bienvenu.

Après qu'un homme a été puni pour s'être retiré d'elle, il peut devenir craintif, ayant peur qu'elle lui retire son amour s'il ose s'éloigner encore. Il commence à avoir l'impression qu'il ne mériterait plus son amour s'il osait partir. Il peut hésiter à solliciter son amour à nouveau, parce qu'il s'en sent indigne. Il présume qu'elle va le rejeter. Et cette peur du rejet peut l'empêcher de revenir de son séjour dans sa caverne.

LE PASSÉ PEUT AFFECTER LE CYCLE D'INTIMITÉ D'UN HOMME

Une obstruction du cycle naturel d'intimité d'un homme peut avoir ses racines jusque dans son enfance. Un homme peut craindre de se retirer en lui-même quand il en a besoin, parce qu'il a été témoin de l'objection de sa mère au besoin d'éloignement émotionnel de son père. Cet homme-là ne sait peut-être même pas que ce besoin de solitude est inné en lui. Il se peut même qu'inconsciemment il suscite une dispute pour justifier son besoin de retrait.

Naturellement, un homme ainsi marqué développera davantage son côté féminin que sa puissance masculine. C'est un homme sensible. Il déploie beaucoup d'énergie pour être aimant et plaisant, au détriment de son identité masculine. Il se sent coupable de se détacher de sa compagne. Sans savoir ce qui lui est arrivé, il perd son désir, sa force et sa passion. Il devient passif et exagérément dépendant.

Il peut avoir peur de se retirer dans la solitude de sa caverne. Il peut penser qu'il n'aime pas la solitude, mais au fond de lui, c'est qu'il a plutôt peur de perdre l'amour de sa partenaire. Il a déjà vécu dans son enfance le rejet de sa mère pour son père, ou même directement pour lui.

Pendant que certains hommes ne savent pas comment se retirer de leur femme quand ils en éprouvent le besoin, d'autres ne savent pas comment se rapprocher d'elle quand ils en ont besoin. L'homme «macho» n'a pas de difficulté à partir. Il est seulement incapable de revenir et de s'ouvrir au dialogue. Il se pourrait qu'au fond de lui se cache une crainte de ne pas être digne de l'amour d'une autre personne. Il a peur de l'attachement, et de l'intimité. Il n'a aucune idée qu'une femme puisse l'accueillir à bras ouverts s'il décidait de s'en approcher. L'homme sensible et le «macho» souffrent tous deux de l'absence dans leur vie d'une image ou d'une expérience positive reliée à leur cycle d'intimité masculin.

Il est aussi important pour l'homme que pour la femme de comprendre le fonctionnement de ce cycle d'intimité. Certains hommes ressentent une grande culpabilité en tentant de se retirer dans leur caverne, ou bien un malaise en y parvenant, et ils reviennent vite au galop. Ils peuvent penser à tort qu'ils ne sont pas normaux. C'est pourquoi ce peut être tout un soulagement pour un homme, comme pour une femme d'ailleurs, de comprendre ces secrets masculins.

DES HOMMES ET DES FEMMES SAGES

Certains hommes ne réalisent pas quels effets leurs retraits émotionnels soudains, et leurs retours subséquents vers l'affection de leur partenaire, peuvent avoir sur les femmes. Avec cette nouvelle perspective sur son cycle d'intimité masculin, l'homme peut comprendre l'importance d'écouter attentivement sa partenaire quand elle lui parle. Il arrive à comprendre et à respecter le besoin féminin de recevoir de son homme l'assurance qu'elle l'intéresse toujours et qu'il tient à elle. Quand il n'est pas pris par son besoin de s'évader, l'homme sage prend le temps d'initier la conversation en demandant à sa compagne comment elle va.

Il en arrive à pouvoir connaître son propre cycle, et à prendre la précaution d'assurer sa partenaire de son retour prochain au moment où il entame son retrait émotionnel. Il pourrait dire, par exemple: «Laisse-moi un peu de temps pour réfléchir, ensuite nous passerons du temps ensemble, sans être dérangés.» Ou s'il sent qu'il doit partir pendant qu'elle parle, il peut dire: «Laisse-moi un peu de temps de réflexion et nous en reparlerons bientôt.»

L'homme peut en arriver à connaître son propre cycle,
et à assurer sa partenaire de son retour prochain
au moment où il entame son retrait.

Il se peut qu'au moment où l'homme revient de sa retraite émotionnelle en état de dialoguer, la femme le harcèle de questions sur la raison de son abandon apparent. S'il n'en est pas certain, ce qui est souvent le cas, il pourrait alors dire: «Je ne sais pas au juste. J'avais seulement besoin d'un peu de temps pour moi-même. On peut maintenant continuer la conversation si tu le veux bien.»

Il a compris qu'elle a besoin d'être entendue et qu'il a besoin de savoir mieux écouter, tant qu'il ne se sent pas obligé de rentrer dans sa caverne. De plus, il sait que savoir écouter l'aide à devenir conscient de ce qu'il a besoin de partager dans une conversation.

Pour initier correctement une conversation, la femme sage apprend à ne pas exiger que l'homme parle, mais à demander qu'il l'écoute attentivement. Ce changement d'emphase enlève beaucoup de pression sur les épaules de l'homme. Elle apprend à se livrer, à partager ses sentiments avec lui, sans lui demander de faire la même chose.

Elle devient confiante qu'au fur et à mesure qu'il se sentira aclcepté et qu'il l'écoutera parler de ses sentiments à elle, il deviendra graduellement plus disponible au dialogue. Elle ne lui inflige ni poursuite ni punition. Elle comprend qu'à certains moments l'audition de ses sentiments personnels à elle déclenchera son désir de fuir, alors qu'à d'autres moments – lorsqu'il en est à son retour de caverne – il sera très bien disposé à entendre toutes ses doléances. Cette femme sage ne démissionne jamais. Elle persiste patiemment et amoureusement à soigner sa relation de couple, parce qu'elle sait ce que peu de femmes savent.

127

Chapitre 7

LES FEMMES SONT COMME DES VAGUES

Oui, on peut faire une analogie entre une femme et une vague. Quand la femme se sent aimée, son amour-propre se soulève et redescend dans un mouvement semblable à celui des vagues de la mer. Quand elle est à son mieux, on peut dire qu'elle est sur la crête de la vague, mais soudainement elle change d'humeur et se retrouve au creux de la vague. Cet effondrement n'est que temporaire. En atteignant le creux, son humeur recommence aussitôt à changer et elle reprend graduellement confiance en elle-même avec la vague montante.

À la vague montante la femme ressent une abondance d'amour et un grand besoin d'en donner, mais à la vague descendante elle ressent un énorme vide et un grand besoin de recevoir de l'amour. Et le point le plus bas de ce cycle signifie qu'il est temps de faire le ménage de ses émotions.

Si elle a refoulé des émotions négatives ou s'est sacrifiée pour donner davantage d'amour à la vague montante, en redescendant elle va ressentir ces émotions négatives et ces besoins inassouvis. C'est durant cette descente qu'elle a particulièrement besoin de parler de ses problèmes, d'être écoutée et d'être comprise.

Ma femme Bonnie dit que cette expérience s'apparente à la sensation de tomber dans un puits profond et sombre. On peut donc dire qu'en tombant dans son «puits», la femme passe de son moi conscient à son moi inconscient, un refuge de ténèbres et d'émotions floues. Elle peut se sentir désespérée, se pensant toute seule et sans support. Mais sitôt atteint le creux de la vague, si elle se sait aimée et supportée, elle recommence automatiquement à se sentir mieux. Aussi subitement qu'elle a pu s'effondrer, elle va tout naturellement remonter et se mettre à redistribuer l'amour dans ses relations humaines.

> *L'amour-propre de la femme monte et redescend comme*
> *une vague sur la mer. Et le point le plus bas de ce cycle*
> *signifie qu'il est temps de faire le ménage de ses émotions.*

La capacité de la femme à donner et à recevoir l'amour dans ses relations humaines est généralement en relation directe avec l'état de son amour-propre. Quand elle n'est pas tout a fait satisfaite d'elle-même, elle n'est pas tout à fait capable d'accepter et d'apprécier son partenaire non plus. Quand elle est au plus bas, elle a tendance à être excédée ou à réagir plus émotivement. Quand elle se retrouve au creux de sa vague, elle est plus vulnérable et a besoin de plus d'amour. Il est essentiel que son partenaire comprenne ses besoins à ce moment-là, pour que ses exigences ne soient pas excessives.

COMMENT LES HOMMES RÉAGISSENT À LA VAGUE

Quand une femme est aimée d'un homme, elle se met à rayonner d'amour et de contentement. La plupart des hommes ont la naïveté de croire que ce rayonnement va durer éternellement. Mais s'attendre à ce que l'humeur de la femme, même amoureuse, ne change jamais, correspond à s'attendre à ce que le temps reste toujours pareil, à ce que le soleil brille sans arrêt. La vie est remplie de cycles rythmiques: le jour et la nuit; le chaud et le froid; l'hiver et l'été; le printemps et l'automne; les nuages et le soleil; etc. Dans les relations humaines aussi, les hommes et les femmes ont leurs propres rythmes, leurs propres cycles. Les hommes se retirent et se rapprochent alternativement, alors que les femmes voient leur capacité d'amour-propre et d'amour des autres monter et redescendre successivement.

> *Dans les relations humaines les hommes se retirent*
> *et se rapprochent, alors que les femmes voient leur capacité*
> *d'amour-propre et d'amour des autres monter et redescendre.*

L'homme présume que les changements d'humeur de sa partenaire sont uniquement en fonction de son comportement à lui. Quand elle est heureuse, il en prend le crédit, mais quand elle est déprimée il s'en sent aussi responsable. Il peut se sentir extrêmement frustré parce qu'incapable de corriger la situation. Un instant elle semble heureuse, et il croit qu'il fait bien les choses, mais l'instant d'après elle paraît malheureuse. Il est stupéfié parce qu'il croyait avoir le contrôle de la situation.

N'ESSAYEZ PAS D'ARRANGER ÇA

Après six ans de mariage, Bill observait le cycle des vagues d'humeur de sa femme Mary. Mais parce qu'il ne comprenait pas, il cherchait à l'arranger, ce qui ne faisait qu'empirer les choses. Il pensait que quelque chose était détraqué dans le système, à cause de ses mouvements de haut en bas. Il essayait de la convaincre qu'il n'était pas absolument nécessaire qu'elle soit ainsi ballottée et bouleversée. Et Mary ne se sentait que plus incomprise et plus déprimée.

Cependant, même s'il croyait «arranger» les choses, en réalité, il empêchait sa femme de se sentir heureuse. Il avait besoin d'apprendre que quand la femme descend dans son puits, c'est là qu'elle a le plus besoin de lui; et qu'il ne s'agit pas d'un problème à «arranger», mais d'une occasion d'exprimer son support et son amour inconditionnel à sa femme.

> Bill dit: «Je suis incapable de comprendre ma femme. Pendant des semaines Mary est la plus merveilleuse des femmes. Elle nous dispense son amour généreusement et sans condition, à moi comme à toute la famille. Puis soudainement elle se sent excédée par tout ce qu'elle fait pour tout le monde, et commence à me désapprouver. Ce n'est pas ma faute si elle est malheureuse. Je lui explique cela et nous nous retrouvons dans des disputes à n'en plus finir.»

Comme bien des hommes, Bill a commis l'erreur d'essayer d'empêcher sa femme de «descendre aux enfers». Il a tenté de la secourir en essayant de la remonter. Il n'avait pas appris que lorsque sa femme descend ainsi, il lui faut toucher le fond avant de remonter.

Quand Mary a commencé à sombrer, son premier symptôme fut de se sentir excédée. Et au lieu de l'écouter avec chaleur et empathie, Bill essayait de la remonter en lui expliquant pourquoi elle ne devait pas se laisser bouleverser ainsi.

La dernière chose dont une femme a besoin quand elle commence son cycle naturel vers le bas, c'est de quelqu'un qui lui dise pourquoi elle ne devrait pas se laisser descendre. Elle a plutôt besoin de quelqu'un qui reste auprès d'elle, qui l'écoute pendant qu'elle exprime ce qu'elle ressent, et qui partage ses sentiments. Même si un homme est incapable de comprendre pleinement pourquoi une femme se sent excédée, il peut lui offrir son amour, son attention et son support.

CE QUI CONFOND LES HOMMES

Après avoir appris comment les femmes sont comme des vagues, Bill était confus. Quand sa femme se retrouvait encore une fois au fond de son puits, il s'exerçait à l'écouter. Et quand elle parlait des choses qui la troublaient, il s'efforçait de ne lui offrir aucun conseil, ni pour «arranger» les choses ni pour qu'elle se sente mieux. Après quelque vingt minutes il était bien frustré, parce qu'elle ne semblait pas aller mieux du tout.

Il me dit: «J'ai d'abord écouté, et elle semblait s'ouvrir et partager davantage. Mais tout à coup elle est devenue encore plus perturbée. Il m'a semblé que plus je l'écoutais et plus elle devenait bouleversée. Je lui ai dit qu'elle ne devrait pas se laisser déprimer comme ça, puis la dispute a commencé.»

Même si Bill écoutait Mary parler de ses problèmes, il ne cessait pas d'essayer d'«arranger» les choses. Il croyait qu'elle allait revenir en bonne forme immédiatement. Ce que Bill ne savait pas, c'est que lorsque la femme descend dans son puits, si on lui donne du support, elle ne se sent pas nécessairement mieux instantanément. Elle peut même se sentir plus mal. Ce peut être là un signe que le support fait son œuvre. Possiblement, cela peut l'aider à toucher le fond plus vite, après quoi elle se sentira mieux. Il n'y a pas d'autre chemin, pour remonter il lui faut absolument toucher le fond. C'est là l'essence même de son cycle.

Bill était confus, parce que pendant qu'il l'écoutait, elle ne semblait pas tirer de réconfort de son attention. Elle lui semblait glisser inexorablement vers le bas. Pour éviter cette confusion, un homme doit savoir que parfois, même quand il parvient à soutenir sa femme en détresse, elle peut devenir encore plus bouleversée. En comprenant qu'une vague doit atteindre son creux avant de remonter, il peut relâcher ses attentes concernant la récupération possible de sa femme à la suite de son assistance.

....

Même quand un homme soutient sa femme en détresse,
elle peut devenir encore plus bouleversée.

....

À l'aide de cette nouvelle compréhension, Bill a pu se montrer plus patient et plus compréhensif avec Mary. En apprenant à supporter encore plus efficacement Mary dans son puits, il a aussi appris qu'il ne pouvait en aucune façon prévoir la durée de sa détresse. Des fois son puits pouvait être plus profond que d'autres fois.

CONVERSATIONS ET PROPOS RÉCURRENTS

Quand une femme ressort de son puits, elle redevient la partenaire aimante qu'elle était auparavant. Cette transformation positive échappe généralement à l'entendement de l'homme. Il pense typiquement que peu importe ce qui la troublait, cela doit avoir été éliminé ou résolu une fois pour toutes. Ce n'est pas le cas. C'est une illusion. Parce qu'il la voit à nouveau aimante, chaleureuse et positive, il croit à tort que tous ses problèmes sont résolus.

Quand elle se retrouve à nouveau dans la phase descendante de la vague, les mêmes soucis refont surface. Et quand ils reviennent, son mari s'impatiente, parce qu'il les croyait réglés pour de bon. Sans une bonne compréhension du principe de la vague, il trouve extrêmement difficile de reconnaître la légitimité des émotions de sa femme et de l'encourager, lorsqu'il la retrouve au fond du même puits qu'avant.

Quand les émotions non évacuées de la femme réapparaissent, son mari peut réagir de façon inappropriée en disant:

1. «Combien de fois doit-on recommencer à discuter de ça?»
2. «J'ai déjà entendu tout ça.»
3. «Je pensais qu'on avait réglé ça.»
4. «Quand est-ce que tu vas lâcher ta vieille rengaine?»
5. «Je ne veux plus parler de ça!»
6. «C'est idiot! On recommence la même discussion!»
7. «Pourquoi as-tu tant de problèmes?»

Quand une femme descend dans son puits, ses problèmes les plus profonds ont tendance à remonter à la surface. Ce peut être des difficultés reliées à ses relations présentes, mais elles sont habituellement lourdement teintées par les expériences vécues dans son enfance et dans ses relations passées. Tout ce qui n'a pas été guéri ou résolu dans son passé revient inévitablement à la surface. Voici quelques-unes des émotions qu'elle peut ressentir quand elle descend dans son puits.

SIGNAUX D'ALARME INDIQUANT À L'HOMME QUE SA FEMME EST SUR LE POINT DE DESCENDRE DANS SON PUITS, OU QU'ELLE A GRAND BESOIN DE SON AMOUR.

Elle se sent... (a)	Et elle peut dire... (b)
a) ...excédée;	b) «Il y a tant de choses à faire!»
a) ...incertaine;	b) «J'ai besoin de beaucoup plus que ça.»
a) ...pleine de ressentiment;	b) «Je fais tout pourtant!»
a) ...inquiète;	b) «Qu'est-ce qui va arriver?»
a) ...confuse;	b) «Je ne comprends pas.»
a) ...épuisée;	b) «Je n'en peux plus!»
a) ...désespérée;	b) «Je ne sais plus quoi faire.»
a) ...indifférente;	b) «Je m'en fous! Fais ce que tu veux.»
a) ...exigeante;	b) «Je veux que tu fasse ça!»
a) ...réticente;	b) «Non, je ne veux pas.»
a) ...méfiante;	b) «Qu'est-ce que tu veux dire?»
a) ...dominatrice;	b) «As-tu fait ce que je t'ai dit?»
a) ...réprobatrice;	b) «Comment as-tu pu oublier ça?»

En se sentant de plus en plus supportée en ces moments difficiles, elle commence à mettre sa confiance dans la relation et peut descendre dans son puits et remonter sans trop de répercussion sur cette relation et sa vie en général. C'est là l'immense avantage d'une relation stable.

La femme considère le support qu'elle reçoit au moment de sa descente comme un cadeau très spécial quelle apprécie beaucoup. Elle pourra éventuellement se libérer de l'emprise de ses problèmes passés. Elle aura encore ses hauts et ses bas, mais ils ne seront plus aussi foudroyants et capables de neutraliser le caractère aimant de sa nature.

COMPRENDRE LA NÉCESSITÉ

Au cours d'un de mes séminaires sur les relations de couple, Tom s'est plaint en me disant: «Au début de notre relation, Susan avait l'air très forte, puis soudainement elle est devenue faible, nécessiteuse. Je me souviens de l'avoir rassurée en lui rappelant que je l'aimais, qu'elle était importante dans ma vie. Après beaucoup de discussions nous avons franchi cette barrière, mais un mois plus tard elle redevenait à nouveau incertaine. C'était comme si elle ne m'avait jamais entendu la première fois. Cela m'a tellement frustré que nous nous sommes sérieusement disputés.»

Tom a été surpris d'apprendre que beaucoup d'hommes ont vécu cette même expérience dans leur union. Au moment où Tom a connu Susan, son cycle était dans sa vague montante. Au fur et à mesure que leur relation croissait, l'amour de Susan pour Tom grandissait aussi. Après avoir franchi la crête de sa vague, elle commença soudainement à ressentir davantage la nécessité d'être possessive. Elle manqua donc de sécurité et à se mit à réclamer plus d'attention.

C'était le début de sa descente dans le puits. Tom n'arrivait pas à comprendre pourquoi elle avait changé, mais après des heures d'une discussion intense, Susan se sentait déjà mieux. Tom l'avait rassurée en lui rappelant son amour et son support, et Susan avait aussitôt entrepris la phase ascendante de son cycle. En lui-même, Tom se sentait bien soulagé.

Après cet épisode Tom pensait avoir bien réglé cette difficulté dans leur ménage. Mais un mois plus tard, Susan recommença à s'effondrer et à se sentir aussi mal. Cette fois Tom fut beaucoup moins compréhensif et tolérant envers elle. Il devint impatient. Il était insulté qu'elle osât encore douter de sa sincérité alors qu'il l'avait déjà rassurée sur ses sentiments envers elle, à peine un mois auparavant. Adoptant une attitude défensive, il jugea négativement son besoin d'assurance récurrent. Résultat: une nouvelle dispute.

INFORMATION RASSURANTE

En découvrant que les femmes étaient comme des vagues, Tom a compris que la récurrence de ces sentiments de besoin et d'insécurité chez Susan était tout à fait naturelle, inévitable et temporaire. Il s'est senti naïf d'avoir cru que sa réponse rassurante aux angoisses profondes de Susan avait pu constituer une solution permanente.

Le fait que Tom ait bien appris sa leçon, à savoir qu'il fallait supporter Susan quand elle était dans son puits, a non seulement facilité sa récupération à elle, mais a éliminé le risque de beaucoup de disputes futures dans les mêmes circonstances. Et ce sont les connaissances suivantes qui ont encouragé Tom.

1 - Une déclaration d'amour et de support de la part de l'homme ne suffit pas pour résoudre instantanément les problèmes de sa femme. Cependant, l'assurance de son amour pourra permettre à sa compagne de descendre plus profondément dans son puits en toute confiance. Il est naïf de croire qu'une femme peut demeurer aimante en tout temps, il faut s'attendre à ce que ses problèmes remontent à la surface périodiquement. Et chaque fois que cela se produit, l'homme pourra améliorer sa capacité de la rassurer.

2 - Ce n'est aucunement la faute d'un homme, ou le résultat d'une maladresse de sa part, si sa femme descend dans son puits. Par son soutien moral, il n'empêchera pas cela de se reproduire mais il l'aidera, elle, à passer à travers ces moments difficiles.

3 - La femme possède en elle-même la capacité de rebondir rapidement après avoir touché le fond de son puits. L'homme n'a pas besoin d'«arranger» la situation, ce n'est pas une

cassure mais une manifestation toute naturelle de son cycle. Et elle a tout simplement besoin de son amour, de sa patience et de sa compréhension à ce moment-là.

QUAND LA FEMME NE SE SENT PAS EN SÉCURITÉ DANS SON PUITS

Quand une femme est engagée dans une relation intime, sa tendance à fluctuer comme une vague s'accentue. Il est très important qu'elle se sente en sécurité pour passer à travers ce cycle. Autrement, elle déploie beaucoup d'énergie pour supprimer ses émotion négatives afin de faire paraître que tout va très bien.

Si la femme ne se sent pas en sécurité au moment d'entreprendre sa descente dans son puits, ses seules alternatives sont d'éviter l'intimité et le sexe, ou encore de supprimer ou de neutraliser ses sentiments à l'aide d'échappatoires comme l'alcool, la drogue ou des exagérations dans la nourriture, le travail ou le souci des autres. Malgré ces diversions toutefois, elle retombera périodiquement dans la mélancolie et ses émotions se manifesteront avec une forte absence de contrôle.

Vous avez sûrement eu connaissance de couples qui se sont toujours bien entendus et qui soudain demandent le divorce. Dans la plupart de ces cas, la femme savait bien supprimer ses sentiments pour éviter les disputes, mais elle s'est désensibilisée à force de le faire, puis elle est graduellement devenue indifférente et incapable d'amour.

En supprimant ses émotions négatives, on supprime aussi ses émotions positives, et l'amour s'éteint. Il est sûrement souhaitable d'éviter les disputes, mais certainement pas en ignorant ses sentiments. Dans le chapitre 9, nous verrons comment éviter les disputes sans qu'il soit nécessaire de supprimer ce qu'on ressent.

En supprimant ses émotions négatives, on supprime aussi ses émotions positives, et l'amour s'éteint.

LE MÉNAGE ÉMOTIONNEL

C'est au moment de son effondrement cyclique que la femme est le mieux en mesure de faire le ménage dans ses émotions. Sans ce nettoyage, ce débroussaillement émotif, la femme perd peu à peu sa capacité de s'épanouir en amour, puis d'aimer. Par cette répression contrôlée de ses émotions son cycle naturel – son rythme de vagues – est obstrué, puis elle devient graduellement indifférente et incapable de passion.

Certaines femmes qui évitent ainsi de faire face à leurs émotions négatives et qui résistent aux vagues de leur cycle naturel souffrent du fameux syndrome prémenstruel qu'on désigne par les lettres SPM. Il y a une forte corrélation entre le SPM et l'incapacité de gérer ses émotions négatives de manière positive. Dans certains cas, des femmes qui ont appris à faire face à leurs sentiments de façon positive ont vu leurs symptômes du SPM disparaître. Et dans le chapitre 11, on discutera d'autres techniques de gestion des émotions négatives.

Même les femmes les plus fortes, celles qui sont confiantes et qui réussissent, doivent descendre dans leur puits de temps en temps. Les hommes croient généralement que si leur compagne réussit bien dans le monde du travail, elle va être dispensée de ces périodes de grand ménage émotionnel. Le contraire est plutôt vrai.

La femme au travail est habituellement plus exposée au stress et à la pollution émotionnelle que les autres. Conséquemment, son besoin d'un ménage périodique est de beaucoup plus élevé. Il en est de même pour l'homme, dont le besoin de prendre le large et de revenir comme un élastique peut aussi s'accroître avec l'exposition au stress du travail.

Une étude a révélé que l'amour-propre de la femme – son estime de soi – remonte et retombe selon un cycle d'une durée variant entre vingt et un et trente-cinq jours. Il n'y a pas eu d'étude semblable pour déterminer à quel rythme l'homme part et revient comme un élastique, mais mon expérience m'enseigne que la durée de son cycle ressemble beaucoup à celle du cycle de la femme. Le cycle d'amour-propre de la femme n'est pas nécessairement synchronisé avec son cycle menstruel, mais les deux durent environ vingt-huit jours en moyenne.

Dans son milieu de travail, la femme peut arriver à se détacher de son ballottage émotionnel, mais en revenant à la maison, elle a aussi besoin du support aimant d'un partenaire que toute femme apprécie, surtout au moment où elle est la plus vulnérable.

Il est important de reconnaître que cette tendance à descendre dans son puits n'affecte pas nécessairement le rendement d'une femme au travail, mais elle influence grandement ses relations avec les personnes avec qui elle a des liens affectifs.

COMMENT SUPPORTER SA FEMME LORSQU'ELLE EST DANS SON PUITS

Un homme sage apprend à tout faire pour aider sa femme à descendre et à remonter dans son cycle émotionnel en toute sécurité. Il laisse tomber ses jugements et exigences, et il apprend comment lui donner le support dont elle a besoin. En conséquence il peut profiter d'une relation dont l'amour et la passion augmentent avec le temps.

Bien sûr, il doit faire face à des périodes de sécheresse ou à des orages émotionnels de temps en temps, mais son comportement lui procure une récompense accrue. L'homme non initié subit aussi l'effet de ces sécheresses et orages, mais ne connaissant pas l'art d'accompagner amoureusement sa femme à travers ses descentes émotionnelles, malheureusement il voit l'amour unissant son couple être peu à peu réprimé, puis éventuellement tari.

QUAND ELLE EST DANS SON PUITS ET LUI DANS SA CAVERNE

Un autre participant à mes séminaires, Harris, m'a dit: «J'ai tout essayé ce que j'avais appris ici. Tout allait bien. Nous nous étions rapprochés et je me sentais au paradis. Puis tout d'un coup ma femme, Cathy, a commencé à se plaindre que je regardais trop la télévision. Elle s'est mise à me traiter comme un enfant et nous nous sommes disputés très sérieusement. Je ne comprends pas ce qui s'est passé. Tout allait si bien.»

Voilà un exemple de ce qui peut arriver quand la vague chez la femme et le phénomène de l'élastique chez l'homme se produisent en même temps. Après son séminaire, Harris avait réussi à donner plus de support à sa femme et à sa famille qu'auparavant. Cathy en était ravie. Elle avait peine à y croire. Ils étaient plus proches que jamais, et elle abordait la phase ascendante de sa vague. Cela a duré une couple de semaines puis, un bon soir, Harris a décidé de continuer à regarder la télévision plus tard que d'habitude. Son élastique commençait à se rétracter et il commençait à sentir le besoin de se retirer dans sa caverne.

Cathy, dont la vague touchait sa phase descendante, fut très blessée de le voir ainsi s'éloigner d'elle. Elle percevait son retrait comme le début de la fin de cette nouvelle et merveilleuse expérience d'intimité qu'ils vivaient ensemble. Les dernières semaines avaient été la réalisation concrète de ses plus beaux rêves, et elle craignait que tout cela ne s'évanouisse. Elle avait désiré le genre d'intimité qu'elle venait de vivre avec Harris depuis sa tendre enfance. Ce fut un choc terrible pour elle de voir son mari lui échapper. Pour la petite fille qui survivait en elle, cela équivalait à donner du bonbon à un bébé puis de le lui enlever par la suite. Elle fut douloureusement bouleversée.

LA LOGIQUE MARTIENNE FACE À LA LOGIQUE VÉNUSIENNE

Le sentiment d'abandon qu'a ressenti Cathy est difficile à imaginer pour un Martien. La logique martienne s'exprime ainsi: «J'ai été si bon au cours des deux dernières semaines que je mérite sûrement une récompense. Je t'ai beaucoup donné au cours de cette période, maintenant j'ai besoin de m'occuper de moi-même. Tu devrais être moins inquiète et rassurée plus que jamais sur l'amour que j'ai pour toi.»

La logique vénusienne est à l'opposé. Elle perçoit la situation d'une façon toute différente, pouvant s'exprimer par: «Ces deux dernières semaines ont été si merveilleuses. Je me suis abandonnée à toi plus que jamais, ce qui rend d'autant plus douloureuse la perte de ton attention amoureuse maintenant. Après que je me fus livrée tout entière, tu t'es retiré sans raison.»

COMMENT LES ÉMOTIONS DU PASSÉ REFONT SURFACE

Cathy avait passé des années à se protéger contre la déception en refusant de s'ouvrir et en restreignant sa confiance. Durant ces deux semaines d'amour intense, elle avait commencé à se livrer comme jamais elle ne l'avait fait auparavant, de toute sa vie d'adulte. Pour elle, le support moral de son mari Harris avait rendu possible qu'elle le fasse en toute sécurité.

Tout à coup, elle a réveillé les émotions qu'elle ressentait lorsque, petite fille, son père était trop occupé pour s'occuper d'elle. La colère et la frustration qu'elle avait refoulées au cours des conflits irrésolus de son enfance se sont soudainement concentrées sur le faute de Harris regardant la télévision. Le fait est que, si ces sentiments n'avaient pas été ravivés, Cathy aurait sûrement pu accepter facilement que Harris décide de regarder la télévision plus tard que d'habitude.

À cause de cette remontée d'émotions, elle s'est sentie vexée en voyant Harris installé devant son écran. Si elle avait eu l'occasion d'explorer et de partager sa vexation, ses sentiments profonds auraient pu émerger. Cathy aurait touché le fond de sa vague, après quoi elle se serait sentie passablement mieux. Encore une fois, elle aurait probablement été prête à se livrer encore à l'intimité avec confiance, même en sachant que ce serait à nouveau pénible au moment où Harris ressentirait inévitablement son besoin naturel de se retirer temporairement.

QUAND ON SE SENT BLESSÉ

Harris ne comprenait pas pourquoi elle pouvait bien être offensée. Il avait commis l'erreur de lui dire qu'elle ne devrait pas l'être, à peu près la pire des choses qu'un homme puisse dire à une femme. Cela lui fait encore plus mal, c'est comme tourner le fer dans la plaie.

Au moment où une femme se sent blessée, elle peut paraître blâmer son partenaire. Avec du temps, beaucoup d'attention et de compréhension, ce blâme peut se dissiper. Mais si l'on tente de la convaincre de ne pas se sentir offensée, on ne fera qu'envenimer les choses.

Quand une femme est blessée, sur le plan intellectuel, elle peut parfois savoir qu'elle ne devrait peut-être pas s'être offensée, mais sur le plan émotionnel cela lui fait mal et elle ne veut pas se faire dire par un homme qu'elle ne devrait pas avoir mal. Elle a davantage besoin qu'il comprenne pourquoi elle se sent blessée.

POURQUOI LES HOMMES ET LES FEMMES SE DISPUTENT

Harris avait très mal interprété la réaction de Cathy. Il croyait qu'elle ne voulait plus qu'il regarde la télévision, jamais! Mais Cathy n'exigeait pas tant de Harris, elle voulait seulement qu'il réalise combien elle avait mal.

Les femmes savent instinctivement que, si elles pouvaient communiquer leur bouleversement, leur partenaire serait capable d'effectuer les changements qui s'imposent. Tout ce que Cathy voulait en faisant connaître son désarroi à Harris, c'était qu'il l'écoute et qu'il lui assure qu'il n'avait aucunement l'intention de redevenir en permanence celui qu'il avait déjà été, manquant de disponibilité émotionnelle et toujours en train de regarder la télévision.

Bien sûr, Harris avait le droit de regarder la télévision. Et Cathy avait le droit de se sentir vexée. Mais elle estimait qu'elle avait aussi le droit d'être entendue, d'être comprise et d'être rassurée. Alors Harris n'avait donc pas tort de regarder la télévision et Cathy n'avait pas tort d'être offensée non plus.

> *Les hommes réclament le droit d'être libres alors que les femmes réclament le droit de se sentir offensées.*

> *Les hommes ont besoin d'espace alors que les femmes ont besoin de compréhension.*

Parce que Harris ne comprenait pas le principe de la vague, il était convaincu que la réaction de Cathy était injuste. Il croyait devoir contredire les sentiments de sa compagne pour pouvoir se permettre de regarder la télévision. Il devint irritable et se dit: «Après tout, je ne peux pas être aimant et capable d'intimité tout le temps!»

Harris était convaincu qu'il lui fallait prouver que Cathy avait tort d'avoir les sentiments qu'elle avait, pour établir son droit de regarder la télévision. Il argumentait pour son droit à la télévision, alors que Cathy avait seulement besoin qu'il l'écoute. Elle argumentait pour son droit de se sentir offensée et bouleversée.

RÉSOUDRE LES CONFLITS PAR LA COMPRÉHENSION

Il était bien naïf pour Harris de croire que tous les sentiments de colère, de ressentiment et d'impuissance que Cathy après accumulés après avoir été négligée pendant douze ans, allaient être dissipés par deux semaines d'intensité amoureuse.

Il était tout aussi naïf pour Cathy de penser que Harris pouvait maintenir son attention braquée en permanence sur elle et sur sa famille, sans avoir besoin de prendre un répit et de s'occuper de lui-même de temps en temps.

C'est le début du retrait de Harris qui a déclenché le début de l'effondrement de la vague de Cathy. Ses sentiments refoulés ont commencé à remonter à la surface. Elle ne réagissait pas seulement au fait que Harris regardait la télévision ce soir-là, mais aux années de négligence dont elle avait souffert. Leur échange verbal dégénéra en dispute bruyante, et après avoir crié pendant deux heures, ils ne se parlaient plus.

En parvenant à comprendre tout ce qui s'était passé, ils purent résoudre leur conflit et se réconcilier. Harris a compris que les premiers indices de son manque de disponibilité pour Cathy ont déclenché en elle le besoin de faire le ménage dans ses émotions. Elle avait besoin de parler de ce qu'elle ressentait et non de se faire blâmer. Harris fut encouragé en comprenant qu'elle se battait pour être entendue, comme lui se battait pour être libéré. Il découvrit que s'il supportait le besoin de sa femme d'être entendue, elle pourrait supporter son besoin à lui d'être libre.

> *S'il supporte son besoin à elle d'être entendue,*
> *elle pourra supporter son besoin à lui d'être libre.*

Cathy comprit que Harris n'avait pas l'intention d'invalider ses sentiments ou sa vexation. Et elle comprit de plus que, bien qu'il sente le besoin de s'éloigner d'elle à un certain moment, très bientôt après il reviendrait vers elle et ils reprendraient ensemble leur douce intimité. Elle comprit que c'était cette élévation de leur niveau d'intimité qui avait déclenché son besoin de se retirer. Elle apprit qu'il avait pressenti l'expression de sa vexation comme une tentative pour le contrôler, et qu'il était important pour lui de savoir qu'elle n'essayait pas de lui dire quoi faire.

CE QU'UN HOMME PEUT FAIRE QUAND IL N'ÉCOUTE PAS

Harris m'a demandé: «Qu'arrivera-t-il si je suis incapable d'écouter et que je sens le besoin de me retirer dans ma caverne? Des fois je commence à écouter et je deviens furieux.»

Je l'ai assuré que c'était normal. Parfois, quand sa vague à elle s'écroule et qu'elle a le plus besoin d'être entendue, son élastique à lui commence à s'étirer et il sent le besoin de s'éloigner. Dans ce cas il est absolument incapable de lui donner ce dont elle a besoin. Il était à cent pour cent d'accord et ajouta: «C'est exact! Quand j'ai besoin de solitude, elle veut parler.»

Quand un homme a besoin de se retirer et que sa femme a besoin de parler, plus il essaie de l'écouter et plus la situation se détériore. Après quelque temps, ou bien il va la juger (et possiblement éclater de rage), ou bien il deviendra incroyablement fatigué et distrait, et elle en sera bouleversée. Des ces moments où il se sent incapable d'écouter avec attention, empathie, compréhension et respect, trois choses peuvent se produire.

TROIS MOYENS POUR L'HOMME D'OFFRIR SON SUPPORT QUAND IL FAUT SE RETIRER

1 - Accepter ses limites

La première chose que l'homme doit faire est d'accepter le fait qu'il n'a pas le choix de se retirer, et qu'il n'a rien à offrir. Peu importe combien il aime sa compagne, il est incapable de l'écouter avec attention et compréhension. Et il ne faut pas faire semblant d'écouter quand on en est incapable.

2 - Comprendre sa souffrance

Ensuite, il faut comprendre qu'elle a besoin de beaucoup plus que l'homme est capable de donner à ce moment-là. Sa souffrance est authentique. Il ne faut pas la blâmer d'avoir plus besoin que d'habitude, ou de se sentir blessée. C'est pénible de se sentir abandonnée quand on a le plus besoin de l'amour de l'autre. L'homme n'a pas tort d'avoir besoin d'espace, et la femme n'a pas tort de se sentir offensée. Il peut craindre qu'elle ne lui pardonne pas, ou qu'elle perde confiance en lui, mais elle sera capable de plus de confiance et de pardon s'il sympathise avec elle et compatit à sa souffrance.

3 - Éviter d'argumenter et penser à rassurer

En acceptant la souffrance de sa femme, l'homme évite de la blâmer pour ses sentiments. Et bien qu'il ne soit pas en état de lui offrir le support qu'elle désire et dont elle a besoin à ce moment-là, il peut éviter d'envenimer les choses en argumentant avec elle. Il lui faut plutôt la rassurer en lui disant qu'il redeviendra disponible bientôt, et il trouvera plus facile ensuite de lui offrir le support qu'elle mérite.

CE QU'IL PEUT DIRE AU LIEU D'ARGUMENTER

Pour Harris, le besoin de rester seul à regarder la télévision n'avait rien d'anormal, comme il n'y avait rien d'anormal dans la vexation de Cathy. Alors, au lieu d'argumenter sur son droit de regarder la télévision, Harris aurait pu dire quelque chose comme: «Je comprends que tu es bouleversée, et en ce moment j'ai envie de me détendre et de regarder la télévision. Aussitôt que je me sentirai mieux, nous pourrons parler.» Ainsi il aurait gagné du temps pour regarder la télévision et se calmer, de même que pour se préparer à écouter sa partenaire parler de sa vexation, mais sans avoir l'air de penser que ses sentiments étaient injustifiés.

Elle n'aurait probablement pas aimé cette réponse, mais elle l'aurait respectée. Bien sûr qu'elle désirait qu'il lui témoigne son amour, mais elle aurait été prête à reconnaître que son besoin d'un certain recul est un droit légitime. Il ne peut donner ce qu'il ne possède pas, mais il peut au moins éviter d'envenimer les choses. La solution comporte la nécessité de respecter à la fois ses besoins à elle et ses besoins à lui. Il devrait prendre le temps dont il a besoin, puis revenir et s'occuper de ses besoins à elle.

Quand un homme est incapable d'écouter les doléances de sa partenaire parce qu'il sent le besoin de rentrer en lui-même, il pourrait dire par exemple: «Je comprends que tu te sentes offensée, et j'ai besoin de temps pour y penser. Si tu veux, on peut faire une pause et revenir.» Il est beaucoup moins difficile pour un homme de s'excuser et de cesser de faire semblant d'écouter les récriminations de sa compagne, que d'essayer de raisonner ses sentiments.

CE QU'ELLE PEUT FAIRE AU LIEU D'ARGUMENTER

En entendant cette suggestion, Cathy dit spontanément: «Si lui a la chance de se réfugier dans sa caverne, qu'est-ce qui m'arrivera à moi? Je lui donne de l'espace, mais qu'est-ce que je reçois en retour?»

Ce que Cathy reçoit en réalité, c'est ce que son partenaire est capable de lui donner de mieux à ce moment-là. De plus, en n'exigeant pas qu'il l'écoute absolument au moment où elle a envie de parler, elle évite d'aggraver le problème en s'engageant dans une dispute inutile. Deuxièmement, elle s'assure de son support indéfectible au moment où il redeviendra disponible et pleinement capable de le lui offrir.

Souvenez-vous que si un homme a besoin de prendre le large comme un élastique, il reviendra vers sa partenaire avec beaucoup plus d'amour en réserve, et bien mieux capable d'écouter. Pour le couple, ce moment est le meilleur temps pour initier le dialogue.

L'acceptation du besoin de l'homme de se retirer dans sa caverne n'implique pas pour la femme l'abandon de son propre besoin de dialogue. Elle signifie seulement la nécessité pour elle de ne plus exiger qu'il écoute ses doléances au moment précis où elle sent le besoin de les exprimer. Cathy a dû apprendre qu'à certains moments l'homme est incapable d'écouter ou de parler, mais qu'à d'autres moments il en est parfaitement capable. Le choix du moment est de première importance. On lui a conseillé de ne pas s'empêcher d'initier la conversation, mais de préférer les moments où il est en mesure de dialoguer avec elle pour le faire.

Quand son homme s'éloigne d'elle, la femme peut en profiter pour solliciter le support de ses amies. Si Cathy sent le besoin de dialoguer quand Harris n'est pas en mesure d'écouter, elle pourrait parler davantage avec les autres personnes de son entourage. Faire de son partenaire sa seule source d'affection et de réconfort, c'est lui mettre trop de pression sur les épaules. Au moment où une femme atteint sa vague descendante, si son compagnon est dans sa caverne, il est essentiel qu'elle ait recours à d'autres sources de soutien, sinon il est inévitable qu'elle se sente impuissante devant la situation et, en conséquence, elle pourrait développer du ressentiment à l'égard de son homme.

• •
Faire de son partenaire sa seule source d'affection
et de réconfort, c'est lui mettre trop de pression sur les épaules.
• •

COMMENT L'ARGENT PEUT CAUSER DES PROBLÈMES

Chris m'a confié: «Je suis entièrement confus. Quand nous nous sommes mariés nous étions pauvres. Nous travaillions très fort tous les deux, et nous avions de la difficulté à joindre les deux bouts. Parfois ma femme Pam se plaignait de la dureté de sa vie, et je la comprenais. Mais maintenant nous sommes riches. Nous avons tous les deux une carrière florissante. Comment peut-elle encore se plaindre et se dire malheureuse? Combien de femmes donneraient n'importe quoi pour être à sa place. Nous nous disputons sans arrêt. Nous étions bien plus heureux dans la pauvreté. Maintenant nous voulons divorcer.»

Chris ne comprenait pas la similitude entre les femmes et les vagues. Au début de leur mariage, de temps en temps elle s'effondrait moralement comme toutes les femmes. Dans ces moments-là Chris savait l'écouter, compatir à sa peine et montrer sa détermination à gagner suffisamment d'argent pour la rendre plus heureuse. Et Pam était impressionnée par le souci qu'il avait pour elle.

Mais quand l'argent a commencé à adoucir leur existence, elle continuait quand même à se déprimer de temps en temps. Il ne comprenait pas pourquoi elle n'était toujours pas heureuse. Il pensait qu'elle aurait dû être heureuse tout le temps, parce qu'ils étaient devenus riches. Mais Pam pensait qu'il de s'occupait pas assez d'elle.

Chris ne réalisait pas que leur situation financière ne pouvait pas empêcher Pam d'être bouleversée périodiquement. Quand elle glissait vers le creux de la vague, ils se disputaient toujours, parce qu'il contestait la validité de ses sentiments. Ironiquement, plus ils devenaient riches et plus ils se chamaillaient.

Au moment où ils étaient pauvres c'est l'argent qui était au centre de leurs problèmes. Mais à mesure qu'ils devenaient à l'aise elle prenait conscience de ce qui lui manquait sur le plan sentimental. C'était là une progression normale, naturelle et prévisible.

> *Au fur et à mesure que les besoins financiers d'une femme sont comblés, elle devient consciente de ses besoin émotifs.*

ON PERMET MOINS À UNE FEMME RICHE DE SE MONTRER BOULEVERSÉE

Je me souviens d'avoir lu un article qui affirmait: «Une femme riche n'obtient la compréhension que d'un psychiatre qui est lui-même riche.» Les gens en général, et les maris en particulier, ne permettent pas à une femme qui a beaucoup d'argent de se montrer bouleversée. Elle ne reçoit pas la permission de monter et redescendre comme une vague. Elle ne reçoit pas non plus la permission de succomber à ses émotions, ou d'exiger davantage de la vie.

Une femme riche doit absolument se montrer comblée en tout temps, parce qu'on estime que sa vie pourrait être pire si elle n'avait pas accès à d'abondantes ressources financières. C'est une exigence non seulement déraisonnable, mais tout à fait irrespectueuse. Sans égard à sa fortune, son statut social, ses privilèges ou les circonstances particulières de son existence, la femme a besoin qu'on lui permette de s'émouvoir et de succomber à l'effondrement de la vague de son cycle.

Chris s'est senti encouragé quand il a découvert qu'il pouvait rendre sa femme heureuse. Il se souvenait d'avoir reconnu la validité des sentiments de sa femme lorsqu'ils étaient pauvres, et il était convaincu qu'il pourrait encore le faire, même s'ils étaient devenus riches. Au lieu de se sentir désespéré, il réalisa qu'il ne savait pas comment la supporter. Il s'était laissé tromper par sa conviction que l'aisance financière pouvait la rendre heureuse, alors qu'en réalité c'était l'attention et la compréhension qu'il lui manifestait qui avaient été la source de son contentement.

LES SENTIMENTS SONT IMPORTANTS

Si une femme ne se sent pas supportée quand elle est malheureuse, il peut arriver qu'elle ne puisse jamais devenir réellement heureuse. Pour accéder au bonheur réel elle doit descendre périodiquement au fond de son puits pour pouvoir relâcher, guérir et purifier ses émotions. C'est un processus tout à fait naturel et sain.

Pour être capable de ressentir des émotions positives comme l'amour, le bonheur, la confiance et la gratitude, il faut aussi pouvoir de temps en temps ressentir des émotions négatives comme la colère, la tristesse, la peur et la peine. C'est quand une femme descend au fond de son puits qu'elle est en mesure de guérir ces émotions négatives.

Les hommes ont aussi besoin d'expérimenter des sentiments négatifs pour être capables de ressentir leurs pendants positifs. C'est quand il est dans sa caverne qu'un homme ressent et traite en silence ces émotions négatives. (Nous explorerons une technique de relâchement des émotions négatives aussi valable pour les hommes que pour les femmes dans le chapitre 11.)

Quand une femme est poussée par sa vague montante, elle est capable de se satisfaire de ce qu'elle a. Mais au moment où elle redescend, elle devient consciente de ce qui lui manque. Quand elle se sent bien, elle est en mesure de voir et de réagir aux bonnes choses dans sa vie. Mais quand elle s'effondre, sa vision amoureuse s'embrouille, et elle réagit beaucoup plus à ce qui lui manque.

Comme on peut considérer un verre d'eau comme étant à moitié plein ou à moitié vide, quand une femme est en ascension elle considère sa vie comme bien remplie, et quand elle descend elle ne voit plus que le vide. Toute lacune qu'elle a ignorée en phase montante lui saute inévitablement aux yeux en phase descendante.

Il est impossible à l'homme de bien supporter sa femme s'il ne comprend pas l'analogie entre la femme et la vague. Il est confus quand les choses lui paraissent bien roses à l'extérieur, mais grises dans ses relations affectives. En se rappelant cette différence, l'homme découvre le secret de pouvoir offrir à sa femme ce à quoi elle a droit au moment où elle en a le plus besoin.

Chapitre 8

LA DÉCOUVERTE DE NOS BESOINS ÉMOTIONNELS DIFFÉRENTS

Les hommes et les femmes ne sont généralement pas conscients des besoins émotionnels différents qu'ils éprouvent, c'est pourquoi ils ne savent pas d'instinct comment se supporter mutuellement. Typiquement, les hommes donnent ce qu'ils aimeraient recevoir dans une relation, et les femmes donnent ce qu'elles aimeraient recevoir aussi. Les deux présument à tort que l'autre a les mêmes besoins qu'eux. Il en résulte que des deux côtés, ils sont mécontents et pleins de ressentiment.

Les hommes comme les femmes ont l'impression qu'ils donnent et donnent, mais qu'ils ne reçoivent rien en retour. Ils pensent que leur amour n'est ni reconnu ni apprécié. La vérité est qu'ils donnent en effet de l'amour tous les deux, mais pas de la façon désirée.

Par exemple, la femme pense se montrer aimante en posant beaucoup de questions intéressées ou en se préoccupant de son compagnon. Comme j'en ai déjà parlé, cela peut être fort agaçant pour l'homme. Il peut craindre qu'elle veuille le dominer et ressentir un besoin d'espace. Elle se retrouve toute confuse, parce que s'il lui offrait le même genre de support, elle en serait bien heureuse. Dans la meilleure situation, ses efforts pour être aimante sont ignorés, dans la pire ils irritent et sont rejetés.

D'un autre côté, l'homme pense être aimant mais sa façon d'exprimer son amour pousse souvent la femme à se sentir contestée et mal supportée. Par exemple, quand une femme se fâche, il pense la supporter amoureusement en lui faisant des remarques qui minimisent l'importance de son problème. Il peut dire: «Ne t'inquiète pas, ce n'est pas si grave que ça.» Il peut aussi l'ignorer complètement, croyant ainsi offrir l'espace nécessaire pour lui permettre de se calmer et de réfléchir par elle-même. En lui offrant ce qu'il prétend être du support, elle se retrouve avec le sentiment d'être mal aimée, minimisée et ignorée.

Comme nous l'avons déjà vu, lorsqu'elle est bouleversée, la femme a besoin d'être entendue et comprise. Sans une compréhension dans le comportement masculin et féminin par rapport à leurs besoins respectifs, l'homme ne peut comprendre pourquoi tous ses efforts pour l'aider tournent à l'échec.

LES DOUZE FORMES DE L'AMOUR

Voici un tableau comparatif des différentes formes d'amour désirées par la femme, et par l'homme.

La femme a besoin de recevoir... (a)	Et l'homme a besoin... (b)
1. a) ...de l'attention;	1. b) ...de confiance;
2. a) ...de compréhension;	2. b) ...d'acceptation;
3. a) ...de respect;	3. b) ...d'appréciation;
4. a) ...de dévotion;	4. b) ...d'admiration;
5. a) ...de validation de ses sentiments;	5. b) ...d'approbation;
6. a) ...d'assurance.	6. b) ...d'encouragement.

COMPRENDRE VOS BESOINS PRIMAIRES

Bien sûr qu'en bout de ligne l'homme et la femme ont tous deux besoin de ces douze formes d'amour. Reconnaître les six formes étiquetées «a» comme des besoins féminins ne veut pas dire qu'elles ne conviennent pas aussi aux hommes. Il est certain que ces derniers apprécient l'attention, la compréhension, le respect, la dévotion, la validation de leurs sentiments et l'assurance. Quand on parle de «besoins primaires», on identifie spécifiquement ceux qui doivent d'abord être satisfaits avant qu'une personne soit pleinement en mesure de recevoir et d'apprécier toutes autres formes d'amour.

*Il est essentiel de satisfaire ses besoins primaires
avant d'être pleinement en mesure de recevoir et d'apprécier toutes
autres formes d'amour.*

L'homme devient pleinement réceptif et capable d'apprécier les six formes d'amour répondant aux besoins primaires de la femme (l'attention, la compréhension, le respect, la dévotion, la validation de ses sentiments et l'assurance), seulement quand ses propres besoins primaires ont été satisfaits. La femme a aussi d'autres besoins comme la confiance, l'acceptation, l'appréciation, l'admiration, l'approbation et l'encouragement, par exemple. Mais avant d'être en mesure d'apprécier ces formes d'amour, ses besoins primaires doivent aussi être satisfaits.

Reconnaître les besoins primaires d'amour de son partenaire, voilà l'un des plus puissants secrets pour améliorer les relations affectives sur terre. Considérer les hommes comme des Martiens peut aider les femmes à accepter que ceux-ci aient des besoins primaires différents des leurs.

Il est trop facile pour la femme d'offrir ce dont elle a elle-même besoin, et d'oublier que son Martien favori a des besoins différents. De la même façon, l'homme a tendance à se concentrer sur ses propres besoins et à oublier que ce genre d'amour n'est pas toujours approprié pour supporter sa Vénusienne préférée.

L'aspect le plus puissant et le plus pratique de cette compréhension des différentes formes d'amour, c'est qu'elles sont réciproques. Par exemple, quand un Martien exprime son attachement et sa compréhension à sa Vénusienne, elle lui rend la pareille en lui servant la confiance et l'acceptation dont il a primairement besoin. C'est la même chose quand une Vénusienne exprime sa confiance, son Martien lui retourne alors l'attention dont elle a besoin.

Les six sections qui suivent définissent les douze formes d'amour en termes pratiques et révèlent leur nature réciproque.

1 - ELLE A BESOIN D'ATTENTION ET LUI DE CONFIANCE

Quand un homme démontre un intérêt sincère pour les sentiments et pour le bien-être d'une femme, elle se sent aimée et choyée. En lui offrant ce genre d'attention toute spéciale, il comble efficacement son premier besoin primaire à elle. Naturellement, elle réagit en ayant de plus en plus confiance en lui. Et quand elle est en confiance elle devient plus disponible et réceptive à l'amour.

Quand la femme est disponible et réceptive pour son homme, il apprécie sa confiance. Avoir confiance en un homme, c'est croire qu'il fait de son mieux et qu'il veut ce qu'il y a de mieux pour sa partenaire. Quand la réaction d'une femme indique une croyance positive en la capacité et les intentions de son homme, son premier besoin primaire à lui est satisfait. Et, automatiquement, il se montre plus attentif à ses sentiments et à ses besoins à elle.

2 - ELLE A BESOIN DE COMPRÉHENSION ET LUI D'ACCEPTATION

Quand un homme sait écouter une femme, sans porter jugement mais en démontrant une empathie et une reconnaissance des émotions qu'elle exprime, elle se sent écoutée et comprise. Une attitude compréhensive ne présume pas connaître à l'avance les sentiments d'une personne, elle dispose plutôt à tirer une signification de ce qui est entendu, et tend à valider les sentiments que cette personne exprime. Plus les besoins d'être entendue et comprise d'une femme sont comblés, plus il devient facile pour elle de donner à son homme l'acceptation dont il a besoin.

Quand une femme accueille son homme amoureusement, sans essayer de le changer, il se sent accepté. Loin de représenter un rejet, une attitude réceptive affirme que l'intervention de l'autre personne est bienvenue. Cela ne veut pas dire que la femme pense que son homme est parfait, mais indique qu'elle ne tente pas de le changer, croyant plutôt qu'il serait capable d'effectuer lui-même les changements qui pourraient s'imposer. Une fois qu'un homme se sent accepté il devient beaucoup plus facile pour lui d'écouter sa femme s'exprimer, puis de lui offrir la compréhension dont elle a besoin et qu'elle mérite.

3 - ELLE A BESOIN DE RESPECT ET LUI D'APPRÉCIATION

Quand un homme agit avec une femme d'une manière qui reconnaît la priorité de ses droits, de ses désirs et de ses besoins, ellle se sent respectée. Quand la conduite du monsieur tient compte des pensées et des sentiments de la femme, il est certain qu'elle se sentira respectée. Des expressions concrètes de respect, comme offrir des fleurs ou se souvenir d'un anniversaire, sont essentielles pour satisfaire le troisième besoin primaire d'amour d'une femme. Quand elle sent qu'il la respecte, il est bien plus facile pour elle d'offrir à son homme l'appréciation qu'il mérite.

4 - ELLE A BESOIN DE DÉVOTION ET LUI D'ADMIRATION

Quand un homme accorde la priorité voulue aux besoins d'une femme et s'engage fièrement à la satisfaire, elle sent son quatrième besoin primaire d'amour comblé. La femme est épanouie quand elle se sent idolâtrée et qu'elle jouit d'un traitement particulier. Et c'est en donnant plus d'importance aux désirs de sa compagne qu'à ses autres intérêts à lui, comme son travail, ses études ou ses loisirs, que l'homme peut satisfaire ce type de besoin d'amour. Quand une femme sent qu'elle est le «numéro un» dans la vie de son homme, elle peut très facilement l'admirer.

Tout comme la femme a besoin de la dévotion d'un homme, l'homme a comme besoin primaire l'admiration féminine. Admirer un homme, c'est le considérer avec étonnement, avec ravissement et avec une satisfaction appréciative. Un homme se sent admiré quand sa compagne est ravie par ses qualités et son talent, comme son humour, sa force, sa persistance, son intégrité, son honnêteté, son romantisme, sa gentillesse, son amour, sa compréhension et ses autres vertus dites traditionnelles. Quand un homme se sait bien admiré, il se sent suffisamment en sécurité pour se vouer corps et âme à sa femme et pour l'adorer.

5 - ELLE A BESOIN DE FAIRE VALIDER SES SENTIMENTS ET LUI D'APPROBATION

Quand un homme ne s'objecte pas, qu'il ne conteste pas les émotions et les besoins de sa femme, mais qu'il accepte et confirme plutôt leur validité, elle se sent vraiment aimée, parce que son cinquième besoin primaire est satisfait. La validation d'un homme vient confirmer le droit pour une femme d'avoir les sentiments qu'elle a. Il est important de comprendre qu'il est possible de valider les sentiments d'une autre personne sans nécessairement les partager avec elle. Quand un homme sait comment faire savoir à la femme qu'il respecte la validité de ses sentiments, il peut être assuré de recevoir l'approbation dont il a primairement besoin.

Au fond de lui-même, tout homme rêve d'être le héros ou le prince charmant de la femme qu'il aime. Quand il perçoit d'elle le moindre signal signifiant qu'il a franchi l'examen avec succès, il sait qu'il a l'approbation de sa compagne. L'attitude approbatrice d'une femme indique qu'elle reconnaît la bonté intrinsèque d'un homme, et qu'elle est en général satisfaite de lui. (Rappelez-vous qu'approuver un homme ne signifie pas toujours être d'accord avec lui.) Une attitude d'approbation reconnaît, ou dispose à découvrir des bons motifs derrière toutes les actions d'un homme. Et quand il reçoit l'approbation dont il a besoin, il est plus facile pour l'homme de valider les sentiments de sa femme.

6 - ELLE A BESOIN D'ASSURANCE ET LUI D'ENCOURAGEMENT

Quand un homme démontre de façon continue qu'il tient à sa femme, qu'il la comprend, qu'il la respecte, qu'il reconnaît la validité de ses sentiments et qu'il lui est dévoué, son besoin d'assurance à elle est comblé. Pour une femme, une attitude rassurante de la part de son partenaire confirme la permanence de son amour.

L'homme a trop souvent la présomption de croire qu'aussitôt qu'il aura satisfait les besoins primaires d'une femme, qu'elle se sentira heureuse et en sécurité, elle devra savoir une fois pour toutes qu'elle est aimée. Mais ce n'est pas le cas. Pour satisfaire le sixième besoin primaire d'amour de sa compagne, l'homme doit faire en sorte de lui rappeler, encore et encore, qu'il l'aime.

....
L'homme a trop souvent la présomption de croire qu'aussitôt
qu'il aura satisfait les besoins primaires d'une femme,
qu'elle se sentira heureuse et en sécurité, elle devra savoir
une fois pour toutes qu'elle est aimée.
....

D'un autre côté, l'homme a le besoin primaire d'être encouragé par sa compagne. L'encouragement d'une femme donne de l'espoir et du courage à un homme, en démontrant de la confiance dans son caractère et ses capacités. Quand une femme montre à son partenaire qu'elle a confiance en lui, qu'elle l'accepte, qu'elle l'apprécie, qu'elle l'admire et qu'elle l'approuve, elle l'encourage à fonctionner au maximum de ses capacités. Et c'est en se sentant encouragé que l'homme peut le mieux offrir à sa femme l'assurance dont elle a besoin.

La satisfaction de ses six besoins primaires fait ressortir le meilleur d'un homme. Mais quand la femme, ne sachant pas ce dont il a vraiment besoin, donne à l'homme son attention amoureuse par opposition à sa confiance amoureuse, elle peut involontairement se retrouver en train de saboter leur relation. L'histoire suivante en est un exemple.

LE PRINCE CHARMANT

En tout homme se cache un héros ou un prince charmant. Plus que tout au monde il désire servir et protéger la femme qu'il aime. Quand il sent qu'on a confiance en lui, il est capable de puiser dans cette noblesse qui l'habite. Il devient plus attentif. Au contraire, quand il ne sent pas qu'on a confiance en lui, il perd de sa vivacité et de son énergie, et après quelque temps il peut cesser d'être attentif.

Imaginez un prince charmant galopant à travers la campagne. Soudain, il entend les appels d'une femme en détresse. En un instant il s'allume. Au double galop il vole vers le château où la belle est prisonnière du dragon. Le noble prince tire son épée et tue le monstre. Et naturellement la belle lui témoigne sa reconnaissance à profusion.

Il est ensuite accueilli et porté en triomphe par la famille de la princesse et toute la population. On le consacre héros puis on l'invite à s'installer dans le village. Et, comme il se doit, la princesse et lui deviennent amoureux.

Un mois plus tard, le beau prince part en excursion. Sur le chemin du retour, il entend à nouveau sa princesse crier. Un autre dragon a attaqué le château. Précipitamment il s'approche et tire son épée pour tuer ce deuxième monstre.

Cependant, avant qu'il ne frappe, sa belle lui crie du haut de la tour: «Arrête! N'utilise pas ton épée. Prends plutôt le nœud coulant, ça ira mieux.»

Elle lui lance un câble noué et criant ses directives pour qu'il l'utilise correctement. Il parvient à encercler le cou du dragon et à tirer très fort. La bête meurt et tout le monde se réjouit.

Au cours du banquet de célébration qu'on lui a organisé, le prince a l'impression qu'il n'a en réalité rien fait d'important. Parce qu'il s'est servi du nœud coulant fourni par sa belle et non de son épée à lui, il ne se sent pas tout à fait digne du témoignage de confiance et d'admiration sans borne que lui rend la population. Après la cérémonie il se sent déprimé, et il a envie de se cacher.

Un mois plus tard, un autre voyage. Au moment où il ramasse son épée avant le départ, la princesse lui conseille la prudence et le prie de prendre aussi son nœud coulant. Encore une fois, au retour, il voit un dragon attaquant le château. Cette fois il s'élance avec son épée à la main mais s'arrête, hésitant. Devrait-il plutôt utiliser le nœud coulant? Pendant cet instant d'hésitation le dragon crache le feu et lui brûle le bras droit. Confus, il entend la princesse lui crier du haut de la tour: «Utilise le poison, le nœud ne marche pas!»

Elle lui jette le poison, il le verse dans la gueule du dragon et le tue. Tout le monde se réjouit et célèbre son courage, mais le prince se sent faible et honteux.

Un mois plus tard, il doit s'absenter à nouveau, et au moment de partir avec son épée la princesse lui rappelle qu'il doit être prévoyant et emporter aussi le nœud et le poison. Il est ennuyé par sa suggestion, mais il accepte quand même, «au cas où...».

Cette fois il entend l'appel d'une autre femme en détresse dans un autre village, et il accourt. Sa dépression ayant disparu, il est confiant et énergique. Mais en tirant son arme pour tuer le dragon il est à nouveau frappé d'hésitation. Doit-il utiliser son épée, le nœud ou le poison? Que dirait la princesse si elle était là?

Il reste un instant confus. Puis il se rappelle comment il se sentait avant de connaître la princesse, lorsqu'il avait son épée comme seule arme, et dans un élan de confiance il jette le nœud et le poison et charge le dragon avec son épée. Il tue le monstre et le village entier se réjouit une fois de plus.

Le prince charmant ne revint jamais vers sa princesse. Il demeura dans ce nouveau village où il vécut heureux. Il se maria éventuellement, après s'être assuré que sa nouvelle princesse ne connaissait rien des nœuds ou des poisons.

Le prince charmant qui se cache en tout homme est une image frappante, qui peut aider à se rappeler les besoins primaires de l'homme et à comprendre que, bien qu'il apprécie parfois l'attention et les petits soins, une surdose de ces bonnes choses peut miner sa confiance et le mener au désintéressement.

POUSSER INCONSCIEMMENT SON PARTENAIRE AU DÉSINTÉRESSEMENT

Sans une connaissance de ce qui est important pour l'autre sexe, les hommes et les femmes peuvent ne pas comprendre à quel point ils font souffrir leur partenaire. On constate que les deux sexes utilisent inconsciemment des manières de communiquer qui vont à l'encontre de leurs intentions et qui peuvent même pousser leur partenaire à se désintéresser d'eux.

La susceptibilité des hommes et des femmes est très facilement avivée quand leurs besoins primaires d'amour sont insatisfaits. En général, les femmes ne réalisent pas que leurs façons de communiquer heurtent l'ego de leur partenaire et frustrent souvent son besoin d'être supporté. La femme peut tenter de ménager la sensibilité de l'homme, mais parce que ses besoins primaires à lui sont différents des siens, elle est incapable d'anticiper ses désirs.

En apprenant à reconnaître les besoins primaires d'amour de l'homme, la femme peut devenir plus sensible et attentive à ses sources de mécontentement. Voici donc une liste des erreurs de communication les plus courantes que les femmes commettent en regard des besoins primaires de l'homme.

Erreurs qu'elle commet le plus souvent, elle... (a) Et ce qui fait qu'il ne se sent pas aimé, lui... (b)

1 - a) Elle essaie de lui faire changer son comportement ou de l'aider en lui donnant des conseils sans qu'il lui en ait demandé;

b) Et lui ne se sent pas aimé parce qu'elle n'a plus confiance en lui.

2 - a) Elle essaie de faire modifier son comportement ou de le contrôler, en lui faisant part de son déplaisir ou de ses émotions négatives;

(Il est correct de partager ses sentiments avec lui, à condition que ce ne soit pas pour le manipuler ou le punir.)

b) Et lui a l'impression de ne pas être aimé parce qu'il sent qu'elle ne l'accepte pas tel qu'il est.

157

3 - a) Elle ne reconnaît pas ce qu'il a fait pour elle, mais elle se plaint de ce qu'il n'a pas fait;

b) Et lui a l'impression qu'elle le tient pour acquis et qu'elle ne l'aime pas, parce qu'elle n'apprécie pas ce qu'il fait.

4 - a) Elle le corrige et lui dit quoi faire, comme s'il était un enfant;

b) Il ne se sent pas aimé parce qu'il ne se sent pas admiré.

5 - a) Elle exprime son bouleversement, mais indirectement, avec des questions comme «Comment peux-tu faire ça?»;

b) Il ne se sent pas aimé parce qu'il a l'impression qu'elle lui a retiré son approbation. Il sent qu'il n'est plus le «bon gars» à ses yeux.

6 - a) Elle le corrige ou le critique quand il prend des décisions ou des initiatives;

b) Il ne se sent pas aimé parce qu'il déplore qu'elle ne l'encourage pas à faire les choses par lui-même.

Tout comme les femmes font des erreurs quand elles ne comprennent pas les besoins primaires de l'homme, les hommes tombent aussi dans le même panneau. En général, ils ne s'aperçoivent pas que certaines de leurs façons de communiquer manquent de respect, ou n'apportent pas à leur partenaire le support dont elle a besoin. Et bien qu'un homme ait conscience que sa compagne est insatisfaite de lui, à moins qu'il comprenne pourquoi elle ne se sent pas aimée et de quoi elle a vraiment besoin, il sera incapable de changer d'approche.

C'est en connaissant les besoins primaires d'une femme que l'homme peut devenir plus sensible envers elle, et plus respectueux de ses besoins, évidemment. Voici donc une liste des erreurs de communication commises par les hommes par rapport aux besoins primaires émotionnels de la femme.

Erreurs qu'il commet le plus souvent, lui... (a)
Et ce qui fait qu'elle ne se sent pas aimée, elle... (b)

1 - a) Il ne l'écoute pas. Il est facilement distrait et ne lui pose aucune question pouvant démontrer qu'il s'intéresse à elle, ou même qu'il tient à elle.

b) Elle ne se sent pas aimée parce qu'il ne lui porte pas suffisamment d'attention, ou ne lui démontre pas suffisamment d'intérêt.

2 - a) Il prend ses paroles au pied de la lettre et la corrige. Il croit qu'elle réclame des solutions, alors il lui donne des conseils.

b) Elle ne se sent pas aimée parce qu'il ne la comprend pas.

3 - a) Il l'écoute puis il se fâche, ou bien il la tient responsable de l'avoir bouleversé, ou déprimé.

b) Elle ne se sent pas aimée parce qu'il ne respecte pas ses sentiments.

4 - a) Il dévalorise ses sentiments, lui faisant sentir que ses enfants ou son travail ont plus d'importance qu'elle.

b) Elle ne se sent pas aimée parce qu'il ne lui est pas entièrement voué, et qu'il ne la traite pas comme une personne spéciale.

5 - a) Quand elle est bouleversée, il argumente pour démontrer pourquoi il a raison, et pourquoi elle ne devrait pas être ainsi bouleversée.

b) Elle ne se sent pas aimée parce qu'il n'accepte pas la validité de ses sentiments, et qu'en la blâmant il la prive du support dont elle aurait besoin.

6 - a) Après l'avoir écouté il ne répond pas, ou s'en va.

b) Elle manque de sécurité parce qu'elle ne reçoit pas de lui l'assurance dont elle a besoin.

QUAND L'AMOUR EST UN ÉCHEC

L'amour est souvent un échec parce que les gens donnent instinctivement ce qu'ils aimeraient recevoir. Parce que la femme a comme besoin primaire de recevoir de l'attention, de la compréhension et ainsi de suite, elle a tendance à offrir la même chose à son partenair. Mais de ce genre de support l'homme tire souvent l'impression qu'elle n'a pas confiance en lui. Il a comme besoin primaire la confiance, et non l'attention.

Alors, quand elle voit qu'il ne réagit pas positivement à l'attention qu'elle lui donne, elle est incapable de comprendre pourquoi il n'apprécie pas le genre de support qu'elle lui offre. Lui, naturellement, donne son propre type de support en retour, ce qui ne correspond pas plus à ses besoins à elle. Alors ils sont pris dans un cercle vicieux où l'amour est impuissant à satisfaire les besoins des partenaires. Voilà une situation typique dans laquelle l'amour est un échec.

Beth se plaignait en disant: «Je ne peux pas continuer à donner sans recevoir en retour. Arthur n'apprécie pas ce que je lui donne. Je l'aime, mais lui ne m'aime pas.»

Par contre, pour sa part Arthur se plaignait ainsi: «Je ne fais rien d'assez bon pour elle. Je ne sais plus quoi faire. J'ai tout essayé et elle ne m'aime toujours pas. Moi je l'aime, mais ça ne marche absolument pas.»

Beth et Arthur étaient mariés depuis huit ans. Ils étaient tous deux sur le point d'abandonner parce qu'ils ne se sentaient pas aimés. Ironiquement, tous deux prétendaient donner plus qu'ils ne recevaient dans leur relation. Beth disait qu'elle donnait bien plus qu'Arthur, alors que lui avait l'impression que sa contribution était plus importante que celle de Beth. En réalité, ils donnaient beaucoup tous les deux, mais ils ne recevaient pas ce dont ils avaient réellement besoin en retour.

Ils s'aimaient beaucoup, en effet. Mais parce que ni l'un ni l'autre ne connaissait les besoins primaires de son partenaire, l'amour de l'un ne se rendait pas jusqu'à l'autre et vice versa. Beth donnait à Arthur ce dont elle avait besoin, et Arthur commettait la même erreur de son côté. Et graduellement ils se sont épuisés.

Beaucoup de couples abandonnent quand leur relation devient trop difficile. Il faut savoir qu'il est bien plus facile de maintenir une relation quand les deux partenaires comprennent les besoins primaires de l'autre. Sans donner plus mais en sachant donner exactement ce qu'il faut, on ne s'épuise pas. Cette compréhension des douze différentes formes de l'amour réussit enfin à expliquer pourquoi nos tentatives d'amour, même très sincères, se terminent parfois dans l'échec. Pour satisfaire votre partenaire, il vous faut donc apprendre à lui donner la forme d'amour qui correspond à ses besoins primaires.

APPRENDRE À ÉCOUTER SANS SE FÂCHER

Le meilleur moyen dont l'homme dispose pour satisfaire les besoins primaires de sa partenaire, c'est la communication. Comme nous l'avons déjà vu, la communication était particulièrement importante sur Vénus. En apprenant à écouter pour connaître les émotions de sa femme, l'homme peut effectivement la combler d'attention, de compréhension, de respect, de dévotion et d'assurance, tout en reconnaissant la validité de ses sentiments.

L'un des plus grands problèmes que rencontrent les hommes en écoutant les femmes exprimer leurs émotions, c'est qu'ils deviennent frustrés ou irrités parce qu'ils oublient la nature Vénusienne de la femme et la nature différente de ses techniques de communication. Le tableau suivant donne des moyens de se rappeler cette différence, et suggère des façons d'agir pour s'harmoniser avec elle.

COMMENT ÉCOUTER SANS SE FÂCHER

Ce qu'il faut se rappeler... (a)
Ce qu'on peut faire... (b)

1 - a) Se rappeler que la colère vient de l'incapacité à comprendre son point de vue, et que ce n'est jamais sa faute à elle.

b) Faire des efforts positifs pour comprendre. Ne pas la tenir responsable de son irritation. Essayer à nouveau de comprendre.

2 - a) Se rappeler que les émotions des autres ne nous paraissent pas toujours correctes au départ, mais qu'elles sont valides et qu'il faut démontrer de l'empathie pour arriver à les comprendre.

b) Respirez profondément. Ne dites rien. Détendez-vous et cessez d'essayer de dominer la situation. Tentez de vous mettre à sa place, d'imaginer le monde comme elle doit le voir, elle.

3 - a) Rappelez-vous que votre irritation vient de votre impuissance à savoir quoi faire pour corriger la situation. Même si elle ne se sent pas immédiatement mieux, votre écoute attentive et votre compréhension peuvent l'aider.

b) Ne la blâmez pas parce que vos solutions ne lui apportent aucun secours. Comment pourrait-elle se sentir mieux quand ce n'est pas de solutions dont elle a besoin. Retenez-vous d'offrir des solutions.

4 - a) Rappelez-vous qu'il n'est pas nécessaire d'être d'accord avec elle pour comprendre son point de vue, ou pour être apprécié comme auditeur.

b) Si vous désirez lui faire part d'un point de vue différent, assurez-vous qu'elle a fini de parler puis reprenez son point de vue avant de lui donner le vôtre. Et n'élevez jamais la voix.

5 - a) Rappelez-vous que vous n'avez même pas besoin de comprendre pleinement son point de vue pour réussir à l'écouter attentivement.

b) Faites-lui savoir que vous ne comprenez pas mais que vous vous efforcez de comprendre. Faites des efforts positifs pour comprendre et ne la jugez pas, ou n'en arrivez pas à la conclusion qu'elle est impossible à comprendre.

6 - a) Rappelez vous que vous n'êtes pas responsable de ses sentiments. Il peut vous sembler qu'elle est en train de vous blâmer, mais en réalité c'est sa façon d'essayer de se faire comprendre.

b) Éviter de vous défendre tant qu'elle n'est pas sûre que vous ayez compris, et qu'elle vous tienne à cœur. Ensuite seulement vous pourrez, mais très gentiment, essayer de vous expliquer ou de vous excuser.

7 - a) Rappelez-vous que si elle vous fâche vraiment, c'est probablement qu'elle manque de confiance en vous. Au fond d'elle-même elle n'est qu'une petite fille apeurée qui craint de se livrer à vous et de se faire blesser à nouveau. Et ce qu'elle recherche c'est votre compassion et votre gentillesse.

b) Ne mettez pas en doute ses sentiments et ses opinions. Proposez-lui d'en discuter plus tard, quand la tension émotionnelle aura diminué, et arrangez-vous pour trouver le temps de le faire. Utilisez la technique de la «lettre d'amour», telle que décrite au chapitre 11.

En s'efforçant de l'écouter exposer ses sentiments sans s'impatienter ou se fâcher, l'homme fait un merveilleux cadeau à sa partenaire. Il lui permet de s'exprimer en toute sécurité. Plus elle sera capable de s'exprimer, plus elle se sentira écoutée et comprise, et plus elle pourra donner avec amour à son homme la confiance, l'acceptation, l'admiration, l'approbation et l'encouragement dont il a besoin.

L'ART DE DONNER DU POUVOIR À UN HOMME

Tout comme l'homme a besoin d'apprendre l'art de l'écoute pour satisfaire les besoins primaires de sa partenaire, les femmes ont besoin d'apprendre l'art de donner du pouvoir à leur homme. Quand une femme sollicite le support d'un homme, elle lui donne le pouvoir d'être tout ce qu'il peut être de mieux. L'homme se sent puissant quand il sent qu'on a confiance en lui, qu'on l'accepte, qu'on l'apprécie, qu'on l'admire, qu'on l'approuve et qu'on l'encourage.

Comme dans notre histoire du prince charmant, beaucoup de femmes essaient d'aider leur homme en l'améliorant, mais en agissant ainsi, inconsciemment elles nuisent à ses efforts ou l'affaiblissent. Toute tentative pour le changer neutralise la confiance, l'acceptation, l'appréciation, l'admiration, l'approbation et l'encouragement qu'elles pourraient lui donner, et qui répondent à ses besoins primaires.

Pour donner du pouvoir à un homme, le secret est de ne jamais essayer de le changer ou de l'améliorer. Bien sûr que vous pouvez vouloir le voir changer, mais il ne faut pas mettre à exécution votre désir d'intervenir. Sachez qu'il est uniquement ouvert aux suggestions pour changer s'il les a lui-même spécifiquement sollicitées.

··
Pour donner du pouvoir à un homme, le secret est
de ne jamais essayer de le changer ou de l'améliorer.
··

DONNEZ DE LA CONFIANCE ET NON DES CONSEILS

C'est un geste d'amour que de donner des conseils sur Vénus. Mais sur Mars ça ne l'est pas. Les femmes doivent se rappeler que les Martiens ne donnent jamais de conseils à moins qu'on les leur ait demandés directement. On démontre à un autre Martien qu'on l'aime en ayant confiance qu'il pourra résoudre ses problèmes par lui-même, sans aide.

Cela ne veut pas dire que l'homme a le droit d'écraser les sentiments de la femme. Elle a droit de se sentir frustrée, ou même fâchée, tant qu'elle n'essaie pas de changer son homme. Toute tentative pour le faire est considérée comme nuisible et non bienvenue.

Quand une femme est amoureuse d'un homme, elle commence à essayer d'améliorer leur relation, et dans son enthousiasme l'homme lui-même peut devenir l'objet de ses désirs de changement. Elle entreprend alors un processus graduel menant vers sa réhabilitation.

POURQUOI L'HOMME RÉSISTE AU CHANGEMENT

Par une multitude de moyens, elle essaie de le transformer, de l'améliorer. Elle pense qu'elle le fait par amour mais lui se sent dominé, manipulé, rejeté et mal aimé. Il s'entête à la rejeter parce qu'il a l'impression que c'est elle qui le rejette. Pendant qu'une femme essaie de changer un homme, lui ne reçoit pas d'elle la confiance aimante et l'acceptation dont il aurait besoin pour s'épanouir et pour changer.

Quand je pose la question à une salle remplie de centaines d'hommes et de femmes, je constate qu'ils ont tous et toutes vécu cette même expérience et qu'ils en ont tiré la même conclusion, que plus la femme va tenter de changer l'homme, plus il va résister.

Le problème vient du fait que lorsque l'homme résiste à ses efforts pour le transformer, la femme interprète mal sa réaction. Elle croit qu'il ne veut pas changer, probablement parce qu'il ne l'aime pas assez. La réalité est qu'il résiste au changement parce qu'il ne se sent pas assez aimé. Quand un homme sent qu'on l'aime, qu'on a confiance en lui, qu'il est accepté, apprécié et ainsi de suite, il se met à changer et à s'améliorer spontanément

DEUX TYPES D'HOMME, UN SEUL COMPORTEMENT

Il y a deux types d'homme. Le premier deviendra incroyablement défensif et entêté lorsqu'une femme essaie de le transformer, alors que le deuxième acceptera de changer, mais plus tard il oubliera son comportement appris et reviendra à son comportement antérieur. Un homme résiste donc toujours, activement ou passivement.

Quand un homme ne se sent pas aimé tel qu'il est, il répétera consciemment ou inconsciemment le comportement qui n'est pas accepté. Une compulsion intérieure le pousse à répéter ce comportement jusqu'à ce qu'il finisse par se sentir aimé et accepté.

Pour qu'un homme accepte de se transformer, il doit se sentir aimé avec acceptation. Autrement il se défend et ne change pas. Il a besoin de se savoir accepté tel qu'il est, après quoi, par lui-même, il va chercher les moyens de changer.

L'HOMME NE VEUT PAS QU'ON L'AMÉLIORE

Comme l'homme essaie d'expliquer à la femme pourquoi elle ne devrait pas se sentir bouleversée, la femme tente d'expliquer à l'homme qu'il ne devrait pas se comporter comme il le fait. Tout comme les hommes essaient à tort d'«arranger» les femmes, ces dernières tentent aussi à tort d'«améliorer» les hommes.

Les hommes voient le monde à travers leurs yeux de Martiens. Ils ont comme principe de ne pas arranger ce qui n'est pas brisé. Quand une femme tente de faire changer un homme, elle lui transmet inconsciemment l'impression qu'il doit être comme un objet brisé. Cela le blesse et le rend très défensif. Et il ne se sent plus aimé ni accepté.

....

*La meilleure manière d'aider un homme à s'épanouir
est de ne pas tenter de le transformer par quelque moyen que ce soit*

....

L'homme a besoin d'être accepté, malgré ses imperfections. Il n'est pas facile d'accepter les défauts de quelqu'un, spécialement quand on voit comment il pourrait s'améliorer. Cela devient toutefois plus facile quand on comprend que la meilleure manière de l'aider à s'épanouir est de ne pas tenter de le transformer par quelque moyen que ce soit.

Le tableau suivant donne des façons, pour une femme, d'encourager un homme à s'épanouir et à s'améliorer, en n'essayant pas de le changer d'aucune façon.

COMMENT CESSER DE VOULOIR CHANGER UN HOMME

Ce qu'elle a besoin de se rappeler... (a)
Et ce qu'elle peut faire... (b)

1 - a) Rappelez-vous de ne pas lui poser trop de questions quand il est bouleversé, sinon il aura l'impression que vous tentez de le faire changer.

b) Oubliez qu'il est bouleversé, à moins qu'il ait envie de vous en parler. Montrez-lui un peu d'intérêt au début mais pas trop, pour sonder son désir de parler.

2 - a) Rappelez-vous d'abandonner vos efforts pour l'améliorer de quelque façon que ce soit. Il a besoin d'amour et non pas de rejet pour s'épanouir.

b) Faites-lui confiance pour qu'il change par lui-même. Partagez honnêtement vos sentiments avec lui, mais sans exiger qu'il change.

3 - a) Rappelez-vous qu'en lui donnant des conseils il aura l'impression que vous n'avez pas confiance en lui, que vous tentez de le dominer ou que vous le rejetez.

b) Exercez-vous à la patience et ayez confiance qu'il apprenne par lui-même ce qu'il a besoin d'apprendre. Attendez qu'il vous le demande avant de lui donner des conseils.

4 - a) Rappelez-vous que quand un homme devient entêté et qu'il résiste au changement c'est qu'il ne se sent pas aimé. Et il n'avouera pas ses erreurs de peur que vous ne vouliez plus l'aimer.

b) Montrez-lui qu'il n'a pas besoin d'être parfait pour mériter votre amour. Et soyez disposée à pardonner. (Consultez le chapitre 11.)

5 - a) Rappelez-vous que si vous faites des sacrifices pour lui en espérant qu'il fasse de même pour vous, il se pourrait qu'il réagisse à cette pression positive et accepte de se transformer.

b) Exercez-vous à faire vous-même ce qu'il faut pour être heureuse et à ne pas compter uniquement sur lui.

6 - a) Rappelez-vous que vous pouvez échanger des sentiments négatifs avec lui sans nécessairement essayer de le changer. Et que c'est quand il se sent accepté qu'il est le plus disponible et capable d'écouter.

b) Quand vous vous confiez à lui, dites-lui clairement que vous n'essayez pas de lui dire quoi faire, mais que vous voulez qu'il tienne compte de vos sentiments.

7 - a) Rappelez-vous que si vous lui donnez des conseils et prenez des décisions à sa place, il aura l'impression que vous voulez le corriger et le dominer.

b) Détendez-vous et cédez. Exercez-vous à accepter ses imperfections. Donnez plus d'importance à ses sentiments qu'à la perfection, et ne lui servez ni sermons ni corrections.

Au fur et à mesure que les hommes et les femmes apprendront à se supporter mutuellement en s'offrant ce qui répond le mieux à leurs besoins primaires respectifs, ils changeront et s'épanouiront spontanément. Maintenant, avec une plus grande conscience des six besoins primaires de votre partenaire, vous pouvez donner une nouvelle direction à votre support affectif et mieux répondre à ses besoins, et automatiquement vous rendrez votre relation de couple incroyablement plus harmonieuse et plus satisfaisante.

Chapitre 9

COMMENT ÉVITER LES DISPUTES

L'un des plus grands défis dans une relation affective est la conciliation des désaccords et des divergences d'opinion. Un désaccord dans le couple peut souvent tourner à l'argumentation, puis à la dispute, et dans certains cas à la querelle. Les partenaires passent soudainememt d'un langage aimant ou amical à l'insulte et à l'injure. Les insinuations, les plaintes, les exigences, les blâmes, les accusations et les ressentiments, tout y passe!

Dans ce genre d'argumentation, l'homme et la femme ne se font pas seulement mal à eux-mêmes, ils minent leur relation. Comme la communication est le plus important des éléments dans une relation de couple, les disputes peuvent en être le plus destructeur. Dans ce genre d'échange, plus les protagonistes sont proches l'un de l'autre, plus il leur est facile d'être blessés ou de blesser.

···

Comme la communication est le plus important des éléments dans une relation de couple, les disputes peuvent en être le plus destructeur.

···

Personnellement, à toutes fins utiles, je recommande toujours aux couples de ne jamais tenter de faire prévaloir leur point de vue. Deux individus peuvent plus facilement demeurer logiques et objectifs dans une discussion ou un débat s'il n'existe aucune relation de nature sexuelle entre eux. Mais lorsqu'il s'agit d'un couple, de deux partenaires émotivement et surtout sexuellement engagés l'un envers l'autre, ils sont beaucoup plus susceptibles d'être atteints personnellement.

La règle de base devrait toujours être de ne pas essayer d'imposer son point de vue, mais plutôt de discuter le pour et le contre de tout sujet. Négociez ce que vous désirez mais n'argumentez pas. Il est possible d'être franc et honnête, et même d'exprimer des sentiments négatifs, sans argumenter ou se disputer.

Certains couples sont toujours en bataille, et leur amour finit par s'éteindre. À l'autre extrême on trouve des couples qui refoulent leurs émotions pour éviter de se disputer, et ceux-là aussi finissent par perdre contact avec leurs sentiments amoureux à force de les réprimer. Dans le premier cas c'est la guerre ouverte, dans le deuxième c'est la guerre froide.

Il est toujours préférable pour un couple de viser l'équilibre entre ces deux extrêmes. En se souvenant de notre théorie voulant que les hommes et les femmes viennent de planètes différentes, et en travaillant à entretenir de bonnes communications, il est possible pour les deux partenaires d'éviter les disputes, sans réprimer leurs sentiments négatifs ni leurs idées ou désirs opposés.

CE QUI SE PASSE DANS UNE DISPUTE

Quand on ignore ou qu'on oublie que les hommes et les femmes sont différents, il est très facile de se retrouver au milieu d'une dispute qui va non seulement blesser notre partenaire, mais nous faire mal à nous-même. Il n'y a qu'une recette pour éviter les disputes: une communication respectueuse et aimante.

Ce ne sont pas tant nos différences ou nos désaccords qui font mal, mais la manière dont on les exprime. Idéalement, il n'est pas nécessaire qu'une discussion blesse qui que ce soit. Au contraire, cela peut être une simple conversation ouverte pour exprimer ses différences et ses désaccords (tous les couples ont inévitablement des divergences d'opinion et des désaccords à l'occasion). Dans le quotidien cependant, on remarque que la plupart des partenaires commencent à argumenter sur un sujet discordant puis se retrouvent, au bout de quelques minutes à peine, en train de se disputer au sujet de leur manière même d'argumenter.

Sans s'en rendre compte, ils commencent alors à se faire mal. Ce qui aurait pu n'être qu'une discussion franche menant à un accord de solution et à l'acceptation mutuelle de ses différences, dégénère en affrontement. Et chacun des belligérants refuse d'accepter le point de vue de l'autre, à cause de la manière dont il a été abordé.

Pour désamorcer une dispute, il faut être assez souple pour pouvoir harmoniser le point de vue de l'autre avec le sien. Et ce genre de souplesse peut seulement venir quand on se sent aimé et respecté. Si notre partenaire n'a pas une attitude aimante, notre amour-propre est blessé par l'acceptation de son point de vue.

Dans le quotidien la plupart des partenaires commencent à argumenter sur un sujet discordant puis se retrouvent, au bout de quelques minutes à peine, en train de se disputer au sujet de leur manière même d'argumenter.

Plus nous sommes intimes avec quelqu'un, plus il est difficile de l'entendre donner son point de vue sans réagir à ses émotions négatives. Nous adoptons une attitude défensive pour résister à ses arguments, et pour nous protéger contre toute désapprobation ou perte de respect de sa part. Et même si nous sommes d'accord avec son point de vue, nous pouvons quand même persister obstinément à argumenter avec elle ou lui.

POURQUOI LES ARGUMENTS BLESSENT

Ce n'est pas tellement ce qu'on dit qui fait mal, mais la manière de le dire. Couramment, quand un homme se sent mis au défi, il va se braquer sur l'idée d'avoir raison et oublier de demeurer aimant quand même. Automatiquement, sa capacité de communiquer d'une façon aimable, respectueuse et sur un ton rassurant, va diminuer. Il ne réalise pas à quel point il peut paraître indifférent et comment il peut blesser sa partenaire. Dans ces circonstances-là, pour une femme, un simple désaccord peut ressembler à une attaque, et une demande devient un ordre. Naturellement, elle va résister à une approche aussi insensible même si, en d'autres circonstances, elle serait bien disposée à recevoir la substance de ce qu'il dit.

L'homme blesse inconsciemment sa partenaire en lui parlant d'une manière inconsidérée, puis s'entête ensuite à lui expliquer pourquoi elle ne devrait pas s'en offusquer. Il croit qu'elle résiste au contenu de son propos, alors qu'elle est offensée par sa manière de livrer son point de vue. Parce qu'il ne comprend pas sa réaction, il se concentre davantage à expliquer le mérite de ce qu'il dit qu'à corriger sa manière de le dire.

Il n'a aucune idée qu'il est en train de provoquer une dispute. Il croit que c'est elle qui cherche noise. Il défend son point de vue pendant qu'elle se défend contre ses expressions acerbes à lui, qu'elle trouve blessantes.

Quand un homme ne fait pas de cas des sentiments meurtris de sa femme, il nie la validité de ces sentiments, augmentant sa souffrance. Et il n'est pas toujours capable de comprendre cette souffrance parce qu'il n'est pas aussi vulnérable à ce genre de commentaires et de ton blessants. En conséquence, il se peut qu'il ne soit même pas conscient du mal que ses propos causent à sa compagne ni, il va sans dire, de la résistance qu'ils soulèvent en elle.

De leur côté aussi, les femmes ne réalisent pas le mal qu'elles peuvent faire à leur homme dans une dispute. Contrairement à celui de son partenaire, le ton de la voix se fait automatiquement de plus en plus défiant et méprisant au fur et à mesure qu'elle se sent provoquée. Et cette forme de rejet fait encore plus mal à l'homme qui est impliqué dans une relation affective.

L'escalade verbale de la femme commence par l'expression de ses émotions négatives sur le comportement de son partenaire, puis évolue vers l'offrande de conseils gratuits. Quand la femme omet d'adoucir ses commentaires négatifs en y ajoutant des mots d'acceptation et de confiance à l'égard de son homme, celui-ci réagit négativement et elle demeure perplexe. Encore une fois elle n'est pas consciente du mal que son manque de confiance a pu causer .

Pour éviter l'affrontement il faut se rappeler que notre partenaire ne s'oppose pas tellement à ce qu'on peut lui dire, mais surtout à notre manière de le lui dire. S'il faut être deux pour argumenter, il suffit d'une personne pour arrêter le processus. Et le meilleur moyen de faire cesser cette confrontation c'est de la tuer dans l'œuf. Il faut s'efforcer de reconnaître les signes qu'une discussion va tourner à la dispute, cesser de parler et prendre un instant de repos. Il faut réfléchir sur la manière qu'on a employée pour aborder son partenaire. On doit essayer de réaliser qu'on n'est pas en train de lui servir ce dont il ou elle a besoin. Ensuite, après une pause, on reprend la conversation sur un ton plus aimant et respectueux. Ces courtes périodes de silence permettent de se calmer, de panser ses blessures et de reprendre possession de ses moyens, avant d'entreprendre la communication à nouveau.

QUATRE «F» POUR ÉVITER LES BLESSURES DANS UNE DISCUSSION

Il y a quatre attitudes de base qu'on peut adopter pour éviter d'être blessé au cours d'une discussion, et pour les retenir plus facilement nous les avons toutes associées à la lettre «F». Ce sont:

le FACE-À-FACE;

la FUITE;

la FEINTE;

le FORFAIT.

Chacune de ces attitudes comporte des bénéfices à court terme, mais avec le temps elles deviennent toutes nocives. Explorons-les davantage.

1 - Le FACE-À-FACE C'est un comportement nettement Martien. Quand la conversation perd tout caractère aimant et toute capacité de support, certains individus se mettent instinctivement à se battre. Ils passent immédiatement à l'offensive. Ils sont convaincus que «mieux vaut une attaque forte qu'une défense faible». Ils prennent les devants en critiquant, en blâmant, en jugeant et en tentant de faire mal paraître leur partenaire. Ils sont portés à élever la voix et à montrer beaucoup de colère. C'est leur façon de tenter de forcer leur partenaire à les aimer et à les supporter. Et quand l'autre recule ou cède, ils croient avoir gagné, mais en réalité ils ont perdu.

Dans une relation, l'intimidation affaiblit toujours la confiance.

C'est un fait que l'intimidation affaiblit toujours la confiance au sein d'une relation. Utiliser la méthode musclée pour tenter de faire en sorte que l'autre se sente coupable dans le but d'obtenir ce que l'on désire, mène inévitablement à la faillite du couple. En se disputant, les partenaires perdent graduellement leur capacité d'être francs et ouverts l'un envers l'autre. Les femmes cessent de parler pour se protéger, et les hommes se taisent et perdent peu à peu l'intérêt. Et le niveau d'intimité du début de leur union diminue graduellement.

172

2 - La FUITE C'est aussi un comportement martien. Pour éviter la confrontation, les Martiens peuvent se retirer dans leur caverne et ne jamais en ressortir. C'est comme la guerre froide. Ils refusent de parler et les problèmes ne trouvent jamais de solution. Cette attitude passive-agressive n'a rien à voir avec la méthode du retrait temporaire, pour mieux revenir parler et chercher des solutions dans une atmosphère d'amour.

Ces Martiens ont tellement peur de la confrontation qu'ils préfèrent se cacher et éviter de parler de tous sujets qui pourraient soulever la moindre controverse. Dans leurs rapports de couple, ils marchent sur des œufs. Les femmes se plaignent souvent de devoir tout traiter avec des gants blancs, et les hommes aussi. C'est une attitude tellement innée pour l'homme qu'il ne réalise même pas à quel point il s'en sert.

Au lieu de se chicaner, certains couples vont tout simplement cesser de parler de tout ce qui pourrait engendrer le moindre désaccord. Le moyen qu'ils emploient pour tenter d'obtenir ce qu'ils veulent de leur partenaire, c'est de supprimer toute expression d'amour. Ils n'offensent pas ouvertement comme les bagarreurs. Ils blessent plutôt en retirant l'amour dont le partenaire a besoin. Et quand on donne moins d'amour, on peut s'attendre à en recevoir moins en retour.

Les bénéfices à court terme de cette attitude sont la paix et l'harmonie. Mais si on ne discute jamais de ses différends et si on n'exprime jamais ses sentiments négatifs, le ressentiment risque de s'installer peu à peu. Éventuellement les partenaires perdent contact avec l'amour et la passion qui les ont réunis à l'origine. Et dans ce genre de situation, on les voit souvent faire des abus dans le boire, le manger ou dans d'autres palliatifs comme l'alcool ou la drogue, pour camoufler les sentiments douloureux qu'ils n'ont pu exprimer.

3 - La FEINTE Voilà un comportement dont les racines sont vénusiennes. Pour éviter d'être blessées dans une confrontation, les personnes prétendent tout simplement que le problème n'existe pas. Elles demeurent souriantes et agréables, et continuent à paraître pleinement satisfaites de tout ce qui se passe. Avec le temps cependant, ces femmes accumulent beaucoup de ressentiment. Elles ne font que donner à leur partenaire et reçoivent très peu de ce dont elles ont besoin en retour. Et leur ressentiment devient une entrave sérieuse à l'expression naturelle de leur amour.

Elles ont peur d'exprimer honnêtement leurs sentiments, alors elles persistent à laisser croire et à dire que «tout va bien!» ou «tout est parfait!» Les hommes utilisent aussi ces phrases mais pour dire autre chose, comme par exemple: «Tout va très bien parce que je m'en occupe tout seul!» ou «Ça va, parce que je sais quoi faire!» ou encore «Vous voyez, je contrôle la situation et je n'ai pas besoin d'aide!» Pour la femme, par contre, ces phrases peuvent être le signe qu'elle tente d'éviter une discussion ou un conflit.

En fait, pour éviter de faire des vagues, la femme peut se dire que tout va bien et finir par le croire, même s'il n'en est rien. Elle peut même aller jusqu'à ignorer ses propres sentiments et ses propres besoins pour éviter toute possibilité de conflit.

4 - Le FORFAIT C'est aussi un comportement typiquement vénusien. Au lieu d'argumenter, la personne déclare forfait, c'est-à-dire qu'elle capitule. Elle accepte le blâme et assume toute la responsabilité face à ce qui irrite son partenaire. Sur le coup, elle démontre ce qui semble être une attitude très aimante et un support moral exemplaire pour son partenaire, mais en bout de ligne elle ne peut qu'en sortir perdante.

Un homme est venu se plaindre de sa femme, en disant: «Je l'aime beaucoup. Elle me donne tout ce que je désire. Mon seul déplaisir, c'est qu'elle n'est pas heureuse.» Cette femme avait passé vingt ans à sacrifier ses propres besoins pour satisfaire son mari. Ils ne s'étaient jamais disputés sérieusement, et si on s'était informé à la dame de leur relation de couple, elle aurait probablement répondu: «Mais nous avons une relation parfaite, mon mari est très aimant. Le seul problème, c'est moi. Je suis déprimée et je ne comprends pas pourquoi.» C'était pourtant simple, elle était déprimée parce qu'elle s'était privée de satisfaction légitime pendant vingt ans pour être agréable à son mari.

Ce genre de personne ressent les moindres désirs de son partenaire et modifie ses actions et ses sentiments pour lui plaire. Cependant, elle en arrive toujours à développer un haut niveau de ressentiment devant cette fausse obligation de se sacrifier pour l'autre.

Le plus petit indice de rejet leur fait très mal, parce qu'elles souffrent déjà du rejet de leurs propres sentiments et désirs. Elles cherchent à éviter le rejet à tout prix et veulent être aimées par tout le monde. Et totalement absorbées par ce dilemme, elles s'oublient elles-mêmes.

POURQUOI NOUS NOUS DISPUTONS

Les hommes et les femmes argumentent régulièrement à propos de l'argent, du sexe, des décisions à prendre, du manque de temps, des valeurs de base, de l'éducation des enfants et des responsabilités domestiques. Toutefois, ces discussions et négociations deviennent trop souvent de pénibles disputes à cause d'une seule chose: on ne se sent pas aimé. La souffrance émotionnelle découle généralement de cette impression de manquer d'amour, et il est difficile pour une personne qui souffre émotionnellement de demeurer aimante.

Parce que les femmes ne ressentent pas la même influence martienne, elles ne comprennent pas d'instinct ce dont un homme a besoin pour faire face à un désaccord. Tout conflit dans les idées, les sentiments et les désirs représente un défi très ardu pour un homme. Plus il est proche d'une femme et plus il trouve difficile de faire face aux différends ou aux désaccords. Quand elle n'aime pas ce qu'il fait, il est personnellement touché et pense que c'est lui qu'elle n'aime pas.

Pour qu'il soit pleinement capable de faire face aux tensions entre sa partenaire et lui, l'homme doit sentir que ses besoins émotifs ont été satisfaits. Par contre, quand il se sent privé de l'amour dont il a besoin, c'est le côté sombre de son caractère qui prend le dessus et il devient défensif. Alors il brandit instinctivement son épée.

En apparence, il discute des sujets litigieux (l'argent, les responsabilités, etc.), mais en réalité c'est à cause de son manque d'amour qu'il est parti en guerre. Donc, dites-vous bien que lorsqu'un homme argumente au sujet de l'argent, du temps, des enfants et ainsi de suite, à l'intérieur de lui-même il est probablement poussé par l'une des raisons élaborées ci-après.

POURQUOI LES HOMMES ARGUMENTENT

La raison profonde pour laquelle il argumente... (a)
Ce dont il a besoin pour ne pas argumenter... (b)

1 - a) «Je déteste quand elle se fâche à propos de la plus petite chose que je fais ou ne fais pas. C'est que je me sens critiqué et rejeté.»

b) Il a besoin qu'elle l'accepte tel qu'il est, mais il a plutôt l'impression qu'elle essaie de le changer.

2 - a) «Je déteste qu'elle me dise comment faire les choses. Je ne sens pas qu'elle m'admire. J'ai plutôt l'impression qu'elle me traite comme un enfant.»

b) Il a besoin d'être admiré mais se sent déprécié.

3 - a) «Je déteste qu'elle me blâme parce qu'elle se sent malheureuse. Je ne me sens pas encouragé à devenir son prince charmant.»

b) Il a besoin d'encouragement mais a plutôt envie d'abandonner.

4 - a) «Je déteste quand elle se plaint d'avoir tant fait pour moi et d'être si peu appréciée. Cela me fait sentir mal apprécié moi-même pour ce que j'ai fait pour elle.»

b) Il a besoin de se sentir apprécié, mais il se sent plutôt blâmé, mal reconnu et impuissant.

5 - a) «Je n'aime pas qu'elle s'inquiète de tout ce qui pourrait arriver. Elle n'a pas assez confiance en moi.»

b) Il a besoin qu'elle lui exprime sa confiance et son appréciation pour la sécurité qu'il lui procure, mais il se sent plutôt responsable de son anxiété à elle.

6 - a) «Je n'aime pas qu'elle insiste pour que je parle et que j'agisse au moment où elle le désire. Je ne me sens ni accepté ni respecté.»

b) Il a besoin qu'elle l'accepte tel qu'il est, alors qu'il se sent plutôt dominé ou forcé de parler quand il n'a rien à dire. Il a l'impression de ne jamais pouvoir la satisfaire.

7 - a) «Je n'aime pas qu'elle s'offusque de ce que je dis. Je sens qu'elle manque de confiance en moi, qu'elle ne me comprend pas et qu'elle me rejette.»

b) Il a besoin qu'elle l'accepte et qu'elle ait confiance en lui, alors qu'il sent plutôt qu'elle ne lui pardonne rien et qu'elle le rejette.

8 - a) «Je déteste qu'elle croie que je puisse lire dans ses pensées alors que j'en suis totalement incapable. Cela me fait sentir impuissant et inadéquat.»

b) Il a besoin de son approbation et de son acceptation, alors qu'elle lui fait ressentir qu'il a échoué.

La satisfaction des besoins émotionnels primaires de l'homme diminuera sa tendance à utiliser des arguments blessants, et il deviendra automatiquement capable d'écouter et de parler avec beaucoup plus de respect, de compréhension et de tendresse. Ainsi les différends personnels, les arguments contradictoires et les sentiments négatifs trouveront tous leur solution à travers la conversation, la négociation et le compromis, sans qu'on doive jamais en arriver à l'escalade ou aux arguments blessants.

Les femmes aussi formulent parfois des arguments blessants, mais pour des raisons différentes. En apparence, elles peuvent discuter de finances, de responsabilités et ainsi de suite, mais au fond d'elles-mêmes elles s'opposent à leur partenaire pour l'une des raisons suivantes.

POURQUOI LES FEMMES ARGUMENTENT

La raison profonde pour laquelle elle argumente... (a)
Ce dont elle a besoin pour ne pas argumenter... (b)

1 - a) «Je déteste quand il minimise l'importance de mes sentiments ou de mes demandes, je me sens rejetée et insignifiante.»

b) Elle a besoin de se sentir appuyée et appréciée, alors qu'elle se sent jugée et ignorée.

177

2 - a) «Je déteste quand il oublie de faire ce que je lui ai demandé, puisque je dois le harceler, j'ai alors l'impression de quémander son support.»

b) Elle a besoin qu'il la respecte et s'occupe d'elle, alors qu'elle a senti qu'il la néglige en la reléguant à la toute fin de sa liste de priorités.

3 - a) «Je n'aime pas qu'il me blâme parce que je suis bouleversée. J'ai l'impression qu'il me faudrait être parfaite pour qu'il m'aime, et je ne suis pas parfaite du tout.»

b) Elle aurait besoin qu'il comprenne pourquoi elle est bouleversée et qu'il la rassure en lui disant qu'il l'aime toujours sans qu'elle n'ait besoin d'être parfaite. Mais elle se sent plutôt face à l'insécurité en étant elle-même.

4 - a) «Je n'aime pas quand il élève la voix ou quand il se met à réciter d'innombrables raisons pour justifier son opinion. Cela fait que je me sens fautive, et que j'ai l'impression que mon opinion n'a aucune valeur pour lui.»

b) Elle a besoin de se sentir comprise et respectée, alors qu'elle a plutôt l'impression qu'il ne l'écoute pas, qu'il la bouscule, et qu'il l'écrase.

5 - a) «Je n'aime pas l'air condescendant qu'il me fait lorsque je le questionne sur les décisions qu'il nous faut prendre. Cela me fait sentir que je suis un un fardeau pour lui, que je lui fais perdre son temps.»

b) Elle aurait besoin de savoir qu'elle lui tient à cœur, et qu'il respecte ses sentiments et reconnaît son besoin d'information, alors qu'elle a plutôt l'impression qu'il ne la respecte pas et qu'il ne l'apprécie pas.

6 - a) «Je n'aime pas quand il ne répond pas à mes questions ou à mes commentaires, quand il fait comme si je n'existais pas.»

b) Elle a besoin de se sentir rassurée qu'il écoute bien et qu'il est intéressé, alors qu'elle se sent ignorée et jugée.

7 - a) «Je n'aime pas quand il m'explique pourquoi je ne devrais pas me sentir offensée, inquiète, fâchée ou quoi que ce soit. Mes sentiments sont dévalorisés et je ne me sens pas supportée.»

b) Elle a besoin qu'il reconnaisse la validité de ses sentiments et qu'il la comprenne, mais elle a plutôt l'impression d'être abandonnée, mal aimée et étouffée par le ressentiment.

8 - a) «Je n'aime pas quand il voudrait que je sois plus détachée, plus indifférente. Il me fait sentir que c'est une faiblesse ou une erreur d'avoir des sentiments.»

b) Elle aurait besoin de se sentir respectée et chérie quand elle lui confie ses sentiments, alors qu'il lui fait plutôt ressentir un manque de sécurité et de protection.

Bien que tous ces sentiments pénibles et ces besoins soient valides, ils ne sont généralement pas traités ou communiqués directement mais refoulés, en attendant d'exploser lors d'une dispute. Dans les rares occasions où ils sont exprimés, c'est habituellement sous forme d'expressions faciales ou corporelles ou par le ton de la voix.

Les hommes comme les femmes doivent comprendre et agir selon leur propre sensibilité, et surtout ne pas la nier. On peut parvenir à exprimer le véritable problème en essayant de communiquer par des moyens qui répondent aux besoins émotionnels de son partenaire. Les arguments exprimés de part et d'autre deviennent alors des expressions de support nécessaires à la négociation et à la résolution des désaccords et des différends entre partenaires.

L'ANALYSE D'UNE DISPUTE

Une discussion blessante a généralement des caractéristiques de base bien identifiables. Voyons si l'exemple suivant touche des cordes sensibles.

Ma femme et moi sommes allés nous promener et faire un pique-nique. Après avoir mangé tout semblait parfait, jusqu'à ce que je me mette à parler d'investissements que nous pourrions faire. Tout à coup elle s'est fâchée, croyant que je considérais sérieusement la possibilité d'investir une certaine part de nos économies dans des actions risquées. Quant à moi je ne faisais qu'en explorer la possibilité, mais elle croyait entendre que j'avais décidé de le faire, sans même lui demander son opinion. Elle n'en revenait pas que je puisse faire une telle chose. Moi, je n'en revenais pas qu'elle se fâche contre moi. Et nous nous sommes disputés.

Je croyais qu'elle n'aimait pas les investissements que j'avais choisis et j'en défendais la validité, mais mes arguments étaient influencés par la colère que je ressentais devant son attitude négative. Elle argumentait que ce genre de placement était trop risqué, mais elle était surtout bouleversée parce qu'elle croyait que je considérais ce genre d'investissement sans même tenir compte de son point de vue sur le sujet. Et elle était encore plus offusquée du fait que je ne respectais pas son droit de s'offusquer. Enfin je devins tellement irrité qu'elle décida de s'excuser d'avoir mal compris et manqué de confiance en moi, et nous avons fini par nous calmer tous les deux.

Plus tard, après la réconciliation, elle me fit cette remarque: «J'ai remarqué que, quand nous nous disputons, c'est toujours moi qui m'offusque de quelque chose en premier, qu'ensuite tu deviens bouleversé parce que je me suis offusquée, et qu'enfin c'est encore moi qui dois m'excuser de t'avoir bouleversé. J'ai l'impression que c'est illogique. Parfois j'aimerais bien que ce soit toi qui t'excuses de m'avoir offensée.»

J'ai immédiatement vu la clarté de son raisonnement. J'ai compris combien il était en effet injuste d'exiger des excuses d'elle alors que c'est moi qui l'avais d'abord offensée. Et à partir de ce jour cette compréhension a transformé nos relations. En racontant cette anecdote durant mes séminaires, j'ai découvert que des milliers de femmes avaient déjà vécu une expérience semblable et pouvaient parfaitement s'identifier à ce que ma femme avait ressenti. C'était un autre scénario courant entre homme et femme. Étudions la situation de plus près.

1 - La femme se montre irritée à propos de quelque chose.

2 - L'homme tente de lui expliquer pourquoi elle ne devrait pas se sentir offusquée de cette affaire.

3 - Elle devient encore plus irritée parce qu'il ne reconnaît pas la validité de ses sentiments.

(En fait, elle est plus bouleversée par ce manque de recon-nais-sance que par ce qui l'avait agacée en premier.)

4 - La désapprobation de sa femme le fâche et, puisqu'il la tient responsable de l'avoir fait se fâcher, il exige d'elle des excuses avant toute réconciliation.

5 - Ou bien elle accepte de s'excuser sans comprendre ce qui s'est réellement passé. Ou bien elle devient encore plus bouleversée et leur argumentation devient une bataille en règle.

Je dois dire qu'avec une meilleure connaissance des caracté-ristiques d'une dispute je suis devenu en mesure de résoudre ce genre de problème de manière bien plus équitable. Me rappelant que les femmes ont une influence vénusienne je me suis exercé à ne plus blâmer la mienne lorsqu'elle se sentait offusquée. Plutôt, je me suis efforcé de comprendre comment j'avais pu l'offenser et de lui démontrer que je me préoccupais d'elle. Dorénavant, je savais que, même si elle avait pu mal comprendre mes sentiments, quand elle sentait que je l'avais blessée, je devais lui faire savoir que cela ne me laissait pas indifférent, et que j'en étais sincèrement navré.

J'ai d'abord appris à l'écouter quand elle était bouleversée, à faire un effort sérieux pour comprendre ce qui l'avait perturbée, puis à lui dire: «Je m'excuse si j'ai pu te faire de la peine en disant...» Les ré-sultats ne se sont pas fait attendre. À partir de ce jour-là, nous nous sommes de moins en moins disputés.

Je dois cependant admettre qu'il est parfois très difficile de s'excuser. Dans ces moments-là, je respire profondément, et je me tais. J'essaie de comprendre comment elle doit se sentir, et je cherche les raisons de son désarroi. Puis je lui dis: «Je regrette si je t'ai fait de la peine.» Bien que ce ne soit pas tout à fait des excuses, ça signifie «J'ai de la peine que tu sois bouleversée» et ça semble lui faire beaucoup de bien.

....

Les hommes n'aiment pas dire «Je m'excuse» parce que, pour un Martien, c'est comme admettre un tort et demander pardon.

....

Il est très difficile pour un homme de dire «Je m'excuse» à cause de son influence martienne, parce que cela équivaut à admettre qu'il a tort et à demander pardon. Par contre, quand la femme dit «Je m'excuse» c'est comme si elle disait «J'ai de la peine que tu sois bouleversé». On n'a pas du tout l'impression d'admettre avoir fait quoi que ce soit de mal. Les hommes qui lisent ceci et qui n'ont pas l'habitude de dire «Je m'excuse» doivent savoir qu'ils peuvent réaliser des merveilles en apprenant à utiliser cet aspect du langage vénusien. Ils sauront vite que ce sont ces deux petits mots qui peuvent le plus rapidement désamorcer une dispute.

Dans presque toute argumentation, l'escalade commence quand l'homme dévalorise les sentiments de la femme, et quand elle réagit en le désapprouvant à son tour. Ma femme a appris à exprimer ses sentiments plus directement, sans me montrer de désapprobation. Le nombre et la fréquence de nos disputes ont alors diminué, et le niveau d'amour et de compréhension entre nous a augmenté. Sans cette nouvelle compréhension, nous en serions probablement encore à recommencer sans cesse les mêmes disputes sans savoir pourquoi.

> *Dans presque toute argumentation, l'escalade commence*
> *quand l'homme dévalorise les sentiments de la femme,*
> *et quand elle réagit en le désapprouvant à son tour.*

Mais pour éviter ces confrontations douloureuses il est important de savoir comment les hommes dévalorisent inconsciemment les sentiments de la femme, et comment les femmes transmettent inconsciemment leur désapprobation à l'homme.

COMMENT LES HOMMES COMMENCENT DES DISPUTES SANS LE SAVOIR

Le plus souvent les hommes commencent une dispute en dévalorisant les sentiments ou les points de vue féminins. Mais ils ne réalisent pas à quel point ils produisent cet effet.

Par exemple, un homme peut mettre le feu aux poudres en disant: «Ah! T'en fais pas avec ça.» Ce qui pour un autre homme serait une phrase amicale est plutôt offensant et blessant pour une femme.

Autre exemple, un homme tente d'apaiser l'irritation d'une femme en disant: «Ce n'est pas si important que ça!» Puis il lui offre des solutions en pensant la rendre heureuse et reconnaissante. Il ne comprend pas que, devant cette attitude, elle se sent dévalorisée et délaissée. Elle est incapable d'apprécier ses conseils tant qu'il ne lui a pas signifié qu'il reconnaît la légitimité de son bouleversement.

L'exemple le plus courant c'est quand un homme fait quelque chose qui agace sa partenaire, et que d'instinct il tente de l'apaiser en lui disant pourquoi elle ne devrait pas se sentir offusquée. Pleinement confiant, il tente de lui démontrer qu'il avait une très bonne raison, parfaitement logique et rationnelle, d'agir comme il l'a fait. Il n'a aucune idée qu'en agissant ainsi, c'est comme s'il lui disait qu'elle n'a aucunement le droit de s'offusquer. Pendant qu'il lui sert ses explications, tout ce qu'elle perçoit c'est de l'indifférence envers ses sentiments à elle.

Pour qu'elle soit disposée à écouter ses raisons à lui, il faudrait d'abord qu'il l'écoute donner les raisons pour lesquelles elle est bouleversée. Il doit donc retenir ses explications et savoir écouter attentivement. Quand il commencera à se préoccuper de ses sentiments à elle, elle commencera à se sentir supportée moralement.

Ce changement d'attitude requiert un certain entraînement, mais il est réalisable. Habituellement, quand une femme exprime des sentiments de frustration, de déception ou d'inquiétude, réagissant avec toutes les fibres de son être, l'homme manifeste instinctivement une série d'explications et de justifications servant à nier tout besoin pour elle de s'offusquer. Jamais il ne voudrait envenimer les choses. Cette tendance à vouloir invalider les sentiments féminins n'est qu'une manifestation de son instinct de Martien.

Cependant, en parvenant à comprendre que cette réaction automatique ne peut être que néfaste, l'homme peut arriver à changer son comportement. À travers une conscientisation graduelle et une expérimentation de ce qui peut le mieux réussir auprès d'une femme en de telles circonstances, il est capable d'une telle transformation.

COMMENT LES FEMMES COMMENCENT DES DISPUTES SANS LE SAVOIR

La façon la plus courante pour la femme de commencer une dispute c'est en n'exprimant pas directement ses sentiments. Au lieu d'exprimer directement son désaccord ou sa déception par exemple, la femme va poser des questions de principe et sans le savoir (ou parfois même en le sachant), elle va communiquer à l'homme sa désapprobation. Même si ce n'est parfois pas le genre de message qu'elle aurait voulu transmettre, c'est généralement ce que l'homme va percevoir.

*La façon la plus courante pour la femme de commencer
une dispute c'est en n'exprimant pas directement ses sentiments.*

Par exemple, quand un homme rentre en retard, la femme aurait envie de lui dire: «Je n'aime pas devoir t'attendre quand tu rentres si tard» ou «J'avais peur qu'il te soit arrivé quelque chose.» Mais au lieu d'exprimer directement ses sentiments, elle va plutôt lui poser des questions de principe comme: «Comment peux-tu rentrer si tard?» ou «Qu'est-ce que je dois penser quand tu tardes ainsi?» ou encore «Pourquoi ne m'as-tu pas appelée?»

Bien sûr qu'il est acceptable de demander à un homme pourquoi il n'a pas appelé quand on a de bonnes raisons de le faire. Mais quand une femme est irritée, le ton de sa voix tend à indiquer qu'elle ne veut pas entendre une raison valable mais plutôt insinuer qu'il ne peut y avoir de raison acceptable pour ce retard.

Quand un homme s'entend dire «Comment peux-tu rentrer si tard?» ou «Pourquoi ne m'as-tu pas appelée?», il ne perçoit pas les sentiments d'inquiétude de sa femme mais ressent sa désapprobation. Il détecte un désir compulsif de tenter de l'aider à se responsabiliser. Il se sent attaqué et prépare ses défenses. Elle n'a aucune idée du mal qu'il ressent devant sa désapprobation.

Comme la femme a besoin que ses sentiments soient validés, l'homme a besoin d'être approuvé. Plus un homme aime une femme et plus il a besoin de son approbation. C'est un élément inévitablement présent au début de toute relation. Soit qu'elle lui fasse sentir qu'elle l'approuve, ou qu'il ait confiance en sa propre capacité de mériter l'approbation de sa partenaire. Dans les deux cas l'élément «approbation» est présent.

Même si la femme a été blessée par d'autres hommes ou son père dans le passé, elle va donner son approbation au début d'une nouvelle relation affective. Elle peut se dire par exemple: «C'est un homme tout à fait spécial, il n'est comme aucun autre homme que j'ai connu.»

L'homme est très douloureusement affecté par le retrait de l'approbation d'une femme. Les femmes ne sont généralement pas conscientes du fait qu'elles retirent leur approbation, et quand elles le font, elles sont habituellement convaincues d'avoir de bonnes raisons de le faire. La raison de cette insensibilité c'est que les femmes n'ont absolument pas conscience de l'importance de cette approbation pour les hommes.

Toutefois, une femme peut apprendre à concilier son désaccord du comportement d'un homme et son approbation de sa personne. En effet, pour qu'un homme se sente aimé de sa partenaire il faut qu'il puisse sentir qu'elle approuve qui il est, même si elle est en désaccord avec son comportement. Habituellement, quand une femme n'aime pas le comportement de son partenaire et qu'elle veut le voir changer, elle va lui signifier sa désapprobation. Il y a bien sûr des moments où elle la lui démontre plus, et d'autres où elle la lui manifeste moins, mais il ressent toujours très douloureusement toute forme de désapprobation.

La plupart des hommes sont gênés d'admettre ce grand besoin d'approbation. Ils vont même s'évertuer à démontrer qu'ils sont indifférents sur ce point. Mais pourquoi deviennent-ils si vite indifférents, distants et défensifs lorsqu'ils perdent l'approbation de leur partenaire? Parce que ça fait mal de ne pas recevoir ce dont on a besoin.

Si les relations de couples sont tellement fortes dans leur début, c'est souvent que l'homme se trouve encore dans les bonnes grâces de sa nouvelle partenaire. Il est encore son prince charmant. Tout ce qu'il fait reçoit l'approbation de sa belle, donc, il est transporté d'enthousiasme. Mais il est inévitable qu'il commence bientôt à la décevoir et que ces bonnes grâces lui soient peu à peu retirées. Il perd graduellement l'approbation de sa compagne et se retrouve tout à coup en disgrâce.

Un homme peut toujours comprendre le désappointement de sa femme, mais quand elle exprime sa désapprobation ou son rejet il est atteint au plus profond de lui-même. Il est courant pour la femme d'utiliser un ton désapprobateur en interrogeant l'homme sur son comportement. Elles le font pour lui faire la leçon, mais ça ne marche pas. Cela ne fait que créer de la crainte et du ressentiment, et il perd peu à peu son enthousiasme du début.

Donner son approbation à un homme c'est savoir déceler de bonnes raisons derrière ce qu'il fait. Même quand il se montre irresponsable, paresseux ou irrespectueux, si la femme l'aime elle arrivera quand même à trouver et à apprécier quelque chose de bon en lui. L'approbation consiste à découvrir des intentions aimantes et de la bonté derrière le comportement extérieur de son partenaire.

En traitant son homme comme s'il n'avait aucune bonne raison de faire ce qu'il fait, une femme lui retire automatiquement l'approbation qu'elle lui prodiguait si généreusement au début de leur relation. La femme doit apprendre qu'elle peut continuer à donner de l'approbation à son partenaire, même quand elle est en désaccord avec lui.

Voici une combinaison qui est à l'origine de bien des disputes.

1. L'homme sent que sa femme désapprouve son point de vue.

2. La femme désapprouve la manière dont l'homme lui parle.

QUAND IL A LE PLUS BESOIN DE L'APPROBATION DE LA FEMME

La plupart des disputes ne découlent pas uniquement d'un désaccord entre deux partenaires, mais d'une des deux raisons suivantes: ou bien l'homme ressent que sa femme désapprouve son point de vue, ou bien la femme désapprouve la manière dont il lui parle. Souvent elle le désapprouve, soit parce qu'il n'a pas reconnu la validité de son point de vue, ou parce qu'il n'a pas été suffisamment attentif à ses préoccupations en lui parlant. Quand les hommes et les femmes ont appris à approuver et à valider les sentiments de l'autre, ils n'ont plus besoin de se disputer. Ils sont capables de discuter et de négocier leurs différends.

Lorsqu'un homme a commis une erreur, qu'il a oublié de faire une commission ou d'assumer une quelconque responsabilité, la femme ne peut savoir à quel point il est hypersensible. C'est là qu'il a le plus besoin de l'amour de sa femme. Et lui retirer son approbation à ce moment-là, c'est lui faire profondément mal. Elle n'est pas consciente de l'ampleur de ce mal, évidemment. Elle peut croire qu'il est simplement déçu, mais c'est sa désapprobation qu'il ressent si fortement.

Les femmes communiquent souvent leur désapprobation sans s'en rendre compte, à travers leur regard ou le ton de leur voix. Ses mots peuvent être bien choisis et aimants, mais ses yeux et sa voix blessent néanmoins son partenaire. Sa réaction instinctive à lui est de susciter la culpabilité de sa partenaire. Il s'évertue alors à nier la validité de ses sentiments à elle, et à se justifier lui-même.

C'est lorsqu'il a fait une erreur ou qu'il a bouleversé la femme qu'il aime, que l'homme est le plus porté à argumenter.

En effet, c'est lorsqu'il a fait une erreur ou qu'il a bouleversé la femme qu'il aime, que l'homme est le plus porté à argumenter. S'il l'a déçue, il veut lui expliquer pourquoi elle ne devrait pas s'en offenser. Il pense que son raisonnement va l'aider à se sentir mieux. Ce qu'il ne sait pas cependant, c'est que lorsqu'elle est bouleversée, elle a surtout besoin qu'on l'écoute et qu'on accepte la validité de ses sentiments.

COMMENT EXPRIMER SON DÉSACCORD SANS SE DISPUTER

Si l'on n'a pas eu de modèle dans son enfance, ce peut être une tâche très difficile que de savoir exprimer un désaccord ou une différence d'opinion. Chez la plupart de nos parents, ou bien on n'argumentait jamais, ou bien, si on le faisait, cela dégénérait vite en dispute ouverte. Le tableau ci-après montre comment hommes et femmes engendrent inconsciemment des disputes, et suggère des alternatives plus saines.

Dans chaque type d'argumentation, je cite d'abord une question de principe que la femme peut poser, puis je montre comment l'homme peut interpréter cette question. Ensuite, je montre comment l'homme peut tenter de s'expliquer, et comment ce qu'il dit peut être interprété comme niant la validité des sentiments de la femme. Enfin, j'indique comment les hommes et les femmes peuvent s'exprimer de manière à maintenir leur support envers leur partenaire et éviter les disputes.

DES SCÉNARIOS D'ARGUMENTATION COURANTS

Chacun de ces scénarios est divisé en trois parties, dont chacune comporte deux éléments.

PREMIÈRE PARTIE:

a) les questions posées par la femme;

b) les messages qu'il entend, lui.

DEUXIÈME PARTIE:

c) les explications données par l'homme;

d) les messages qu'elle entend, elle.

TROISIÈME PARTIE:

e) comment elle peut atténuer sa désapprobation;

f) comment il peut mieux reconnaître la validité des sentiments de sa partenaire.

1 - QUAND L'HOMME RENTRE EN RETARD

a) Quand il rentre tard elle dit: «Comment peux-tu rentrer si tard?» ou «Pourquoi ne m'as-tu pas appelée?» ou encore «Que veux-tu que je pense quand tu tardes ainsi?»

b) Ce qu'il entend lui: «Tu n'as aucune bonne raison d'être en retard! Tu es un irresponsable! Moi, je ne serais jamais en retard, je suis meilleure que toi!»

c) En la voyant perturbée par son retard il commence à s'expliquer par des phrases comme: «La circulation était très intense sur le pont» ou «Parfois les choses n'arrivent pas comme on le voudrait» ou encore «Faudrait tout de même pas t'attendre à ce que je sois toujours à l'heure.»

d) Ce qu'elle entend elle, c'est: «Tu ne devrais pas être bouleversée, parce que j'ai de très bonnes raisons logiques d'être en retard. En tout cas, mon travail est plus important que toi, et tu es trop exigeante!»

e) Elle pourrait dire: «Sais-tu, je n'aime pas cela quand tu es en retard, j'en suis toute retournée! J'apprécierais tellement que tu m'appelles la prochaine fois que tu prévoiras être en retard.»

f) Lui pourrait dire: «Je m'excuse d'être en retard et de t'avoir in-quiétée.» Et il serait important qu'il sache surtout écouter sans trop offrir d'explications. Il doit tenter de comprendre et de re-connaître la validité de ce dont elle a besoin pour se sentir aimée.

1 - QUAND L'HOMME OUBLIE QUELQUE CHOSE

a) Quand il fait un oubli, elle lui dit quelque chose comme: «Com-ment peux-tu avoir oublié ça?» ou «Quand est-ce que tu vas te rappeler ce que je te dis?» ou encore «Comment veux-tu que j'aie confiance en toi?»

b) Le message qu'il entend: «Tu sais qu'il n'y a jamais de bonne raison pour oublier. Tu es stupide et tu ne mérites pas que j'aie confiance en toi. Et après tout ce que je donne dans cette rela-tion!»

c) En la voyant fâchée par son oubli, il tente de s'expliquer en di-sant: «J'étais très occupé et j'ai simplement oublié» ou «Ce sont des choses qui arrivent parfois, n'est-ce pas?» ou encore «Ce n'est pas si important que ça, et après tout ça ne veut pas dire que je ne m'occupe pas de toi.»

d) Ce qu'elle entend elle, c'est: «Tu ne devrais pas t'énerver avec des choses si peu importantes. Tu es trop exigeante et tu réagis trop émotivement. Essaie donc d'être plus réaliste, tu vis trop dans le monde de tes fantaisies.»

e) Bouleversée, elle pourrait simplement lui dire: «Ça m'inquiète quand tu oublies.» Autrement elle pourrait utiliser une approche toute différente mais bien efficace, en ne mentionnant pas du tout son oubli mais en refaisant gentiment sa demande originale, en lui disant par exemple: «J'apprécierais beaucoup que tu...» Et il aura vite compris qu'il a oublié.

f) Il peut lui avouer directement qu'il a oublié et lui demander: «Es-tu fâchée contre moi?» Ensuite il doit la laisser parler sans tenter de lui faire ressentir de la culpabilité parce qu'elle s'est fâchée. En parlant, elle s'apercevra peu à peu qu'il l'écoute et qu'il s'in-téresse à ce qu'elle dit, puis très vite elle appréciera son homme comme jamais.

3 - QUAND L'HOMME REVIENT DE SA CAVERNE

a) Au sortir de sa caverne, elle lui dit: «Comment peux-tu être aussi froid et indifférent?» ou «Est-ce que j'ai le choix de réagir comme je le fais?» ou encore «Comment veux-tu que je comprenne ce qui se passe en toi?»

b) Lui entend le message suivant: «Tu n'as aucune raison valable de t'éloigner de moi. Ce n'est que de la cruauté et un manque d'amour. Tu n'es pas l'homme qu'il me faut. Tu m'as fait tellement plus de mal que je n'ai jamais pu t'en faire moi.

c) En voyant sa femme perturbée lorsqu'il sort de sa caverne, il peut dire: «J'avais besoin d'être seul pendant un certain temps. Ça a été deux jours seulement, ce n'est pas si important que ça! Après tout, je ne t'ai rien fait de mal. Alors, pourquoi es-tu fâchée contre moi?»

d) Elle entend plutôt: «Tu ne devrais pas te sentir blessée ou abandonnée, et si c'est le cas, je trouve que tu n'as pas raison. Tu es trop dépendante et dominatrice à la fois. Je vais faire ce que je veux, et je m'en fous si ça te dérange.»

e) Si elle est vraiment offensée, elle pourrait par exemple dire: «Je sais que tu as besoin de rentrer en toi-même de temps en temps, mais sache que ton éloignement me fait toujours de la peine. Je ne dis pas que tu as tort, mais il serait important pour moi de savoir que tu comprends les sentiments que je ressens dans ces moments-là.»

f) Lui peut dire: «Je comprends que ça te fait de la peine quand je m'éloigne de toi émotionnellement, et cela doit être bien douloureux pour toi. Voudrais-tu qu'on en parle?» (On sait que c'est en se sachant écoutée qu'elle pourra plus facilement accepter son besoin à lui de rentrer en lui-même à l'occasion.)

4 - QUAND L'HOMME DÉÇOIT LA FEMME

a) Dans ce cas-là, elle dit généralement: «Comment as-tu pu faire ça?» ou «Pourquoi ne fais-tu pas ce que tu m'avais dit que tu ferais? ou bien «Tu m'avais pourtant promis de le faire?» ou encore «Vas-tu jamais apprendre à faire les choses comme il faut!»

b) Le message qu'il capte, lui, est plutôt: «Tu n'as aucune bonne raison pour me décevoir. Tu es un idiot. Tu ne peux rien faire de bien. Je ne pourrai jamais être heureuse avec toi si tu ne changes pas!»

c) Quand il voit qu'elle est désappointée il tente de s'expliquer en disant: «Voyons, la prochaine fois je ferai certainement ce qu'il faut!» ou «Ce n'est pas si grave que ça!» ou encore «Mais je ne savais pas ce que tu voulais dire.»

d) Par contre, ce qu'elle entend: «Si tu es fâchée, c'est ta faute! Tu devrais te montrer plus compréhensive et ne pas te fâcher pour un rien. De toute façon, je désapprouve ta manière d'agir.»

e) Quand elle se sent bouleversée elle devrait dire: «Je n'aime pas être déçue, je croyais que tu allais m'appeler. Ça va, mais j'aurais besoin que tu me dises comment tu te sens quand...»

f) Lui devrait dire: «Je réalise que je t'ai déçue et je suis prêt à en parler. Comment t'es-tu sentie, toi?» Encore là, il devrait écouter tout ce qu'elle a à dire, lui donner la chance de se faire entendre, et elle se sentira ensuite beaucoup mieux. Après quelques minutes, il pourrait ajouter: «Qu'est-ce je dois faire maintenant pour te démontrer que je te supporte?» ou «Comment est-ce que je peux te supporter à l'avenir?

5 - S'IL LA BLESSE EN NE RESPECTANT PAS SES SENTIMENTS

a) Dans de telles circonstances, elle peut dire: «Comment peux-tu dire ça?» ou «Comment peux-tu me traiter comme ça?» ou bien «Pourquoi est-ce que tu ne m'écoutes pas? ou encore «Est-ce que tu tiens encore à moi?» ou finalement «Est-ce que je te traite comme ça, moi?»

b) Dans son oreille à lui, le message sonne comme: «Tu es un pas bon et un profiteur! Je suis tellement plus aimante que toi. Je ne te pardonnerai jamais cela. Tu devrais être puni et éliminé. Tout est de ta faute!»

c) Quand elle s'offense davantage parce qu'il ne respecte pas ses sentiments, il tente de s'expliquer en disant: «Écoute, ce n'est pas ce que je voulais faire» ou «Voyons! je t'écoute souvent, qu'est-ce que tu penses que je fais en ce moment?» ou bien «Je ne t'ignore pas toujours!» ou encore «Non, je ne me moque pas de toi!»

d) Pour elle, ces phrases veulent dire: «Tu n'as pas le droit de te fâcher, c'est une réaction illogique. Tu es trop sensible, y'a sûrement quelque chose qui ne va pas en toi. Tu n'es qu'un fardeau pour moi.»

e) Elle pourrait dire: «Je t'en prie, change de ton, je n'apprécie pas comment tu me parles» ou «Tu es méchant et je n'aime pas ça, j'aurais besoin d'un moment de répit» ou «Ce n'est pas le genre de conversation que j'apprécie, si tu veux on va recommencer autrement» ou bien «Je ne mérite pas qu'on me traite comme ça, j'aimerais qu'on en reparle plus tard» ou encore «Voudrais-tu ne pas m'interrompre!» ou même «Voudrais-tu, s'il te plaît, écouter ce que je suis en train de te dire.» (Puisque l'homme réagit mieux à des affirmations courtes et directes, il faut surtout éviter de lui servir des questions ou des sermons.)

f) Il pourrait dire: «Je m'excuse, tu ne mérites certainement pas que je te traite comme ça.» Ensuite il pourrait prendre une respiration profonde et simplement écouter ce qu'elle a à lui dire. Puis en s'entendant dire «Tu ne m'écoutes jamais» il pourrait par exemple profiter de la première pause pour interjeter: «Tu as raison! Des fois, je n'écoute pas du tout. Je m'en excuse! Je réalise que tu ne mérites absolument pas un tel traitement. Si tu veux on va recommencer, et cette fois on va faire mieux.» Recommencer une discussion est une excellent moyen d'éviter qu'un échange s'envenime et risque de tourner à la dispute. Toutefois, si la femme ne désire pas recommencer, il ne faut pas lui en tenir rigueur ou la blâmer. Il faut se rappeler qu'en s'apercevant qu'on reconnaît son droit d'être offusquée ou fâchée elle deviendra capable de plus d'acceptation et d'appréciation.

6 - QUAND IL EST PRESSÉ ET QU'ELLE N'AIME PAS ÇA

a) Elle se plaint en disant: «Pourquoi est-on toujours si pressés?» ou «Pourquoi dois-tu toujours courir d'un endroit à l'autre?»

b) Lui entend plutôt le message suivant: «Tu n'as aucune bonne raison pour courir comme ça. Tu ne me rends jamais heureuse et rien ne pourra jamais te changer, tu es incompétent et il est clair que tu ne tiens pas à moi.»

c) Ses explications à lui: «C'est pas si mal que ça!» ou «Ça a toujours été comme ça» ou bien «Il n'y a rien qu'on puisse faire maintenant» ou encore «Ne t'inquiète pas trop, tu vas voir ça va aller!»

d) Pour elle le message est: «Tu n'as aucun droit de te plaindre. Tu devrais te contenter de ce que tu as et ne pas te montrer aussi insatisfaite et malheureuse. Il n'y a aucune raison de te plaindre, tu ne fais que déprimer tout le monde autour de toi.»

e) Quand elle est ainsi bouleversée, elle peut dire: «On a peut-être raison de se presser, mais je n'aime pas ça. J'ai l'impression qu'on court toujours» ou «J'aime ça quand on a du temps pour faire les choses, et je déteste quand on doit courir parfois. Ça m'horripile! Pourrais-tu planifier notre prochain voyage avec une quinzaine de minutes de jeu?»

f) Lui dit: «Je n'aime pas ça non plus, j'aimerais bien qu'on puisse ralentir. C'est de la folie!» Dans cet exemple, il se rallie à ses sentiments à elle. Même s'il a une tendance à aimer se presser, il choisit de la supporter dans sa frustration en lui montrant de la compréhension et de la sympathie pour ses sentiments.

7 - QUAND LA CONVERSATION DÉPRÉCIE SES SENTIMENTS À ELLE

a) Lorsqu'elle ne se sent pas supportée ou que ses sentiments sont invalidés dans une conversation, elle dit: «Pourquoi as-tu dit ça?» ou «Pourquoi dois-tu me parler sur ce ton-là?» ou bien «Ne ressens-tu pas le moindre intérêt pour ce que je te dis?» ou encore «Comment peux-tu dire ça?»

b) Il entend plutôt: «Tu n'as aucune raison valable pour me traiter ainsi, donc tu ne m'aimes sûrement pas. Je ne compte pas beaucoup pour toi. Je te donne tellement et tu ne me donnes rien en retour.»

c) Quand elle se fâche parce qu'elle se sent dépréciée, il essaie de lui expliquer: «Ce que tu dis n'a pas de sens.» ou «Mais ce n'est pas ce que j'ai dit!» ou encore «J'ai déjà entendu tout ça.»

d) Pour elle cela veut dire: «Tu n'as pas raison de te fâcher, tu es confuse et irrationnelle. C'est moi qui ai raison, et pas toi. Je suis supérieur à toi. C'est toi qui causes toutes ces disputes, et pas moi.»

e) Elle pourrait dire: «Je n'aime pas ce que tu dis, c'est comme si tu me jugeais et je ne le mérite pas. Je t'en prie, essaie de me comprendre» ou «La journée a été difficile. Je sais que tu n'es pas en faute et j'ai besoin que tu comprennes ce que je ressens. D'accord?» Ou elle peut simplement ignorer ce qu'il a dit et réclamer ce dont elle a besoin, en disant par exemple: «Je me sens bien malheureuse, voudrais-tu m'écouter un peu? Ça m'aiderait tellement à me sentir mieux.» (Après tout, l'homme a besoin de beaucoup d'encouragement pour accepter d'écouter.)

f) Il pourrait dire: «Je regrette que ce que je dis ne te plaise pas, dis-moi ce que tu penses que je doive dire.» En lui donnant la chance de lui resservir ce qu'il a dit, il a une nouvelle occasion de lui dire: «Je suis désolé, je comprends pourquoi tu n'es pas d'accord.» Ensuite il peut faire une pause et écouter en silence, en résistant à toute tentation de dire qu'elle n'a pas bien compris ce qu'il a dit. Une fois bouleversée, elle doit absolument exprimer ses sentiments avant que sa frustration ne puisse disparaître. Et pour que les explications de l'homme puissent aider il faudra d'abord que sa compagne ait retrouvé son calme après qu'il l'ait convaincue qu'il comprend ses émotions et qu'elle lui tient à cœur.

SAVOIR SUPPORTER L'AUTRE
DANS LES MOMENTS DIFFICILES

Toute relation de couple connaît des moments difficiles qui peuvent survenir pour différentes raisons, comme la perte d'un emploi, un décès, une maladie ou un simple manque de repos. Dans ces moments difficiles, ce qui importe le plus c'est d'essayer de communiquer en maintenant une attitude d'amour, d'approbation et de valorisation des sentiments. Il faut aussi accepter et comprendre que ni notre partenaire ni nous-même ne pouvons être parfaits en tout temps. Et en s'exerçant à communiquer harmonieusement pour régler de petits désagréments, on rend la tâche moins difficile lorsque les grands défis se présentent subitement dans le couple.

Dans chacun des exemples précédents on a vu une femme bouleversée à cause de quelque chose qu'avait dit ou fait, ou n'avait pas dit ou pas fait son partenaire. Il est certain que les hommes peuvent aussi être bouleversés par leur femme, et toutes les suggestions faites sont aussi valables pour les deux sexes. Si vous vivez une relation de couple, il pourrait être utile de demander à votre partenaire comment il ou elle réagit à ces différentes suggestions.

Profitez d'un moment d'harmonie dans le couple pour explorer les mots qui répondent le mieux aux attentes de votre partenaire, et pour lui communiquer les mots que vous aimez le mieux entendre. En fait, une couple de formules préarrangées et agréées pourront être bien utiles pour relâcher la tension au moment d'un conflit futur.

Rappelez-vous de plus que, pour aussi corrects que soient les mots que vous emploierez, c'est l'intention derrière ces mots qui va compter. Même si vous utilisiez les phrases exactes suggérées dans les exemples donnés plus haut, si à travers ces mots votre partenaire ne ressent pas votre amour, votre reconnaissance de ses sentiments et votre approbation, la tension va continuer à monter. Comme je l'ai déjà mentionné, le meilleur moyen d'éviter la dispute c'est souvent de savoir prévenir et, sentant la pression monter, de rester tranquille en attendant que la tempête passe. Prenez ce temps pour reprendre contrôle de vos moyens pour être capable de démontrer plus de compréhension, d'acceptation, de validation et d'approbation.

Effectuer certains des changements suggérés peut de prime abord paraître bizarre, ou ressembler à de la manipulation. Beaucoup de gens pensent que l'amour véritable oblige à toujours se montrer sous son vrai jour et dire ce que l'on pense. Cependant, cette approche directe – pour ne pas dire brutale – ne tient pas compte des sentiments de la personne à qui l'on s'adresse. Pourtant, il est possible d'exprimer ses sentiments directement et honnêtement, mais d'une manière qui n'offense pas et ne blesse pas. La pratique de certaines des suggestions données ci-haut constitue un excellent exercice pour apprendre à communiquer d'une manière plus aimante, avec une attitude démontrant beaucoup d'approbation et de valorisation des sentiments de votre partenaire. Après un certain temps, cela peut devenir un comportement automatique.

Si vous vous apercevez que votre partenaire tente d'appliquer les suggestions que vous venez de lire, rappelez-vous qu'il ou elle tente seulement de mieux vous démontrer son support dans la relation. Il est bien sûr qu'au début ses expressions peuvent manquer de naturel, ou même paraître manquer de sincérité. Dites-vous qu'il est impossible de transformer le conditionnement d'un vie dans une semaine, ou un mois. Faites bien attention de toujours montrer votre appréciation à chaque étape de la discussion, sinon il ou elle peut vite se décourager et abandonner tous ses efforts.

ÉVITER LES DISPUTES PAR UNE COMMUNICATION AIMANTE

On peut éviter les disputes et les querelles en comprenant les besoins de son partenaire et en se rappelant de les satisfaire. L'exemple suivant démontre comment, quand la femme exprime ses sentiments de façon directe et quand l'homme sait lui signifier qu'il reconnaît la validité de ces sentiments, la dispute peut être évitée.

Un jour nous partions en vacances, ma femme et moi. En quittant la maison en voiture pour enfin nous reposer des fatigues de la semaine, je m'attendais à ce que Bonnie soit heureuse de partir ainsi pour des vacances longtemps désirées. Mais soudain, elle poussa un grand soupir et déclara: «J'ai l'impression que ma vie est une lente et interminable torture.»

Estomaqué, je pris une grande respiration et je lui dis: «Je comprends ce que tu veux dire. Moi aussi, on dirait que la vie n'en finit plus de me tordre comme un vieux torchon.» Et je fis le geste de tordre un torchon dans mes mains, comme pour en extirper l'eau.

Bonnie acquiesça de la tête et, à mon étonnement, me fit un grand sourire et changea de sujet de conversation. Elle commença à me dire combien elle était excitée par l'idée de partir en voyage. Six ans auparavant, cela ne se serait jamais passé ainsi. Nous nous serions disputés et je l'aurais blâmée à tort de m'avoir bouleversé.

J'aurais été irrité de l'entendre dire que sa vie était une lente et interminable torture. Je m'en serais offensé et j'aurais pensé qu'elle m'en tenait responsable. J'aurais adopté une attitude défensive pour lui expliquer que notre vie n'était pas une torture, et qu'elle aurait dû être bien contente que nous partions ainsi pour de merveilleuses vacances. J'aurais agi ainsi parce que je ne comprenais pas et ne reconnaissais pas la validité de ses sentiments.

Cette fois-là, cependant, j'ai compris qu'elle ne faisait qu'exprimer un sentiment passager. Parce que je comprenais le processus, je n'ai pas eu besoin d'adopter une attitude défensive. À cause de mon commentaire sur le torchon elle a constaté que je comprenais ses sentiments, et que je reconnaissais pleinement leur validité. En retour, elle me donna la reconnaissance dont j'avais besoin, et je ressentis tout de suite son amour, son acceptation et son approbation. Parce que j'avais appris comment la rassurer sur la validité de ses sentiments, elle a été en mesure de recevoir l'amour dont elle avait besoin. Et nous ne nous sommes pas disputés.

Chapitre 10

COMMENT SE FAIRE ESTIMER PAR LE SEXE OPPOSÉ

L'homme pense jouir d'un grand crédit auprès d'une femme lorsqu'il fait quelque chose qu'il estime important pour elle, comme lui acheter une nouvelle voiture ou l'amener en vacances. Il croit mériter moins d'estime lorsqu'il fait quelque chose qui lui semble moins important, comme ouvrir la portière de l'auto, offrir une fleur ou donner une caresse. Selon ce système, il pense que c'est en concentrant son temps, son énergie et son attention à lui offrir des choses gigantesques qu'il pourra le mieux combler les besoins de sa bien-aimée. Toutefois, cette formule ne marche pas parce que la femme évalue différemment ses actions et ses attentions.

Dans le score apparaissant à son tableau, peu importe la dimension ou le prix du cadeau d'amour que la femme reçoit, cela compte pour un point. Tous les cadeaux sont d'une égale valeur. Le très petit comme le très gros ne valent qu'un point chacun. Pourtant, l'homme continue à penser qu'il peut compter un point pour une bagatelle, mais vingt, trente ou cinquante points pour un don de plus grande valeur. Et puisqu'il ne connaît pas le système de pointage de la femme, il concentre naturellement toutes ses énergies sur un ou deux cadeaux spectaculaires.

Dans le score au tableau de la femme, peu importe la dimension ou le prix du cadeau d'amour qu'elle reçoit, cela compte pour un point. Tous les cadeaux sont d'une égale valeur.

L'homme ne réalise pas que, pour une femme, les petites choses comptent tout autant que les grandes. En d'autres mots, pour une femme, une simple rose compte autant que le paiement du loyer à temps. Sans comprendre cette différence fondamentale dans la façon

de compter de l'autre, les hommes et les femmes sont continuellement frustrés et désappointés dans leurs relations de couple. Le cas
suivant en est l'illustration parfaite.

Au cours d'une séance de consultation, Pam me dit: «Je fais
tellement de choses pour Chuck mais il m'ignore. Il n'est
intéressé qu'à son travail.»

Chuck, lui, réplique: «Mais c'est mon travail qui me
permet de nous offrir une magnifique maison et des vacances
enchantées. Elle devrait en être heureuse.»

Reprenant la parole, Pam lui lance: «Mais je me fous de la
maison et des vacances, si nous ne nous aimons pas assez. J'ai
besoin que tu me donnes davantage de toi-même.»

Chuck reprend: «Tu as l'air de dire que toi, tu me donnes
tellement plus.»

Et Pam conclut en disant: «C'est vrai! Je suis toujours en
train de faire des choses pour toi. Je fais la lessive, les repas, le
ménage de la maison, tout! Toi, tu ne fais qu'une chose, tu vas
travailler, ce qui paye les factures, je le sais. Mais tu comptes
sur moi pour faire tout le reste!»

Chuck est un médecin qui gagne très bien sa vie. Comme la plupart des professionnels, son travail prend beaucoup de son temps
mais lui procure aussi beaucoup de revenus. Il n'arrivait pas à comprendre pourquoi sa femme Pam était si mécontente. Il rapportait
beaucoup d'argent et procurait une «bonne vie» à sa famille, mais en
rentrant à la maison il retrouvait toujours sa femme bien malheureuse.

Dans son esprit à lui, plus il faisait d'argent au travail et moins il
avait à faire à la maison pour satisfaire aux besoins de sa femme. Il
était convaincu que son revenu substantiel du mois devait inscrire au
moins trente points au tableau de pointage de sa femme. Et quand il a
ouvert sa nouvelle clinique et doublé ses revenus, il a présumé qu'il
comptait désormais au moins soixante points par mois. Il n'avait pas
la moindre idée que ses revenus mirobolants ne comptaient que pour
un seul point auprès de Pam, peu importe leur valeur pécuniaire.

Chuck comprenait encore moins qu'aux yeux de Pam, plus il rentrait d'argent et moins elle avait l'impression de recevoir. Sa nouvelle
clinique lui réclamant plus de temps et d'énergie, et pour compenser

elle se mit à faire encore davantage pour gérer leur vie privée et de couple. En donnant plus, elle en vint à penser que le score au tableau de leur relation devait compter environ soixante points pour elle contre un seul pour Chuck tous les mois, ce qui éveilla en elle du ressentiment et la rendit très malheureuse.

Pam sentait donc qu'elle donnait beaucoup et recevait très peu. Du point de vue de Chuck, maintenant qu'il avait augmenté sa contribution à soixante points il était normal que sa femme ait augmenté la sienne en proportion. Dans sa tête le score était égal. Il était pleinement satisfait de leur relation excepté sur un point, elle n'était pas heureuse. Il la blâmait d'en vouloir trop. Pour lui, son revenu plus substantiel était équivalent au surplus qu'elle contribuait au ménage. Et cette attitude ne faisait qu'augmenter l'irritation de Pam.

Après avoir écouté mon cours enregistré sur les relations de couple, Pam et Chuck sont devenus capables de cesser de se blâmer l'un l'autre, et de régler leur problème avec amour. Et un couple destiné au divorce venait d'être sauvé.

Chuck apprit que les plus petites choses qu'il faisait pour sa femme comptaient pour beaucoup. Il fut étonné de voir la vitesse avec laquelle les choses ont changé sitôt qu'il s'est mis à consacrer plus de temps et d'énergie à sa femme. Il commença à apprécier le fait que les petites choses comptaient tout autant que les grandes pour une femme, et il comprit pourquoi son travail ne valait qu'un seul point pour elle.

En réalité, Pam avait bien raison d'être malheureuse. Elle avait beaucoup plus besoin de l'énergie, des efforts et de l'attention personnelle de Chuck, que de l'opulence de leur train de vie. Chuck découvrit qu'en consacrant un peu moins d'énergie à faire de l'argent et un peu plus dams la bonne direction, il rendait sa femme beaucoup plus heureuse. Il reconnut qu'il avait fait l'erreur de travailler de plus longues heures en espérant la rendre plus heureuse. Une fois qu'il eut compris comment elle comptait les points, il pouvait revenir à la maison en toute confiance parce qu'il savait maintenant comment la rendre heureuse.

LES PETITES CHOSES FONT UNE GRANDE DIFFÉRENCE

Il y a une multitude de façons pour un homme de compter des points au tableau de sa partenaire sans devoir dépenser trop d'énergie. Il n'a qu'à rediriger l'énergie et l'attention qu'il lui donne déjà. Beaucoup d'homme savent déjà cela mais ne se préoccupent pas de le mettre en pratique parce qu'ils ne réalisent pas l'importance que ces petites choses ont pour une femme. Malheureusement, les hommes continuent à penser que les petites choses sont insignifiantes à côté des choses importantes qu'ils peuvent faire pour leur femme.

Certains hommes font toutes ces petites choses pour leur femme au début de leur relation, mais après deux ou trois fois ils cessent de les faire. Il semble qu'une force instinctive et mystérieuse les pousse à rechercher «la» grande chose qu'ils peuvent faire pour leur partenaire. Et ils négligent toutes ces petites attentions qui font qu'une femme se sent comblée dans la relation de couple. Pour satisfaire une femme, l'homme doit d'abord comprendre ce dont elle a réellement besoin pour se sentir aimée et supportée.

Sa manière de compter les points un à un n'est pas seulement un choix, mais un véritable besoin chez la femme. Elle a besoin d'une multitude de témoignages d'amour de la part de son partenaire avant de se sentir aimée. Un ou deux gestes d'amour par-ci, par-là, aussi énormes soient-ils, ne suffiront jamais à la satisfaire.

Cela peut être extrêmement difficile à comprendre pour un homme. Une façon de se l'imaginer, c'est de penser que le réservoir d'amour d'une femme est semblable au réservoir d'essence d'une voiture. Il a besoin d'être rempli encore et encore. De petits remplissages fréquents – comptant pour un point chacun – sont donc le secret pour maintenir le réservoir d'amour de la femme à plein presque tout le temps. Et une femme se sent aimée quand son réservoir d'amour est plein. Cela la rend capable d'accorder beaucoup plus d'amour, de confiance, d'acceptation, d'appréciation, d'admiration, d'approbation et d'encouragement à son homme. Mais il faut beaucoup de petites attentions pour maintenir le niveau de son réservoir à plein.

Voici une liste de 101 choses faciles qu'un homme peut faire pour combler le réservoir d'amour de sa femme.

101 MANIÈRES DE COMPTER DES POINTS AUPRÈS D'UNE FEMME

1 - En rentrant à la maison, trouver sa femme avant de faire quoi que ce soit, pour la caresser.

2 - Lui poser des questions spécifiques indiquant qu'il se souvient – et qu'il se préoccupe – de ce qu'elle fait et de ce qui lui arrive. Par exemple: «Comment a été ton rendez-vous chez le médecin aujourd'hui?»

3 - S'exercer à l'écouter et à lui poser des questions.

4 - Résister à la tentation de lui donner des conseils et plutôt lui démontrer de l'empathie.

5 - Lui donner vingt minutes d'attention exclusive et soutenue – sans lire le journal ou se laisser distraire par autre chose pendant ce temps.

6 - La surprendre avec des fleurs à l'occasion, et pas seulement à son anniversaire ou à la Saint-Valentin.

7 - Planifier une sortie plusieurs jours à l'avance, au lieu d'attendre le vendredi soir pour lui demander ce qu'elle aimerait faire.

8 - Si c'est elle qui prépare habituellement le dîner, ou si c'est à son tour de le faire et qu'elle est fatiguée, lui offrir de le faire à sa place.

9 - La complimenter pour son apparence.

10- Lui dire qu'il comprend ses sentiments quand elle est bouleversée.

11- Lui offrir de l'aide quand elle est fatiguée.

12- Prévoir plus de temps en voyageant afin qu'elle n'ait pas à se presser.

13- Lui téléphoner pour la prévenir qu'il sera en retard.

14- Quand elle demande du support, lui répondre clairement qu'il peut – ou qu'il ne peut pas – lui en donner, sans la rendre coupable d'avoir fait une telle demande.

15- Lorsqu'elle est moralement blessée, lui démontrer de l'empathie et lui dire: «Je suis désolé que tu te sentes blessée.» Garder ensuite le silence pour lui laisser le temps de réaliser qu'il comprend sa souffrance. Ne pas lui offrir de solutions ou se lancer dans des explications pour démontrer qu'il n'est pas responsable de sa condition.

16- Lorsqu'il sent le besoin de se retirer en lui-même dans sa caverne, (selon la théorie de ce livre), la prévenir de son besoin de temps pour réfléchir et de son retour prochain à la disponibilité amoureuse.

17- Lorsqu'il s'est calmé, au retour de sa caverne, parler avec elle de ce qui l'a tourmentée mais de manière respectueuse, libre de tout blâme, pour éviter qu'elle ne s'imagine le pire.

18- Offrir de faire un feu dans la cheminée, en hiver.

19- Quand elle lui parle, déposer le journal, la revue ou le livre qu'il a dans les mains, ou fermer la télévision, pour lui donner sa pleine et entière attention.

20- Si c'est habituellement elle qui lave la vaisselle, lui offrir de le faire de temps en temps, surtout quand elle est fatiguée.

21- Remarquer quand elle est perturbée ou fatiguée et s'informer de ce qu'elle a à faire, puis offrir de l'aider en la soulageant de quelques-unes de ses tâches.

22- Quand il sort, s'informer de tout service qu'il pourrait lui rendre, soit en allant au magasin ou ailleurs, et surtout ne pas oublier de le faire.

23- La prévenir quand il a envie de faire la sieste, ou de sortir.

24- Lui donner quatre caresses par jour.

······························
Donnez-lui quatre caresses
par jour!
··········

25- Lui téléphoner de son lieu de travail, pour lui demander comment elle va, pour lui faire part de quelque chose d'intéressant, ou simplement pour lui dire «Je t'aime!»

203

26- Lui dire «Je t'aime» au moins deux ou trois fois par jour.

27- Faire le lit et nettoyer la chambre à coucher.

28- Si c'est elle qui lave ses chaussettes, les retourner du bon côté pour lui éviter cette tâche désagréable.

29- Remarquer quand la poubelle est remplie et offrir de la vider, ou de la porter à la rue.

30- Quand il va à l'extérieur de la ville, l'appeler pour lui dire qu'il est arrivé en toute sécurité et pour lui laisser un numéro où le rejoindre en cas de besoin.

31- Laver l'auto.

32- Laver son auto à lui et en nettoyer l'intérieur avant de sortir avec elle.

33- Bien se laver avant toute relation sexuelle, et s'asperger d'eau de Cologne, selon ce qu'elle aime.

34- Prendre sa part quand quelque chose la dérange.

35- Offrir de lui donner un massage du cou, du dos, ou des pieds. Ou même les trois, pourquoi pas?

36- Se faire un devoir de lui montrer de l'affection de temps en temps, sans motivation purement sexuelle.

37- Être patient quand elle se confie à lui. Et surtout, ne pas regarder sa montre!

38- Ne pas «zapper» ou changer continuellement de canal quand elle regarde la télévision avec lui.

39- Toujours se montrer affectueux avec elle, même en public.

40- Ne jamais relâcher sa poigne en la tenant par la main.

41- Noter ses boissons favorites pour toujours lui offrir le choix de ce qu'elle préfère.

42- Suggérer différents restaurants pour vos sorties, pour ne pas lui laisser le fardeau du choix.

43- Se procurer des billets de saison pour le genre d'événements artistiques qu'elle préfère: le théâtre, les concerts, l'opéra, le ballet ou autre.

44- Provoquer des occasions où l'homme et la femme peuvent porter leurs plus beaux atours.

45- Montrer de la compréhension quand elle est en retard ou quand elle décide de changer de toilette.

46- Lui porter plus d'attention qu'aux autres en public.

47- Lui donner plus d'importance qu'aux enfants, et faire en sorte que ces derniers s'aperçoivent qu'il s'occupe d'elle en premier, et davantage.

48- Lui acheter des petits cadeaux, comme une boîte de chocolat ou du parfum.

49- Lui acheter un ensemble à son goût. Par exemple en apportant une photo d'elle et ses mensurations à la conseillère d'un magasin de vêtements féminins pour se faire aider.

50- Prendre sa photo en des occasions spéciales.

51- Profiter d'évasions amoureuses d'un soir, ou d'une fin de semaine.

52- Transporter une photo récente d'elle dans son portefeuille, et lui laisser savoir qu'il le fait.

53- Quand ils doivent coucher à l'hôtel, faire préparer la chambre avec une attention spéciale et un bouquet de fleurs, un panier de fruits ou une bouteille de champagne, par exemple.

54- Lui déclarer son amour dans une note personnelle, ou sur une affiche à la maison – ou même en public – le jour de son anniversaire de naissance ou de leur anniversaire de mariage, par exemple.

55- Lui offrir de conduire lors de longs déplacements.

56- Conduire lentement et prudemment, en respectant ses préférences. Après tout, elle est assise là à l'avant, juste à côté de vous, totalement impuissante à agir.

57- Remarquer son air et lui dire: «Tu as l'air heureuse aujourd'hui» ou «Tu as l'air fatiguée» puis lui poser une question comme: «Comment a été ta journée?»

58- En sortant avec elle, bien connaître le parcours pour qu'elle n'ait pas à agir comme copilote.

59- L'amener danser, ou suivre des leçons de danse ensemble.

60- La surprendre avec une note d'amour ou un petit poème.

61- La traiter comme il le faisait au début de leur union.

62- Offrir d'arranger quelque chose autour de la maison, mais en faisant bien attention de ne pas en entreprendre plus qu'il ne peut en accomplir.

63- Offrir d'aiguiser ses couteaux de cuisine.

64- Acheter de la supercolle pour réparer tout ce qui est brisé.

65- Offrir de remplacer les ampoules d'éclairage aussitôt qu'elles brûlent.

66- Aider au recyclage des déchets.

67- Lui lire à haute voix ou lui découper les articles de journaux qui pourraient l'intéresser.

68- Écrire bien lisiblement tout message téléphonique qu'il peut prendre pour elle.

69- Laisser le plancher de la salle de bains propre et sec après sa douche.

70- Lui ouvrir la porte.

71- Offrir de porter les sacs d'épicerie.

72- Offrir de transporter tous les objets lourds pour elle.

73- En voyage, s'occuper des bagages et de leur chargement dans l'auto.

74- Quand c'est elle qui lave la vaisselle, lui offrir de récurer les chaudrons et autres objets difficiles à nettoyer.

75- Préparer une liste de choses «à faire» et la laisser dans la cuisine pour qu'elle y ajoute ce qu'elle croit nécessaire, et s'en occuper quand il en a le temps pour ne jamais laisser la liste devenir trop longue.

76- La complimenter sur les repas qu'elle a préparés.

77- La regarder dans les yeux quand elle parle.

78- La toucher légèrement de la main de temps en temps en lui parlant.

79- S'intéresser à ce qu'elle fait chaque jour, aux livres qu'elle lit, et aux gens qu'elle voit.

80- En l'écoutant parler il doit la rassurer, lui indiquer qu'il l'écoute bien en émettant des mots ou des sons d'approbation comme: «Oui, oui!», «Ah!», «Bon!»,« Hum, hum!», etc.

81- Lui demander comment elle est.

82- Si elle a été malade ou indisposée de quelque façon, s'informer de sa santé.

83- Si elle est fatiguée, lui préparer un bon thé.

84- Se préparer et aller au lit en même temps le soir.

85- L'embrasser et lui dire «Au revoir!» en partant le matin.

86- Rire de son humour.

87- Lui dire «Merci!» bien clairement chaque fois qu'elle fait quelque chose pour lui.

88- Remarquer sa coiffure et la complimenter.

89 Provoquer les occasions d'être seul avec elle.

90- Ne pas répondre au téléphone dans leurs moments d'intimité, ou quand elle est en train de lui faire part de ses émotions.

91- Faire du cyclisme ensemble, ne serait-ce que pour de très courtes distances.

92- Organiser et préparer un pique-nique - et ne pas oublier la nappe et une couverture pour le sol.

93- Si c'est elle qui s'occupe des vêtements, lui offrir d'aller chez le nettoyeur ou de faire la lessive à sa place.

94- Faire une promenade ensemble sans les enfants.

95- Mettre les choses au clair entre eux. Lui faire comprendre qu'il est d'accord pour qu'elle obtienne ce dont elle a besoin, mais que lui aussi doit recevoir ce qu'il lui faut. Il faut avoir de la considération mais ne pas tout sacrifier.

96- Lui faire savoir qu'elle lui a manqué pendant qu'il était à l'extérieur.

97- Lui apporter son dessert préféré.

98- Si elle fait habituellement le marché, lui donner congé et aller à l'épicerie à sa place.

99- Manger légèrement lorsqu'en tête à tête, pour ne pas se sentir lourd et fatigué par la suite.

100 -Lui demander d'ajouter ses propres suggestions à cette liste.

101 -Rabaisser le couvercle du siège du cabinet d'aisance.

L'EFFET MAGIQUE DES PETITES CHOSES

C'est comme de la magie quand l'homme fait de petites choses pour sa femme. Il maintient son réservoir d'amour à plein et nivelle le score au tableau de pointage. Quand le score est égal, ou presque égal, la femme sait qu'elle est aimée, ce qui lui permet d'être en confiance et d'aimer en retour. Et quand une femme sait qu'elle est aimée, elle peut offrir son amour sans ressentiment.

Faire de petites choses pour une femme a aussi un pouvoir de guérison pour l'homme. En fait, ces petites attentions peuvent tout aussi bien guérir son ressentiment à lui que celui de sa partenaire. Parce qu'il arrive à la satisfaire par sa sollicitude, il recommence à se sentir puissant et efficace. Et les deux sont comblés et contents.

CE DONT L'HOMME A BESOIN

Autant l'homme doit continuer à faire de petites choses pour sa partenaire, autant elle doit particulièrement lui porter attention et apprécier les petites choses qu'il fait pour elle. Avec un sourire et un «Merci!» elle peut lui faire savoir qu'il a compté un point. L'homme a besoin de ce genre d'appréciation et d'encouragement pour continuer à donner. Il a besoin de se rendre compte que ses actions ont des conséquences. Les hommes cessent de donner lorsqu'ils se rendent compte qu'on les tient pour acquis. Il faut toujours que la femme lui fasse savoir qu'elle apprécie ce qu'il fait pour elle.

Cela ne veut pas dire qu'elle doive maintenant croire que tout est arrangé parce qu'il a accepté de sortir les poubelles. Mais elle peut simplement lui signaler qu'elle apprécie le fait qu'il ait sorti les poubelles, et lui dire «Merci!». Graduellement, le flot d'amour va croître entre les deux partenaires.

CE QUE LA FEMME DOIT ACCEPTER
POUR SATISFAIRE L'HOMME

La femme a besoin d'accepter que l'homme a instinctivement tendance à concentrer ses énergies sur une affaire importante et à minimiser les petites choses. En acceptant ce penchant naturel, elle en souffrira moins. Au lieu d'entretenir du ressentiment parce qu'il lui donne moins qu'il ne reçoit d'elle, elle peut joindre ses efforts constructifs à ceux de son partenaire pour résoudre le problème. Elle peut lui répéter souvent qu'elle apprécie les petites choses qu'il a faites pour elle, comme son travail acharné et attentif.

Elle peut se rappeler que ses petits oublis ne correspondent pas à un manque d'amour pour elle, mais sont causés par sa concentration exagérée sur les grandes choses. Au lieu de le confronter ou de le punir, elle peut l'encourager à participer davantage en lui demandant de la supporter. Avec plus d'appréciation et d'encouragement l'homme apprend graduellement à valoriser les petites choses autant que les grandes. Il va graduellement réduire son acharnement à vouloir réussir à tout prix et commencer à se détendre et à passer plus de temps en compagnie de sa femme et de sa famille.

REDIRIGER SON ÉNERGIE ET SON ATTENTION

Je me souviens du temps où j'ai appris à rediriger mon énergie vers les petites choses. Quand nous nous sommes mariés, Bonnie et moi, j'étais pratiquement un fou du travail. En plus d'écrire des livres et d'enseigner à mes séminaires, je faisais de la consultation professionnelle pendant cinquante heures par semaine. Dans la première année de notre mariage, elle me rappelait sans cesse qu'elle avait besoin que je passe plus de temps avec elle. Régulièrement, elle me faisait part qu'elle se sentait abandonnée et blessée.

Parfois, elle me transmettait ses émotions par écrit. C'est ce qu'on appelle une lettre d'amour. Cela se termine toujours par de l'amour et comprend des sentiments de colère, de tristesse, de peur et de peine. Nous explorerons plus en profondeur les formules et l'importance de ces lettres d'amour dans le chapitre 11. Voyons maintenant l'une des lettres d'amour qu'elle m'avait écrites pour se plaindre que je passais trop de temps au travail.

Cher John,

Je t'écris cette lettre pour te faire part de mes émotions. Je n'ai pas l'intention de te dire quoi faire, je veux simplement que tu comprennes mes sentiments.

Je souffre que tu restes si longtemps à l'ouvrage. Je suis déçue que tu rentres à la maison complètement vidé, et je voudrais passer plus de temps avec toi.

J'ai de la peine parce que j'ai l'impression que tu t'occupes plus de tes clients que de moi, et je suis triste que tu sois si fatigué. Tu me manques.

J'ai bien peur que tu ne veuilles plus passer de temps avec moi, et je crains de devenir un autre fardeau dans ta vie. Je ne voudrais pas que tu croies que je te harcèle, mais je pense que mes sentiments n'ont plus d'importance pour toi.

Je m'excuse s'il est douloureux pour toi de lire ces mots. Je sais que tu fais de ton mieux, et j'apprécie combien tu trimes dur.

Je t'aime, Bonnie

Après avoir pris connaissance de son sentiment d'être négligée, je réalisai qu'en effet je m'occupais plus de mes clients que d'elle. Je leur donnais toute l'exclusivité de mon attention, puis je rentrais à la maison épuisé et j'ignorais ma femme.

LORSQU'UN HOMME TRAVAILLE TROP

Je ne l'ignorais pas parce que je ne l'aimais pas, ni parce qu'elle ne me tenait pas à cœur, mais parce que je n'avais plus rien à donner. Je croyais naïvement que je faisais ce que je pouvais faire de mieux en travaillant très fort pour procurer un meilleur train de vie (plus d'argent à dépenser) à ma famille. Mais quand j'eus compris comment elle se sentait, j'ai vite tiré des plans pour éliminer ce problème de notre ménage.

Au lieu de recevoir huit clients par jour j'ai commencé à n'en recevoir que sept, et je prétendais que ma femme était la huitième. Je rentrais une heure plus tôt chaque soir. Je me faisais croire qu'elle était ma cliente la plus importante, et je me mis à lui accorder le genre d'attention dévouée et exclusive que je donnais à mes autres clients. En mettant le pied dans la maison je commençais à faire de petites choses pour elle, et le succès de mon plan ne se fit pas attendre. Non seulement elle devint immédiatement plus heureuse, mais moi aussi.

Au fur et à mesure que je me sentais aimé à cause de ce que je faisais pour supporter ma femme et ma famille, je sentais aussi ma compulsion du «succès à tout prix» diminuer. Je ralentis le rythme de mon travail et, à ma grande surprise, non seulement notre relation fut-elle régénérée mais je m'épanouis au travail, récoltant plus de succès sans devoir travailler aussi fort.

Je découvris que quand j'étais fier de moi à la maison cela se reflétait dans mon travail. Je compris que le succès dans le monde professionnel ne vient pas uniquement du travail, il dépend aussi de la capacité d'inspirer de la confiance aux autres. Quand je me sentais aimé par ma famille je n'étais pas seulement plus confiant moi-même, mais les autres avaient aussi plus confiance en moi et m'appréciaient davantage.

COMMENT LA FEMME PEUT AIDER

Le support de Bonnie a joué un rôle essentiel dans ma transformation. En plus de partager ses sentiments avec amour et honnêteté, elle devint très persistante, me rappelant constamment de faire certaines choses pour elle, et me montrant ensuite son appréciation quand je les accomplissais. Je réalisai petit à petit comme il était merveilleux de se faire aimer pour les petites choses qu'on a faites, et je perdis graduellement la notion qu'il fallait absolument faire de grandes choses pour être aimé. Ce fut toute une révélation!

QUAND LES FEMMES DONNENT DES POINTS

Les femmes ont la capacité spéciale d'apprécier tout autant les petites que les grandes choses qu'on fait pour elles, et c'est heureux pour l'homme. La plupart des hommes s'efforcent d'obtenir un niveau de succès de plus en plus élevé parce qu'ils croient que c'est ainsi qu'on mérite l'amour d'une femme. À l'intérieur d'eux-mêmes, ils ont une soif insatiable de l'amour et de l'admiration des autres. Ils ne savent pas que pour s'attirer cet amour et cette admiration, il n'est pas nécessaire d'atteindre des succès de niveau extrêmement élevé.

> *La plupart des hommes s'efforcent d'obtenir un niveau de succès de plus en plus élevé parce qu'ils croient que c'est ainsi qu'on mérite l'amour d'une femme.*

La femme a la capacité de guérir cette compulsion masculine en appréciant les petites choses que son partenaire fait pour elle. Mais il se peut qu'elle n'exprime pas cette appréciation si elle ne comprend pas à quel point c'est important pour l'homme. Elle peut même laisser son ressentiment prendre le dessus.

GUÉRIR LE VIRUS DU RESSENTIMENT

Les femmes ont la faculté d'apprécier les petites choses. Les seules exceptions à cette affirmation surviennent quand une femme ne réalise pas que l'homme a besoin de l'entendre exprimer son appréciation, ou que le score est inégal à son tableau de pointage. Quand une femme ne se sent pas aimée, ou se sent négligée, il lui est difficile d'apprécier automatiquement ce qu'un homme fait pour elle.

Elle a du ressentiment parce qu'elle a l'impression de lui avoir donné beaucoup plus qu'il ne lui rend en retour. Et ce ressentiment paralyse sa capacité naturelle d'apprécier les petites choses.

Avoir du ressentiment, comme avoir le virus de la grippe ou d'une autre maladie, ne crée pas une situation saine. Quand une femme est affectée par le ressentiment, elle est portée à ne pas reconnaître ce qu'un homme fait pour elle, parce que selon sa méthode personnelle de pointage elle a donné beaucoup plus qu'elle ne reçoit de lui.

Quand le compte est de quarante à dix en sa faveur, la femme peut commencer à avoir du ressentiment. Il se passe quelque chose en elle quand elle a l'impression d'avoir donné plus qu'elle ne reçoit. Inconsciemment, elle déduit les points de son partenaire des siens, et (dans l'exemple que nous considérons) elle conclut que le compte est de trente à zéro en sa faveur. Ce raisonnement peut être mathématiquement juste, mais il a des résultats néfastes dans ce cas.

En soustrayant les points de son partenaire des siens elle obtient un zéro, mais lui n'est pas nécessairement un zéro. Il n'a pas mérité zéro mais dix points. Pourtant, en rentrant à la maison, il perçoit une froideur dans le regard et dans le ton de voix de sa femme, qui lui fait bien sentir qu'il est un zéro. Elle renie ce qu'il a fait. Elle réagit comme s'il ne lui avait jamais rien donné malgré qu'il ait bien mérité dix points.

Si la femme réduit ainsi le mérite de son partenaire, c'est parce qu'elle ne se sent pas aimée. La disparité du score lui dit qu'elle n'a pas d'importance aux yeux de son homme. Et ne se sentant pas aimée, elle devient pratiquement incapable de reconnaître même les dix points qu'il a mérités. Ce n'est évidemment pas juste, mais c'est ce qui se passe.

Généralement, quand le couple est parvenu à ce point, l'homme ne se sentant pas apprécié commence à perdre sa motivation et à donner de moins en moins à sa compagne. Il a attrapé le virus du ressentiment. Pendant ce temps son ressentiment à elle augmente aussi, et la situation se détériore de plus en plus. Et son virus du ressentiment à lui finit par prendre le dessus.

CE QU'ELLE PEUT FAIRE

Pour résoudre ce problème, il faut regarder les deux côtés de la médaille avec compassion. Lui a besoin d'être apprécié, et elle a besoin de support, sinon leur mal ne fera qu'empirer.

Pour guérir son ressentiment, elle doit commencer par assumer sa responsabilité. Elle doit se reconnaître responsable d'avoir contribué à son problème, en donnant trop et en laissant le score devenir trop inégal entre son partenaire et elle. Elle a besoin de se soigner, comme si elle avait le virus de la grippe, en se reposant de trop donner. Elle a besoin de prendre soin d'elle-même, et de donner de la place à son homme pour qu'il s'occupe d'elle davantage.

Quand une femme est envahie par le ressentiment, elle ne donnera généralement pas la chance à son partenaire de lui offrir son support ou, s'il essaie de le faire, elle dévalorisera ce qu'il fait et lui donnera un autre zéro à son tableau de pointage. Elle refuse son support. En reconnaissant qu'elle a trop donné (sa responsabilité), elle peut cesser de blâmer son partenaire pour leur problème et effacer le tableau, pour recommencer à neuf. Elle peut lui donner une nouvelle chance et, grâce à la nouvelle compréhension qu'elle a acquise, améliorer la situation.

CE QUE L'HOMME PEUT FAIRE

L'homme cesse de supporter la femme lorsqu'il ne se sent pas apprécié. Pour faire face à ce genre de situation il peut se dire qu'il est difficile pour elle de l'apprécier et de lui donner des points lorsqu'elle est affectée par le virus du ressentiment.

Il peut atténuer son propre ressentiment en comprenant qu'elle a d'abord besoin de recevoir pendant un certain temps avant de pouvoir recommencer à donner d'elle-même. Et pendant qu'il pense ainsi, il peut continuer à la favoriser par de petits gestes d'amour et d'affection. Il ne devrait donc pas s'attendre à ce qu'elle lui démontre l'appréciation qu'il mérite et dont il a besoin avant un certain temps. Ce serait même positif pour lui de se reconnaître responsable de lui avoir communiqué le virus du ressentiment, en ne lui ayant pas prodigué les petites choses dont elle avait besoin.

Muni de cette nouvelle compréhension il sera capable de donner sans s'attendre à recevoir en retour en attendant qu'elle guérisse de son virus. Et la constatation de sa capacité à résoudre ce problème l'aidera aussi à atténuer son propre ressentiment. On peut donc dire que s'il continue à donner sans attendre en retour, et si elle abandonne son habitude de donner et accepte son support avec amour, ils retrouveront vite leur équilibre normal.

POURQUOI LES HOMMES DONNENT MOINS

Il est rare qu'un homme décide sciemment de prendre davantage et de donner moins. Pourtant les hommes ont la réputation de contribuer moins à leur relation de couple. Vous avez probablement vécu cette situation. Les femmes se plaignent couramment que leur partenaire commence par être très activement généreux, puis il devient graduellement passif. Les hommes trouvent aussi qu'ils sont inéquitablement traités, que les femmes sont d'abord très reconnaissantes et aimantes puis elles deviennent ensuite exigeantes et pleines de ressentiment. Ce mystère est vite élucidé lorsqu'on sait que les hommes et les femmes évaluent leur partenaire selon un différent système de pointage.

Voici cinq raisons majeures pour lesquelles l'homme cesse de faire sa juste part dans la relation de couple:

1 - L'équité est un idéal pour les Martiens L'homme concentre toutes ses énergies sur un projet au travail et croit avoir compté cinquante points. Puis il rentre à la maison et attend que sa femme compte elle aussi cinquante points. Il ne sait pas que, selon son système à elle, il n'a compté qu'un point. Il s'arrête donc de contribuer parce qu'il estime qu'il a déjà donné bien plus qu'il n'est tenu de le faire.

Dans son esprit, cette façon d'agir est la plus aimante et la plus équitable qui soit, parce qu'il donne la chance à sa femme de compter cinquante points pour égaliser le score. Il ne peut jamais s'imaginer que son surplus de travail au bureau ne lui a valu qu'un seul point. Son raisonnement sur l'équité ne pourra donc s'appliquer que lorsqu'il aura appris que la femme donne toujours un seul point par don d'amour qu'elle reçoit, quelle qu'en soit l'importance. Cette première connaissance a des applications pratiques, et pour l'homme et pour la femme. Voyons donc ce qu'elles sont.

215

Pour l'homme:

- Il faut se rappeler que les grandes choses comme les petites ne comptent que pour un seul point au tableau de pointage de la femme;
- Tous les dons d'amour, petits et grands, sont de valeur et de nécessité égales;
- Pour éviter de créer du ressentiment, il faut s'exercer à offrir ces petites choses qui font une grande différence;
- Pour qu'une femme soit satisfaite, il lui faut recevoir une abondance de petites attentions d'amour en plus des dons de plus grande importance.

Pour la femme:

- Il faut se rappeler que les hommes sont des Martiens, et qu'ils ne sont pas naturellement portés à s'occuper des petites attentions;
- S'ils contribuent moins, ce n'est pas qu'ils n'aiment pas suffisamment leur femme, mais qu'ils sont convaincus d'avoir déjà fait leur part;
- Il faut essayer de ne pas s'en offenser, et plutôt solliciter le support de l'homme en lui demandant constamment de contribuer davantage;
- Il ne faut pas attendre d'avoir désespérément besoin de son support, ni que le pointage soit démesurément déséquilibré, avant de demander plus;
- Il ne faut pas exiger son support mais lui faire confiance en croyant qu'il a le désir de l'accorder, même si cela nécessite un peu d'encouragement.

2 - L'amour inconditionnel est un idéal des Vénusiennes

La femme donne autant qu'elle en est capable et s'aperçoit seulement qu'elle a trop peu reçu en retour, lorsqu'elle se sent vidée et épuisée. Au début, la femme ne tient pas de pointage comme l'homme, elle donne sans compter et présume que son partenaire va faire de même.

Comme on l'a vu, l'homme est différent. Il donne beaucoup jusqu'à ce que selon sa propre perception le pointage soit inégal, puis il cesse de le faire. L'homme donne donc beaucoup, puis s'assoit et attend que la femme lui rende l'équivalent.

Pendant que la femme semble heureuse de lui donner beaucoup, l'homme présume tout naturellement qu'elle doit prendre en compte ce qu'elle donne et qu'il doit encore disposer d'un surplus de points au tableau. Il n'est pas du tout conscient qu'il peut avoir donné moins qu'elle, parce que, de son point de vue, il ne continuerait jamais à donner à l'autre si le compte était fortement inégal en sa faveur.

Il sait que dans son cas, s'il lui fallait donner encore quand il sait qu'il a déjà fourni plus que sa part, il ne le ferait sûrement pas avec le sourire. Il faut se rappeler cela. Donc, quand une femme continue à donner librement en souriant, l'homme présume que le score doit être pas mal égal. Il ne réalise pas que les Vénusiennes ont cette capacité remarquable de pouvoir donner avec le sourire tant que l'inégalité du score n'est pas d'au moins trente à zéro. Cette deuxième découverte a aussi des répercussions pratiques chez l'homme comme chez la femme, ce que nous allons voir.

Pour l'homme:

- Il faut se rappeler que parce la femme donne avec le sourire, cela ne veut pas nécessairement dire que le score est égal ou à peu près.

Pour la femme:

- Il faut se rappeler qu'en donnant librement à un homme, il s'imagine que le score est à peu près égal;
- Pour le motiver à donner davantage il faut cesser gentiment et gracieusement de trop lui donner;
- Il faut lui permettre de faire de petites choses pour celle qu'il aime;
- Il faut l'encourager en lui demandant de manifester son support à travers de petites attentions, puis lui donner de l'appréciation en retour.

3 - Les Martiens donnent lorsqu'on leur demande Les Martiens sont fiers de leur autosuffisance. Ils ne demandent pas d'aide à moins d'en avoir absolument besoin. Il est même indélicat d'offrir de l'aide à un Martien, à moins qu'il ne l'ait d'abord sollicitée.

Au contraire, les Vénusiennes offrent leur support sans se poser de questions. Quand elles aiment quelqu'un, elles lui donnent tout ce qu'elles peuvent donner. Elles n'attendent pas qu'on le leur demande. Plus elles aiment et plus elles donnent.

Lorsque son homme ne lui offre pas le support dont elle a besoin, la femme présume qu'il ne l'aime pas. Elle peut même mettre son amour à l'épreuve en ne lui demandant rien et en attendant qu'il l'offre de lui-même. Et quand il ne saisit pas l'occasion pour le faire, elle a du ressentiment à son égard. Elle ne comprend pas qu'il attende qu'elle lui demande ce dont elle a besoin.

Comme nous l'avons vu, l'homme attache beaucoup d'importance à ce que le score soit à peu près égal entre sa partenaire et lui. Lorsqu'il a l'impression d'avoir contribué plus qu'il n'a reçu, il va automatiquement se mettre à réclamer plus de support. Il est convaincu qu'il mérite de recevoir et se met à demander davantage. Par contre, s'il a moins contribué que sa partenaire, il n'osera jamais demander plus. Non seulement il ne sollicitera pas un support accru mais il va instinctivement chercher des moyens pour lui en donner davantage.

Et quand la femme ne sollicite rien de lui, l'homme présume à tort que le score doit être relativement égal, ou qu'il doit avoir donné plus qu'il n'a reçu. Il ne sait absolument pas qu'elle attend que ce soit lui qui offre de la supporter.

Voyons comment cette troisième connaissance a aussi des applications pratiques dans la vie des hommes et des femmes.

Pour la femme:

- Il faut se rappeler que l'homme attend de percevoir des indices avant de savoir qu'il est temps pour lui de donner plus. Il attend qu'on le lui demande.
- Il semble comprendre seulement quand la femme lui demande ouvertement de donner plus, ou lui rappelle son besoin de fournir davantage à leur relation.
- De plus, lorsqu'elle demande spécifiquement, il sait quoi donner. Beaucoup d'hommes ne savent pas ce qu'on attend d'eux.
- Même si l'homme a l'impression de moins donner, à moins que la femme ne lui indique expressément les petites choses

dont elle a besoin, il peut continuer à concentrer tous ses efforts à de grandes tâches, son travail par exemple, en pensant que la solution réside nécessairement dans le succès ou l'argent.

Pour l'homme:

- Il faut se rappeler que la femme ne réclame pas automatiquement du support quand elle en a besoin, elle croit plutôt que l'homme en fera l'offre s'il l'aime vraiment.
- Il faut s'exercer à supporter sa partenaire par de petites attentions.

4 - Les Vénusiennes disent oui, même quand le score est inégal

Les hommes ne réalisent pas qu'en demandant à la femme de les supporter, elle va dire oui, même quand le score de leurs contributions respectives est inégal. Si elles sont en mesure de supporter leur homme, elles vont toujours le faire. Elles ne sont pas habitées par la nécessité de faire le compte de ce qu'elles donnent. L'homme doit prendre garde de ne pas trop demander. Si elle a l'impression de recevoir moins qu'elle ne donne, après un bout de temps le ressentiment va l'envahir en constatant que son partenaire ne lui offre pas autant de support qu'il devrait.

L'homme croit à tort qu'aussi longtemps qu'elle acquiesce à ses demandes et répond à ses besoins, elle reçoit aussi ce dont elle a besoin. Il présume à tort que le score est égal quand il ne l'est pas.

Je me souviens que j'invitais ma femme au cinéma à peu près une fois par semaine dans les deux premières années de notre mariage. Un jour, elle s'est fâchée et m'a dit: «On fait toujours ce que tu désires. On ne fait jamais ce que j'aimerais faire, moi.»

J'étais réellement surpris. Je croyais qu'aussi longtemps qu'elle disait oui et acceptait mes invitations, elle était aussi satisfaite que moi de la situation. Je pensais qu'elle aimait le cinéma autant que moi.

Occasionnellement, elle me signalait que l'opéra était en ville, ou qu'elle aimerait assister à un concert. En passant devant le théâtre local, il lui arrivait de dire spontanément: «Cette pièce a l'air amusante, on devrait la voir.»

Alors plus tard dans la semaine, je pouvais lui dire: «On devrait aller voir tel film, la critique est bien bonne.» Et elle me répondait «D'accord!» avec beaucoup d'enthousiasme.

J'avais fait l'erreur de croire que ça lui plaisait autant qu'à moi d'aller au cinéma aussi souvent. En réalité, ce qu'elle voulait, c'était être avec moi. Le cinéma était un moyen de satisfaire ce désir, mais elle avait aussi envie de voir toutes les manifestations culturelles locales. Voilà pourquoi elle me les mentionnait si souvent. Mais parce qu'elle acceptait toujours mes invitations au cinéma je ne me doutais absolument pas qu'elle sacrifiait ses propres préférences pour me faire plaisir.

Voyons maintenant les implications pratiques de cette quatrième connaissance pour les deux sexes.

Pour l'homme:

- Il faut se rappeler que le simple fait qu'elle dise oui aux demandes de son homme ne signifie pas que le compte est égal au tableau. Ce peut être de vingt à zéro et elle continuera encore joyeusement à dire: «Bien sûr, je vais passer prendre ton complet chez le nettoyeur pour toi» ou «D'accord, je vais faire cet appel pour toi».
- Son consentement à faire ce qu'il demande ne signifie pas que c'est ce qu'elle voudrait faire. Il ne faut pas oublier de lui demander ce qu'elle veut, elle.
- Il faut s'informer de ce qu'elle aime et l'inviter aux endroits et aux événements qu'elle préfère.

Pour la femme:

- Elle doit se rappeler qu'en disant immédiatement oui aux demandes de son homme, elle lui donne automatiquement l'impression qu'il a contribué plus qu'elle, ou que le compte est au moins égal entre eux.
- Si elle donne déjà davantage et reçoit moins en retour, elle doit cesser d'acquiescer aux demandes qu'il lui fait.
- Au lieu de tout accepter, elle doit plutôt commencer à lui demander délicatement de faire plus pour elle.

5 - Les Martiens accordent des points de pénalité Les femmes ne soupçonnent pas que les hommes leur attribuent des points de pénalité quand ils ne se sentent pas suffisamment aimés ou supportés. Si elle ne lui démontre pas assez de confiance ou d'appréciation, si elle le rejette ou le désapprouve, il peut en effet lui retirer des points en guise de pénalité.

Par exemple, quand un homme se sent mal aimé ou blessé parce que sa femme n'a pas suffisamment apprécié quelque chose qu'il a fait pour elle, il se sent pleinement justifié de lui retirer des points qu'elle avait déjà mérités. Si elle avait gagné dix points pour son dévouement, il peut très bien réagir en lui enlevant ces dix points. S'il s'est senti extrêmement blessé, il peut même lui déduire vingt points, ce qui va la laisser en dette de dix points envers lui alors qu'une minute auparavant elle avait dix points à son crédit.

C'est un système très troublant pour une femme. Elle peut avoir été généreuse pour lui au point de mériter jusqu'à trente points, et en un seul instant de colère masculine, il les lui enlève. Dans son esprit à lui, il n'a soudainement plus besoin de donner quoi que ce soit à sa femme parce que c'est elle qui lui en doit. Et il est convaincu que sa façon d'agir est parfaitement équitable. Elle peut être équitable sur le plan mathématique, mais elle est loin de l'être sur le plan humain.

Ces points de pénalité sont très nocifs pour la relation de couple. Ils font en sorte que la femme se sente moins appréciée et que l'homme devienne moins généreux. S'il renie dans son esprit tout le support aimant qu'elle lui avait donné, lorsqu'elle va lui exprimer ses réactions négatives (ce qu'elle va sûrement faire de temps à autre), il perdra toute motivation à donner et adoptera une attitude passive. Cette cinquième découverte a sûrement aussi des implications pratiques, tant pour la femme que pour l'homme.

Pour l'homme:

- Il faut se rappeler que les points de démérite ou de pénalité sont injustes et ne contribuent à rien de bon.
- Au moment où il se sent mal aimé, offensé ou blessé, il doit pouvoir pardonner à sa femme, et se rappeler toutes les bonnes choses qu'elle a faites pour lui plutôt que de les renier.

- Au lieu de la punir, il devrait lui demander le support dont il a besoin, et elle va le lui donner.
- Il faut délicatement lui dire le mal qu'elle a fait, ensuite lui donner l'occasion de s'excuser.
- La méthode de la punition ne sert absolument à rien! Il se sentira beaucoup mieux s'il donne une chance à sa femme de lui donner ce dont il a besoin.
- Il doit se rappeler que, en bonne Vénusienne qu'elle est, elle ne sait pas ce dont l'homme a vraiment besoin, et à quel point elle peut le blesser.

Pour la femme:

- Il faut se rappeler que l'homme est porté à donner des points de pénalité, et qu'il y a deux façons de se protéger contre ce genre de punition.

La première façon consiste à reconnaître qu'il a tort d'éliminer arbitrairement les points qu'elle a mérités. Il faut, avec tout le respect possible, qu'elle lui fasse savoir comment elle se sent devant cet affront. Dans le chapitre suivant, nous apprendrons comment exprimer des sentiments difficiles ou négatifs.

La deuxième façon de se protéger contre cet abus, c'est de réaliser qu'il a tendance à accorder des points de pénalité, ou à retirer les points positifs de sa partenaire, quand il ne se sent pas suffisamment aimé et supporté. À mesure qu'il recevra plus d'amour et de reconnaissance pour les petites choses qu'il fait pour elle, il aura de moins en moins envie de donner des points négatifs. La femme doit essayer de comprendre ses différents besoins d'amour afin de le blesser de moins en moins.

Quand vous aurez appris à reconnaître sa souffrance il faudra lui dire que vous regrettez ce que vous avez pu lui faire. Encore plus important, il faudra alors lui redonner l'amour qui lui a manqué. S'il ne se sent pas apprécié, donnez-lui toute l'appréciation qu'il requiert. S'il se sent rejeté ou dominé, dites-lui que vous l'acceptez tel qu'il est. S'il a l'impression que vous n'avez pas confiance en lui, exprimez-lui toute la confiance dont il a besoin. S'il ne se sent pas apprécié, montrez-lui que vous l'admirez. S'il croit que vous le désapprouvez, servez-lui toute l'approbation qu'il mérite et dont il a besoin. L'homme qui se sent aimé ne donne jamais de points négatifs ou de pénalité à celle qu'il aime.

La partie la plus difficile de ce processus, c'est de découvrir ce qui lui a fait mal. La plupart du temps, lorsqu'un homme se retire en lui-même – dans sa caverne – il ne sait pas ce qui l'a blessé. Puis, quand il ressort, il n'en parle généralement plus. Alors, comment une femme peut-elle savoir ce qui l'a offensé? La lecture de ce livre et la compréhension des besoins différents de l'homme en amour sont un bon départ. Cela vous donnera un avantage certain que les femmes n'ont jamais eu auparavant.

L'autre moyen de chercher à savoir ce qui a blessé un homme, c'est la communication. Comme je l'ai déjà dit, plus une femme devient capable de partager ses sentiments d'une manière respectueuse avec son homme, plus ce dernier devient capable d'apprendre à se confier et à partager ses peines et ses blessures avec elle.

COMMENT L'HOMME ACCORDE DES POINTS

La méthode masculine d'accorder des points diffère de celle de la femme. Chaque fois que sa femme apprécie ce qu'il a fait pour elle, il se sent aimé et lui accorde un point en retour. Pour que le score demeure assez égal, l'homme n'a besoin de rien d'autre que de l'amour. Les femmes mésestiment la puissance de leur amour. Elles cherchent souvent – et inutilement – à mériter l'amour de leur homme en lui donnant plus qu'elles n'ont réellement envie de donner.

Quand une femme apprécie ce que son homme fait pour elle, il reçoit déjà une bonne proportion de l'amour dont il a besoin. Rappelez-vous que les hommes ont d'abord besoin d'être appréciés. Un homme peut compter sur une participation équivalente de sa femme à travers l'exécution des tâches domestiques quotidiennes, mais s'il ne se sent pas apprécié, la contribution de sa partenaire n'aura pratiquement aucune valeur ou importance à ses yeux.

••
*Bien sûr qu'un homme peut compter sur une participation
équivalente de sa femme à travers l'exécution des tâches
domestiques quotidiennes, mais s'il ne se sent pas apprécié,
la contribution de sa partenaire n'aura pratiquement
aucune valeur ou importance à ses yeux.*
••

De la même façon la femme est incapable de reconnaître la valeur des choses importantes que son partenaire fait pour elle, s'il ne fait pas aussi une foule de petites choses. C'est cette foule de petites choses qui satisfait son besoin d'attention, de compréhension et de respect.

La réaction aimante d'une femme au comportement d'un homme est une source majeure de l'amour dont il a besoin. Lui aussi a un réservoir d'amour, mais le sien ne se remplit pas nécessairement de ce qu'elle fait pour lui. Il se remplit surtout de la manière de réagir et des sentiments qu'elle a envers lui.

Quand la femme prépare le repas de son mari, il lui accorde un point, ou dix points, selon l'attitude qu'elle a envers lui. S'il sent le moindre ressentiment, ce repas aura très peu de valeur à ses yeux, et pourrait même valoir des points négatifs à cause de ce ressentiment. Le secret (pour combler son homme) réside moins dans ce que la femme fait pour lui, que dans sa manière dont elle lui exprime ses sentiments amoureux.

Sur le plan philosophique, quand une femme est amoureuse son comportement reflète automatiquement son amour. Et quand le comportement d'un homme est teinté d'amour, ses sentiments sont entraînés et il devient encore plus amoureux.

Même si un homme n'est pas directement conscient de son amour pour une femme, il peut quand même agir amoureusement avec elle. Et si elle l'accepte avec appréciation, il ressentira à nouveau l'amour qu'il a toujours au fond du cœur pour elle. Disons que l'action amoureuse est un excellent démarreur pour le moteur amoureux de l'homme.

Toutefois, la femme est bien différente. En général, elle ne se sent pas aimée si elle n'a pas conscience qu'on tient à elle, qu'on la comprend et qu'on la respecte. Elle ne se sentirait pas nécessairement plus amoureuse parce qu'elle aurait pris la décision de faire quelque chose de plus pour son homme. Cela pourrait même alimenter son ressentiment. Lorsqu'une femme ne ressent plus ses sentiments amoureux, il lui faut concentrer son énergie à guérir ses émotions négatives, et surtout pas à s'efforcer de donner davantage.

L'homme doit accorder la priorité à son comportement amoureux, pour s'assurer que le besoin d'amour de sa partenaire soit comblé. Son cœur à elle et son cœur à lui s'ouvriront en ressentant plus d'amour. Le cœur de l'homme s'ouvre à mesure qu'il parvient à satisfaire sa compagne.

La femme a besoin d'accorder priorité à ses attitudes et à ses sentiments amoureux, ce qui assurera la satisfaction des besoins amoureux de son partenaire. Au fur et à mesure que la femme devient capable de lui exprimer des attitudes et des sentiments amoureux, la motivation de l'homme augmente et il peut donner davantage. Et cela incite la femme à ouvrir son cœur encore plus. Le cœur de la femme s'ouvre davantage à mesure qu'elle parvient à obtenir le support dont elle a besoin.

Les femmes ne remarquent pas toujours les moments où l'homme a vraiment besoin d'amour. Dans ces moments-là, la femme pourrait pourtant compter vingt ou trente points du coup. En voici quelques exemples.

LA FEMME PEUT COMPTER BIEN DES POINTS AUPRÈS DE L'HOMME

a) - Ce qui se passe...
b) - Le nombre de points qu'il lui accorde...

1 - a) Il fait une erreur et elle ne lui dit pas «Je te l'avais pourtant dit!» Et elle ne lui donne pas de conseils.
b) De 10 à 20 points.

2 - a) Il la déçoit et elle ne le punit pas.
b) De 10 à 20 points.

3 - a) Il s'égare en conduisant et elle n'en fait pas trop de cas.
b) De 10 à 20 points.

4 - a) Il s'égare et en relevant le côté positif elle dit: «Tu sais, on n'aurait jamais vu ce beau coucher de soleil si on avait suivi la route directe.»
b) De 20 à 30 points.

5 - a) Il oublie d'apporter quelque chose qu'elle lui avait demandé et elle dit: «Ça va, tu pourras me l'apporter la prochaine fois que tu passeras par là.»
b) De 10 à 20 points.

6 - a) Il oublie encore une fois d'apporter ce qu'elle avait demandé et elle lui dit: «Bon, je comprends; mais voudrais-tu aller me le chercher maintenant?»

b) **De 20 à 30 points.**

7 - a) Elle lui a fait mal et comprend sa peine, puis elle s'excuse et s'efforce de lui donner tout l'amour dont il a besoin.

b) **De 10 à 40 points.**

8 - a) Elle lui demande du support et il refuse, mais elle ne se montre pas offensée et continue de croire qu'il l'aiderait s'il le pouvait. Elle ne lui montre ni rejet ni désapprobation.

b) **De 10 à 20 points.**

9 - a) Une autre fois elle lui demande son support mais il doit encore dire non. Elle ne le blâme pas mais accepte encore le fait qu'il soit incapable de l'aider à ce moment-là.

b) **De 20 à 30 points.**

10 - a) Elle demande son support sans trop d'insistance au moment où il a l'impression que le score est égal.

b) **De 1 à 5 points.**

11 - a) Elle demande du support sans insistance lorsqu'elle est bouleversée, ou lorsqu'il a l'impression d'avoir donné plus qu'il ne doit.

b) **De 10 à 30 points.**

12 - a) Elle ne tente pas de le culpabiliser au moment où il commence à rentrer en lui-même, c'est-à-dire à se retirer dans sa caverne.

b) **De 10 à 20 points.**

13 - a) Elle l'accueille à bras ouverts et ne le rejette pas, et ne le punit pas non plus, au sortir de sa caverne

b) **De 10 à 20 points.**

14 - a) Il s'excuse d'une erreur et elle accepte ses excuses et lui accorde son pardon avec amour. (Plus l'erreur est grave et plus il accorde de points.)

b) **De 10 à 50 points.**

15 - a) Il lui demande de faire quelque chose et elle dit non, sans se mettre à énumérer les raisons pour lesquelles elle est incapable de le faire.

b) De 1 à 10 points.

16 - a) Il lui demande de faire quelque chose et elle dit oui, puis elle demeure de bonne humeur.

b) De 1 à 10 points.

17 - a) Il est plein de petites attentions pour elle et tente de se faire pardonner après une dispute, et elle recommence à lui démontrer de l'appréciation.

b) De 10 à 30 points.

18 - a) Elle se montre toute heureuse de le retrouver quand il rentre à la maison.

b) De 10 à 20 points.

19 - a) Elle désapprouve sa conduite mais ne dit rien, se retire dans une autre pièce pour retrouver ses esprits, puis revient lorsqu'elle est dans une disposition plus réceptive et amoureuse.

b) De 10 à 20 points.

20 - a) À certains moments spéciaux elle fait abstraction des erreurs qu'elle lui reprocherait sûrement en d'autres circonstances.

b) De 20 à 40 points.

21 - a) Elle apprécie pleinement leurs ébats sexuels.

b) De 10 à 40 points.

22 - a) Il a égaré ses clefs et elle ne considère pas cela comme si c'était sa faute.

b) De 10 à 20 points.

23 - a) Lors d'une sortie elle use de délicatesse pour exprimer sa désapprobation ou sa déception à l'égard du restaurant qu'ils ont fréquenté ou du film qu'ils ont vu ensemble.

b) De 10 à 20 points.

24 - a) Elle évite de lui donner des conseils lorsqu'il conduit ou gare la voiture, et elle le remercie de l'avoir conduite à bon port.

b) De 10 à 20 points.

25 - a) Elle lui demande de l'appui au lieu d'insister sur ce qu'il a pu mal faire.

b) De 10 à 20 points.

26 - a) Elle lui confie ses problèmes de façon positive, sans le blâmer ou lui montrer quelque désapprobation ou le moindre signe de rejet.

b) De 10 à 40 points.

QUAND UNE FEMME PEUT COMPTER ENCORE PLUS DE POINTS

Chacun de ces exemples démontre la manière différente qu'ont les hommes d'accorder des points. Mais la femme ne doit pas nécessairement faire tout ce qu'on y dit. Cette liste se rapporte aux moments où l'homme est le plus vulnérable, et s'il peut compter sur son support dans ces moments-là, il va se montrer très généreux dans ses points pour elle.

Comme je l'ai expliqué dans le chapitre 7, la capacité amoureuse d'une femme dans les moments difficiles fluctue comme une vague. C'est lorsque cette capacité est en phase ascendante – dans la remontée de la vague – qu'elle peut compter le plus de points avec son partenaire. Mais elle ne peut s'attendre a être toujours aussi aimante en d'autres temps.

Tout comme la capacité amoureuse de la femme fluctue, le besoin amoureux de l'homme varie aussi. Dans chacun des exemples donnés, le nombre de points que l'homme peut accorder reste toujours variable. On donne plutôt l'écart entre le minimum et le maximum, et plus son besoin d'amour est grand et plus il accordera de points à celle qui lui en donnera.

Par exemple, s'il a commis une erreur et se sent gêné, peiné ou honteux, son besoin d'amour sera plus grand et il aura tendance à accorder plus de points si sa partenaire lui donne le support qu'il désire. Plus l'erreur est importante et plus il lui donnera de points en retour de l'amour de sa compagne. Par contre, s'il a l'impression de ne pas assez recevoir, il aura tendance à lui accorder des points de pénalité, ou à lui retirer des points qu'elle avait déjà accumulés, et toujours en proportion de son besoin d'amour. S'il se sent rejeté à cause d'une grave erreur, il pourra donner beaucoup de points négatifs.

*Si l'homme a commis une erreur et se sent gêné, peiné ou honteux,
il a plus besoin d'amour. Plus grave est son erreur
et plus il donnera de points en retour de l'amour.*

CE QUI MET LES HOMMES SUR LA DÉFENSIVE

L'homme peut être très fâché contre la femme s'il a commis une erreur et si elle se montre irritée. Sa colère est en proportion de l'importance de son erreur. Il se montrera peu défensif pour une petite erreur, mais extrêmement défensif pour une erreur grave. Les femmes se demandent parfois pourquoi l'homme est incapable de s'excuser pour une erreur importante. C'est simple, il a peur qu'elle ne la lui pardonne pas. Il trouve trop pénible de reconnaître qu'il a échoué auprès d'elle, en quelque sorte. Au lieu de s'excuser, il va souvent se fâcher contre elle parce qu'elle s'est offensée, et lui accorder des points de pénalité.

*Quand un homme est négatif il faut le traiter comme un ouragan
et se mettre à l'abri en attendant qu'il se calme.*

Quand un homme a une attitude négative, si sa femme peut le traiter comme un ouragan et se mettre à l'abri, lorsqu'il se sera calmé il pourra lui accorder une abondance de points, en reconnaissance de ce qu'elle ne l'aura pas blâmé, ou de ce qu'elle n'aura pas essayé de le faire changer. Si elle tente de résister à la tempête, elle provoquera son déchaînement et il la tiendra responsable de tous les dégâts.

Voilà une nouvelle façon de voir les choses pour les femmes parce que, sur Vénus, lorsqu'une personne est bouleversée, on ne l'ignore jamais. On n'aurait pas non plus l'idée de se cacher pour l'éviter. Vénus ne connaît pas d'ouragans. Alors quand une personne est perturbée, tout le monde se met de la partie et tente de savoir ce qui la dérange, en lui posant surtout beaucoup de questions. Par contre, quand un ouragan balaie Mars, tout le monde se cache et attend.

QUAND LES HOMMES ACCORDENT DES POINTS DE PÉNALITÉ

Ce peut être très utile pour les femmes de comprendre que les hommes ont un système de pointage différent. Le fait qu'un homme accorde des points de pénalité est plutôt incompréhensible pour la femme, et peut l'empêcher de partager ses sentiments avec lui en toute sécurité. Ce serait évidemment merveilleux si les hommes comprenaient que leur système de points de pénalité est injuste, et acceptaient de changer leurs habitudes, mais on sait que le changement prend du temps. Ce qui peut cependant consoler les femmes, c'est de savoir que l'homme est aussi capable de retirer ses points de pénalité aussi vite qu'il les donne.

La situation de l'homme qui distribue des points négatifs est semblable à celle de la femme qui se rend compte qu'elle donne plus qu'elle ne reçoit dans sa relation de couple. Elle soustrait le pointage de son homme du sien et lui donne un zéro. Dans ces moments-là, l'homme devrait se montrer très compréhensif en constatant qu'elle est atteinte du virus du ressentiment, et lui donner encore plus d'amour.

De la même façon, quand l'homme distribue ses points de pénalité, la femme peut en conclure qu'il souffre aussi d'une autre forme du virus du ressentiment. Il a besoin d'un surplus d'amour pour prendre du mieux. Et en conséquence il s'empresse d'octroyer des points-bonis à sa femme pour égaliser le pointage.

En apprenant à compter beaucoup de points au tableau de pointage masculin, la femme obtient un avantage dans ses efforts pour donner du support à son partenaire lorsqu'il se montre offensé et distant. Au lieu de faire de petites choses pour lui (comme dans la liste des «101 manières de compter des points auprès d'une femme»), ce qui correspond davantage à ce qu'elle voudrait, elle peut mieux concentrer son énergie pour lui donner ce qu'il désire – comme dans les exemples de «comment une femme peut compter des points auprès d'un homme».

SE RAPPELER NOS DIFFÉRENCES

Les hommes et les femmes peuvent tirer de grands bénéfices de la connaissance des différents systèmes de pointage masculin et féminin. Il n'est pas nécessaire de consacrer plus d'énergie qu'on en dépense déjà, et il n'est pas aussi difficile qu'on le pense souvent d'améliorer sa relation de couple. Les relations affectives ne sont épuisantes que jusqu'au moment où l'on apprend à rediriger ses énergies vers les choses que son partenaire est en mesure d'apprécier pleinement.

Chapitre 11

COMMENT EXPRIMER
DES SENTIMENTS DÉLICATS

Il est difficile de s'exprimer amoureusement quand on est bouleversé, désappointé, frustré ou fâché. Quand des émotions négatives nous envahissent nous perdons momentanément nos sentiments amoureux comme la confiance, l'attachement, la compréhension, l'acceptation, l'appréciation et le respect. Dans ces moments-là, malgré les meilleures intentions du monde, le dialogue tourne à la bataille et dans l'énervement, nous oublions comment communiquer avec notre partenaire d'une manière positive et efficace, pour l'autre comme pour nous-même.

Dans ce genre de circonstances, les femmes ont inconsciemment tendance à blâmer l'homme et à le tenir responsable de ses actions. Au lieu de se rappeler que son partenaire fait de son mieux, la femme présume le pire et attise la critique et le ressentiment. Quand elle sent une remontée de ses sentiments négatifs, la femme peut difficilement parler sur un ton de confiance, d'acceptation et d'appréciation. Et elle ne réalise pas à quel point son attitude paraît négative et offensante pour son partenaire.

Quand les hommes sont bouleversés, ils sont portés à porter jugement sur les femmes et les sentiments féminins. Au lieu de se rappeler que sa partenaire est sensible et vulnérable, l'homme oublie les besoins qu'elle a et se fait menaçant et indifférent. Quand les sentiments négatifs l'envahissent, il lui est particulièrement difficile d'avoir un langage attentif, compréhensif et respectueux. Et il n'a pas conscience de l'effet que son attitude blessante et négative peut avoir sur sa partenaire.

C'est une situation où le dialogue n'agit plus, mais heureusement il y a une alternative. Au lieu de s'obstiner à échanger verbalement des sentiments blessants ou douloureux avec son ou sa partenaire, on peut lui écrire une lettre par exemple. En écrivant on peut laisser sortir ses émotions sans avoir peur de blesser l'autre. En écoutant et en exprimant ses propres sentiments, automatiquement on reprend ses sens et on devient plus aimant. En lui écrivant une lettre l'homme devient plus attentif, plus compréhensif et plus respectueux envers sa femme. Et quand la femme écrit une lettre à l'homme qu'elle aime, elle ravive sa confiance, son acceptation et son appréciation à son égard.

La transposition par écrit de ses sentiments négatifs est un excellent moyen de prendre conscience de l'image non aimante que l'on projette. Avec cette constatation, on apprend comment ajuster son approche en conséquence. De plus, le seul fait de mettre par écrit ses émotions négatives contribue à en atténuer l'intensité, en faisant plus de place pour des émotions positives. Un fois qu'on a ainsi exorcisé ses sentiments négatifs, on peut à nouveau s'approcher de son ou de sa partenaire et lui parler sur un ton beaucoup plus amoureux, et en ayant beaucoup moins envie de juger ou de blâmer. Et là les chances d'être compris et accepté sont bien meilleures.

Après avoir écrit une telle lettre vous pourriez ne plus sentir le besoin de parler. Vous pourriez être plutôt inspiré à faire quelque chose d'aimant pour votre partenaire. De toute façon, que vous rédigiez une lettre pour faire part de vos sentiments ou simplement pour vous soulager, le seul fait de mettre vos émotions par écrit est un exercice fort utile.

....

Que vous rédigiez une lettre pour faire part de vos sentiments ou simplement pour vous soulager, le seul fait de mettre vos émotions par écrit est un exercice fort utile.

....

Mais au lieu de mettre vos sentiments sur papier vous pourriez préférer effectuer le même processus mentalement. Vous n'avez qu'à vous taire et à passer en revue les événements dans votre tête. Imaginez-vous que vous dites ce que vous ressentez, ce que vous pensez et ce que vous désirez, sans aucune retenue. En laissant cette forme de dialogue interne exprimer toute la vérité sur vos sentiments, vous vous sentirez soudainement libéré de leur emprise négative. Peu importe que vous les exprimiez verbalement ou mentalement, par l'exploration et l'expression de vos sentiments négatifs vous leur enlevez tout leur pouvoir, et vous faites place à l'émergence d'émotions positives. Et la technique de la lettre d'amour, ci-après décrite, peut énormément augmenter l'efficacité de l'opération. Bien que ce soit une technique d'écriture, elle peut très bien s'appliquer aussi au processus mental.

LA TECHNIQUE DE LA LETTRE D'AMOUR

Cette technique de la lettre d'amour est l'un des meilleurs moyens de relâcher sa négativité et de communiquer avec amour. En mettant ainsi vos sentiments sur papier d'une certaine manière, vos émotions négatives sont automatiquement atténuées et vos sentiments positifs accrus. La technique de la lettre d'amour rehausse le processus d'écriture et comprend trois étapes ou aspects.

Première étape: écrivez une lettre d'amour pour exprimer vos sentiments de colère, de tristesse, d'inquiétude, de regret et d'amour.

Deuxième étape: écrivez une lettre-réponse exprimant ce que vous aimeriez que votre partenaire vous dise.

Troisième étape: partagez votre lettre d'amour et votre lettre-réponse avec votre partenaire.

La technique de la lettre d'amour est très flexible. Vous pourriez vouloir passer à travers les trois étapes, ou n'en appliquer qu'une ou deux. Par exemple, vous pourriez utiliser les deux premières étapes pour vous aider à mettre de l'ordre dans vos sentiments et à redevenir aimant, puis reprendre le dialogue avec votre partenaire sans être aveuglé par le ressentiment ou le blâme. À d'autres moments, vous passeriez à travers les trois étapes et discuteriez de la substance de vos deux lettres avec votre partenaire.

Le seul fait de passer à travers les trois étapes est une expérience forte avec un grand pouvoir curatif pour votre partenaire et vous. Cependant, ce processus complet peut ne pas convenir ou nécessiter trop de temps à certains moments. En certaines situations, la première étape, c'est-à-dire écrire une lettre d'amour, peut suffire. Voyons quelques exemples de cette première étape.

PREMIÈRE ÉTAPE: LA LETTRE D'AMOUR

Trouvez d'abord un endroit tranquille, isolé, où vous pouvez écrire une lettre à votre partenaire. Votre lettre d'amour doit parler de vos sentiments de colère, de tristesse, d'inquiétude, de regret, puis enfin d'amour. Cette formule vous permet un examen complet de tous vos sentiments et, en les comprenant mieux, vous serez mieux en mesure de les communiquer à votre partenaire d'une manière cohérente et aimante.

Lorsqu'on est bouleversé beaucoup d'émotions nous envahissent en même temps. Par exemple, lorsque votre partenaire vous déçoit, vous pouvez sentir de la colère à cause de son hypersensibilité, être fâché parce qu'il (ou elle) ne vous apprécie pas assez, triste de le (ou la) voir tellement accaparé par son travail, déçu qu'il (ou elle) ne vous fasse pas confiance, craindre qu'il (ou elle) ne vous pardonne jamais, inquiet qu'il (ou elle) se préoccupe insuffisamment de vous, peiné du retrait inavoué de votre amour pour lui (ou elle). Mais en même temps, vous appréciez que ce soit lui (ou elle) qui partage votre vie, et vous désirez toujours recevoir son amour et son attention.

Pour être capable de ressentir nos sentiments amoureux, il est parfois nécessaire d'explorer tous nos sentiments négatifs d'abord. Après avoir exprimé ces quatre niveaux de sentiments négatifs – la colère, la tristesse ou la peine, l'inquiétude ou la crainte, et le regret – il nous devient possible de pleinement ressentir et exprimer nos sentiments positifs sur l'amour. L'écriture de lettres d'amour atténue donc automatiquement l'intensité de nos sentiments négatifs, et nous permet de mieux ressentir nos émotions positives. Voici donc quelques conseils pour l'écriture d'une lettre d'amour de base.

1 - Adressez-vous à votre partenaire, et exprimez-vous comme si «il» ou «elle» vous écoutait avec amour et compréhension.

2 - Commencez par parler de votre colère, puis exposez votre peine ou votre tristesse, parlez ensuite de vos craintes ou inquiétudes, puis de vos regrets, et enfin de l'amour, en vous assurant de toujours inclure ces cinq sections dans chaque lettre.

3 - Utilisez des mots simples et écrivez quelques phrases sur chacun de vos sentiments, créant ainsi des sections qui soient à peu près toutes d'égale longueur.

4 - Une fois chaque section complétée, arrêtez-vous un instant pour réfléchir au sujet de la prochaine, puis remettez-vous à écrire ce que vous ressentez.

5 - Ne terminez pas votre lettre sans avoir parlé d'amour. Ayez de la patience, laissez ce que vous aimez remonter à la surface puis parlez-en dans vos propres mots.

6 - Apposez votre signature à la fin de la lettre. Prenez un instant pour explorer ce dont vous avez besoin et ce que vous désirez, puis ajoutez un post-scriptum.

Si cela peut vous aider et simplifier l'écriture de vos propres lettres d'amour, utilisez le guide pratique qui suit ce paragraphe. On y suggère des amorces de phrases pour les cinq sections afin de vous faciliter l'expression de vos sentiments. Vous pouvez en utiliser quelques-unes, ou les utiliser toutes si vous le voulez. En général les approches qui permettent le meilleur défoulement sont: «Je suis fâché(e)», «J'ai de la peine», «Je suis inquiet (ou inquiète) ou je crains ou j'ai peur que...», «Je regrette...» J'aimerais que...» et «J'aime». Cependant, toute expression que vous trouvez plus facile pour parler de ce que vous avez envie de dire peut être efficace. Il faut habituellement une vingtaine de minutes pour écrire une lettre d'amour.

GUIDE POUR ÉCRIRE UNE LETTRE D'AMOUR

(endroit et date)

Cher (ou Chère)...

PREMIÈRE SECTION (la colère)

- Je n'aime pas que...
- Je suis fâché parce que...
- Je suis frustré parce que...
- Il y a quelque chose qui me dérange...
- J'aimerais que...

DEUXIÈME SECTION (la tristesse ou la peine)

- Je suis déçu parce que...
- Je suis triste que...
- J'ai de la peine parce que...
- J'aurais aimé...
- J'aimerais que...

TROISIÈME SECTION (l'inquiétude ou la crainte)

- Je m'inquiète...
- Je crains que...
- J'ai peur que...
- Je ne voudrais pas que...
- J'ai besoin...
- Je veux...

QUATRIÈME SECTION (le regret)

- Je regrette...
- Je suis embarrassé...
- Cela me gêne que...
- J'ai honte de...
- Je ne voulais pas...
- Je veux...

CINQUIÈME SECTION (l'amour)

- J'aime...
- Je désire...
- Je comprends...
- Je pardonne...
- J'apprécie...
- Je te remercie...
- Je sais que...

POST-SCRIPTUM- J'aimerais que tu me dises...

Et voici maintenant quelques situations typiques et des exemples de lettres d'amour qui vous aideront à mieux saisir la technique.

LETTRE D'AMOUR À PROPOS D'UN OUBLI

Samantha était furieuse contre son mari Tom, parce que celui-ci avait dormi trop longtemps et oublié d'amener sa fille Hayley à son rendez-vous chez le dentiste. Mais au lieu de confronter Tom avec sa colère et sa désapprobation, Samantha écrivit une lettre d'amour à son mari. Après l'avoir fait, elle revint auprès de Tom en meilleure possession de ses moyens, et mieux capable d'accepter sa faute.

Parce qu'elle lui avait écrit une lettre, Samantha ne ressentait plus l'envie de sermonner ou de rejeter son mari. Et au lieu d'entamer une argumentation qui aurait mené à la dispute, elle initia un dialogue qui leur permit de passer ensuite une agréable soirée ensemble. La semaine suivante Hayley n'a pas raté son rendez-vous chez le dentiste.

Voici la lettre de Samantha.

Cher Tom,

Première section: la colère. Je suis furieuse que tu aies oublié. Je suis fâchée que tu aies dormi trop longtemps. Je n'aime pas quand tu fais la sieste et oublies tout le reste. J'en ai assez de me sentir responsable de tout. Tu comptes sur moi pour tout faire. Je suis fatiguée de cette situation.

Deuxième section: la tristesse ou la peine. Je suis triste parce que Hayley a manqué son rendez-vous. J'ai de la peine que tu aies oublié. Je suis triste parce que j'ai l'impression de ne pas pouvoir compter sur toi. J'ai de la peine de te voir travailler si fort, et de te voir si fatigué. Et je suis peinée que tu n'aies plus assez de temps pour moi. Je suis blessée que tu ne sembles plus jamais ravi par ma présence. Tu me blesses en oubliant des choses, et j'ai l'impression que cela a de moins en moins d'importance pour toi.

Troisième section: l'inquiétude ou la crainte. Je crains de devoir tout faire toute seule. J'ai peur de te faire confiance.

J'ai peur que tu t'en foutes. Je crains d'être obligée de m'en occuper moi-même la prochaine fois. Je suis inquiète parce que je ne peux pas tout faire toute seule et j'ai besoin de ton aide, mais j'ai peur de compter sur toi. Je suis inquiète parce que tu travailles trop, et j'ai peur que tu tombes malade.

Quatrième section: le regret Je suis gênée quand tu rates un rendez-vous. Je suis mal à l'aise quand tu es en retard. Je n'aime pas être aussi exigeante, et je regrette mon manque de tolérance. J'ai honte de n'être pas plus aimante. Je ne voudrais pas que tu penses que je te rejette.

Cinquième section: l'amour. Je t'aime. Je comprends que tu étais fatigué, tu travailles tellement fort. Je sais que tu fais de ton mieux et je te pardonne d'avoir oublié. Merci d'avoir pris un autre rendez-vous. Merci d'accepter de conduire Hayley chez le dentiste. Je sais que nous comptons beaucoup pour toi. Je me compte chanceuse de partager ma vie avec toi, et j'aimerais que nous passions une agréable soirée ensemble.

Je t'aime, Samantha

P.-S. J'aimerais que tu me dises que tu vas conduire Hayley chez le dentiste la semaine prochaine.

LETTRE D'AMOUR À PROPOS DE L'INDIFFÉRENCE

Jim se préparait à partir en voyage d'affaires le lendemain matin, et toute la soirée sa femme Virginia cherchait à l'attirer dans une situation d'intimité. Elle apporta un fruit exotique dans la chambre à coucher et lui offrit d'y goûter. Jim, concentré sur le livre qu'il était en train de lire au lit, fit un bref commentaire à l'effet qu'il n'avait pas faim. Virginia, se sentant rejetée, sortit de la chambre. Elle était blessée et irritée, mais au lieu de revenir se plaindre et discuter de l'attitude et de l'indifférence de Jim, elle lui écrivit une lettre d'amour.

Une fois sa lettre écrite, Virginia, maintenant en état de mieux accepter et de pardonner à Jim, revint dans la chambre et lui dit:

«C'est notre dernière soirée avant ton départ, si tu voulais on pourrait passer un peu de temps ensemble, tout près.» Jim déposa son livre, et ils passèrent d'agréables et délicieux moments d'intimité ensemble. Le fait d'écrire une lettre d'amour a permis à Virginia de rassembler la force et l'amour qui lui ont permis de faire face à la musique et de persister jusqu'à ce qu'elle ait obtenu l'attention de Jim. Et elle n'a même pas eu besoin de révéler sa lettre à son partenaire.

Voici la lettre de Virginia.

Cher Jim,

Première section: la colère. Je me sens frustrée parce que tu préfères lire un livre pendant notre dernière soirée avant ton départ. Ça me fâche que tu m'ignores. Je suis blessée que tu ne veuilles pas passer ce précieux moment avec moi. Je suis même choquée que nous ne passions pas plus de temps ensemble. Tu es toujours accaparé par autre chose de plus important que moi. J'ai besoin de sentir que tu m'aimes.

Deuxième section: la tristesse ou la peine. Je suis triste parce que tu ne veux pas être avec moi. Je suis peinée de te voir travailler si fort. J'ai l'impression que tu ne t'en apercevrais même pas si je décidais de m'absenter. Je regrette que tu sois toujours si occupé. Tu me fais beaucoup de peine en ne voulant pas me parler, et je suis triste de constater que cela ne semble pas t'affecter du tout. Je ne me sens pas importante pour toi.

Troisième section: l'inquiétude ou la crainte. Je crains que tu ne saches même pas pourquoi je suis bouleversée, et j'ai peur que tu t'en foutes. Je crains de partager mes sentiments avec toi, parce que j'ai peur que tu me rejettes. Ça m'inquiète parce que nous nous éloignons de plus en plus, et je crains de ne rien pouvoir y faire. Je crois que je t'ennuie et j'ai peur que tu ne m'aimes pas.

Quatrième section: le regret. Je me sens bien mal de vouloir passer du temps auprès de toi alors que tu ne sembles pas du tout intéressé. Je suis gênée de me vexer ainsi. Je m'excuse d'avoir l'air si exigeante, et je regrette de n'être pas plus aimante et tolérante. Je regrette d'avoir agi aussi froidement en voyant que tu ne désirais pas m'accorder un peu de ton temps. Je regrette aussi de ne pas t'avoir donné une seconde chance. Je m'excuse d'avoir cessé d'avoir confiance en ton amour.

Cinquième section: l'amour. Oui, je t'aime. C'est pour cela que je t'ai apporté un fruit exotique. Je voulais te faire plaisir, et je voulais que nous partagions un moment d'amour ensemble. J'ai encore le goût de passer une soirée agréable avec toi. Je te pardonne d'avoir été si indifférent à mes avances, et je m'excuse de n'avoir pas réagi immédiatement. J'ai compris que tu étais en train de lire quelque chose d'important. Mais si tu voulais, on pourrait encore passer de magnifiques moments d'intimité ensemble ce soir.

Je t'aime, Virginia

P.-S.: Ce que j'aimerais entendre de toi: «Je t'aime aussi, Virginia, et j'aimerais passer une merveilleuse soirée d'amour avec toi. Et tu vas tellement me manquer quand je serai parti.»

LETTRE D'AMOUR À PROPOS DE L'ARGUMENTATION

Michael et Vanessa se disputaient à propos d'une décision financière. En quelques minutes seulement, ils se retrouvèrent en train de se quereller. En s'apercevant qu'il commençait à élever la voix, Michael s'arrêta de crier, prit une profonde respiration, et dit: «J'ai besoin de temps pour réfléchir à cela et nous en reparlerons ensuite.» Puis il se retira dans une autre pièce et se mit à écrire une lettre d'amour.

Après avoir terminé sa lettre, il se sentit capable de revenir vers Vanessa pour discuter au sujet d'une manière plus compréhensive et modérée. Résultat: ils ont résolu leur problème dans un climat d'amour.

Voici ce que Michael a écrit.

Chère Vanessa,

Première section: la colère. Ça me fâche de te voir si émotive, et je regrette que tu ne me comprennes pas. Ça m'énerve que tu sois incapable de rester calme quand on discute. Je suis frustré que tu sois si sensible et facilement blessée. Tu me fâches en manquant de confiance en moi, et en me rejetant.

Deuxième section: la tristesse ou la peine. Je suis peiné que nous nous disputions. Ton doute et ta méfiance me blessent. Je souffre parce que ton amour m'échappe, et j'ai de la peine parce que nous nous sommes chicanés. Je suis attristé par notre désaccord.

Troisième section: l'inquiétude ou la crainte. Je crains de faire une erreur. Je m'inquiète parce que suis incapable de faire ce que je veux sans t'offenser. J'ai peur de te confier mes sentiments, parce que je crains que tu me donnes tort. J'ai peur d'avoir l'air incompétent. Je crains que tu ne m'apprécies pas, et j'ai peur de te parler quand tu te fâches comme ça, parce que je sais pas quoi te dire.

Quatrième section: le regret. Je regrette de t'avoir fait de la peine. Je regrette de n'être pas d'accord avec toi. Je m'excuse d'avoir été si froid et indifférent. Je déplore ma résistance automatique à tes idées. Je regrette d'être si empressé pour faire ce que je veux. Je m'excuse de toujours te donner tort. Tu ne mérites pas d'être traitée comme ça, et je m'excuse de t'avoir jugée.

Cinquième section: l'amour. Je t'aime et je veux qu'on s'entende. Je pense pouvoir écouter tes sentiments maintenant, et je suis prêt à te supporter. Je sais que je t'ai blessée et je m'excuse d'avoir douté de tes sentiments. Je t'aime tellement que je veux être ton héros. Je ne veux pas seulement être d'accord avec toi, je voudrais que tu m'admires. J'ai besoin d'être moi-même et je supporte ton besoin d'être toi-même aussi. Je t'aime. Maintenant, quand nous allons discuter, je te promets d'être plus patient et compréhensif. Tu le mérites.

Je t'aime, Michael

P.-S.: J'aimerais beaucoup t'entendre dire: «Je t'aime beaucoup, Michael. J'apprécie vraiment l'homme attentif et compréhensif que tu es. Et je sais que nous pouvons nous entendre sur notre différend actuel.»

LETTRE D'AMOUR À PROPOS DE FRUSTRATION ET DE DÉCEPTION

Jeanne laissa un message téléphonique à son mari Bill, lui demandant d'apporter un certain courrier à la maison. Pour une raison quelconque, Bill ne reçut jamais ce message. En rentrant à la maison les mains vides, Jeanne réagit promptement en lui manifestant son immense déception et sa frustration.

Bien que Bill ne fût pas en faute, en entendant Jeanne se plaindre et répéter sans arrêt qu'elle avait absolument besoin de ce courrier et qu'elle était très désappointée, il se sentit naturellement blâmé et attaqué. Cependant, Jeanne ne réalisait pas que Bill recevait toute la frustration et la déception qu'elle exprimait comme des reproches personnels. Il était sur le point d'exploser et de la tenir responsable de son emportement.

Mais au lieu de gâcher la soirée par ses contre-attaques défensives, Bill prit la sage décision de passer dix minutes à écrire une lettre d'amour à Jeanne. Sitôt sa lettre terminée il revint vers sa femme et l'embrassa en disant: «Je suis peiné que tu n'aies pas reçu ce courrier. J'aurais mieux aimé qu'on m'ait fait le message. J'espère que tu m'aimes encore quand même.» Jeanne s'attendrit et lui manifesta son amour et son appréciation et ils abordèrent une belle soirée au lieu d'une guerre froide.

Voici la lettre de Bill.

Chère Jeanne,

Première section: la colère. Je déteste te voir aussi fâchée et je déteste aussi quand tu me blâmes. Ça m'irrite que tu sois aussi malheureuse, et que tu ne sois pas plus contente de me voir. J'ai l'impression de ne jamais rien faire de bien à tes yeux. Je voudrais que tu m'apprécies et que tu sois heureuse de me voir.

Deuxième section: la tristesse ou la peine. Ça me rend triste de te voir aussi frustrée et désappointée. J'ai de la peine que tu ne sois pas heureuse avec moi. Je voudrais te rendre heureuse, mais je suis peiné que mon travail nuise ainsi à notre vie amoureuse. Ça me rend triste de constater que tu n'apprécies pas toutes les bonnes choses dont nous pouvons jouir ensemble. J'ai de la peine de ne t'avoir pas apporté le courrier que tu attendais.

Troisième section: l'inquiétude ou la crainte. Ça m'inquiète d'être incapable de te rendre heureuse. Je crains que tu sois malheureuse toute la soirée. J'ai peur d'être trop franc ou trop proche de toi. Je crains d'avoir besoin de ton amour et de n'être pas à ta hauteur. Et je suis inquiet en pensant que tu pourrais ne pas me pardonner.

Quatrième section: le regret. Je regrette de n'avoir pas rapporté ton courrier. Je regrette que tu sois aussi malheureuse, et que je n'aie pas pensé à t'appeler. Je ne voulais pas te faire de peine, je voulais que tu sois contente en me voyant rentrer. Nous avons quatre jours de congé devant nous et je voudrais que ce soit un moment merveilleux pour nous deux.

Cinquième section: l'amour. Je t'aime et je te veux heureuse. Je réalise que tu es bouleversée. Je comprends aussi qu'il te faut du temps pour absorber cette déception. Je suis certain que tu n'agis pas ainsi seulement pour me punir. Tu as seulement besoin d'une caresse et de ma compréhension. Je m'excuse, des fois je ne sais pas quoi faire et je suis porté à t'en tenir responsable. Merci d'être ma femme, je t'aime tellement. Tu n'es pas obligée d'être parfaite, ni toujours souriante, je comprends que tu es très bouleversée à cause de ce courrier.

Je t'aime, Bill

P.-S.: J'aimerais tellement t'entendre dire: «Je t'aime, Bill, et j'apprécie tout ce que tu fais pour moi. Merci d'être mon mari.»

DEUXIÈME ÉTAPE: LA LETTRE-RÉPONSE

La lettre-réponse est en effet la deuxième étape dans la technique de la lettre d'amour. Une fois que vous avez exprimé vos sentiments négatifs comme positifs, les cinq à dix minutes que vous pouvez consacrer à la rédaction d'une lettre-réponse peuvent vous être très bénéfiques. Il s'agit d'écrire le genre de réponse que vous aimeriez recevoir de votre partenaire.

Voici comment procéder. Imaginez-vous que votre partenaire est en état de répondre avec amour à l'expression de vos sentiments blessés, ceux que vous avez exprimés dans votre lettre d'amour. Écrivez-vous une courte lettre à vous-même, du genre de ce que vous aimeriez recevoir de votre partenaire. Inscrivez-y tout ce que vous aimeriez lui entendre dire à propos des problèmes que vous lui avez exposés. Voici d'ailleurs quelques amorces pour vous aider à débuter:

* Merci pour...
* Je comprends que...
* Je m'excuse de...
* Je sais que tu mérites bien...
* Je voudrais...
* J'aime...

Parfois, une lettre-réponse a beaucoup plus de force qu'une lettre d'amour. En exprimant par écrit ce dont on a besoin et ce qu'on désire, on augmente sa disponibilité à recevoir le support qu'on mérite. De plus, en visualisant notre partenaire en train de nous répondre avec amour, nous nous mettons dans un état d'esprit qui ne peut que lui faciliter la chose le moment venu.

Certaines personnes peuvent facilement noter sur papier les sentiments négatifs qui les troublent, mais elles ont beaucoup plus de difficulté à décrire leurs sentiments amoureux. Il est encore plus important pour ce type de personnes d'écrire des lettres-réponses et d'explorer ce qu'elles voudraient s'entendre dire par leur partenaire. Si c'est votre cas, assurez-vous en le faisant de tenir compte de votre résistance occasionnelle à son support, pour mieux comprendre comment il ne doit pas être facile pour votre partenaire de vous traiter avec amour à certains moments.

COMMENT DÉCOUVRIR LES BESOINS
DE SON OU DE SA PARTENAIRE

Il arrive que les femmes s'objectent à écrire une lettre-réponse. Elles présument que leur partenaire saura quoi dire. Un sentiment caché leur fait dire en elles-mêmes: «Je ne veux pas lui dire ce que je veux, s'il m'aime réellement il devrait le savoir.» Dans ce cas, les femmes devraient se rappeler que les hommes sont des Martiens qui ne savent pas ce dont les femmes ont besoin. Il faut qu'on le leur dise.

La réponse masculine reflète plus l'influence de sa planète que l'amour qu'il a pour sa compagne. S'il était d'origine vénusienne, il saurait quoi dire, mais il ne l'est pas. Les hommes ne savent donc pas comment réagir aux émotions de la femme. En général, notre culture n'enseigne pas aux hommes les besoins des femmes.

Un homme qui aurait vu et entendu son père réagir par des paroles aimantes aux bouleversements de sa mère, aurait une meilleure idée de ce qu'il doit faire. Mais dans la plupart des cas, l'homme ne sait pas parce qu'on ne lui a jamais appris. La lettre-réponse est l'un des meilleurs moyens d'enseigner à l'homme les besoins de la femme. Et lentement mais sûrement, il va apprendre.

....
La lettre-réponse est l'un des meilleurs moyens
d'enseigner à l'homme les besoins de la femme.
....

Parfois, les femmes me disent, par exemple: «Si je lui dis ce que je veux entendre et qu'il me le répète, comment vais-je savoir qu'il ne le dit pas seulement du bout des lèvres, que cela correspond vraiment à ce qu'il a envie de me dire du fond de son cœur?»

Voilà une autre question importante. Quand un homme n'aime pas une femme, il ne se donnera même pas la peine de lui dire ce qu'elle veut entendre. S'il fait le moindre effort pour tenter de répondre à sa demande, c'est fort probablement qu'il veut que ça marche.

S'il n'a pas exactement le ton le plus sincère au départ, c'est probablement parce qu'il apprend quelque chose de tout nouveau pour lui. On a toujours l'air un peu gauche en faisant quelque chose de nouveau. Et s'il semble avoir l'impression de paraître faible, c'est un moment délicat pour lui. Il faut alors lui donner beaucoup d'appréciation et d'encouragement. Il a besoin qu'on lui dise qu'il est dans la bonne voie.

S'il a l'air plus ou moins sincère en s'essayant, c'est probablement parce qu'il craint que ses efforts ne réussissent pas. Si la femme lui manifeste son appréciation, il se sentira plus sûr de lui et paraîtra plus sincère la prochaine fois. L'homme n'est pas fou. Lorsqu'il s'aperçoit que la femme répond à ses actions et que celles-ci ont un effet positif, il va maintenir cette conduite. Il faut seulement lui donner le temps d'apprendre.

Les femmes peuvent aussi beaucoup apprendre de ce que l'homme veut à partir des lettres-réponses qu'il écrit. La femme est généralement perplexe devant les réactions masculines. Elle ne comprend généralement pas pourquoi l'homme rejette ses tentatives pour le supporter. Elle se méprend sur ses besoins. Parfois, elle lui résiste parce qu'elle croit qu'il tente de la faire changer et cesser d'être elle-même. Dans la plupart des cas cependant, il recherche plutôt sa confiance, son appréciation et son acceptation.

Pour recevoir le support dont on a besoin, il n'est pas seulement nécessaire d'enseigner nos besoins à notre partenaire, mais d'être disposé à recevoir ce support. La lettre-réponse est un bon moyen de se disposer à recevoir le support qu'on désire. Autrement, les communications ne peuvent pas fonctionner. Exprimer des sentiments douloureux en ayant l'air de dire: «Tu ne peux rien faire pour soulager mes blessures» n'est pas seulement inefficace mais blessant pour l'autre. Il vaut mieux ne rien dire à ce moment-là.

Voici un autre exemple de lettre d'amour et de la lettre-réponse correspondante. Remarquez que la réponse est incluse dans le post-scriptum, qui est un peu plus long et plus élaboré que les précédents.

LETTRE D'AMOUR ET LETTRE-RÉPONSE
À PROPOS DE RÉSISTANCE

Quand Thérèse demande à son mari Paul de la supporter, il résiste et semble écrasé par sa demande.

Cher Paul,

Première section: la colère. Ça me fâche que tu me résistes. Je t'en veux de ne pas m'offrir ton aide. Ça me choque de toujours devoir demander. J'en fais tellement pour toi, et j'ai besoin de ton aide.

Deuxième section: la tristesse ou la peine. Je suis triste parce que tu ne veux pas m'aider, et parce que je me sens tellement seule. Je voudrais qu'on fasse beaucoup plus de choses ensemble. Ton support me manque.

Troisième section: l'inquiétude ou la crainte. J'ai peur de te demander ton aide. Je crains ta colère. Je m'inquiète parce que je sais que si tu disais non, je serais blessée.

Quatrième section: le regret. Je regrette tout le ressentiment que j'ai pour toi. Je suis déçue de ma manière de te harceler et de te critiquer. Je regrette de ne pas t'apprécier plus. Je déplore que je donne trop, puis que je te demande d'en faire autant.

Cinquième section: l'amour. Je t'aime. Je comprends que tu fais de ton mieux et je sais que tu tiens à moi. J'aimerais pouvoir réclamer ton support de manière plus amoureuse. Tu es un père tellement aimant pour nos enfants.

Je t'aime, Thérèse

P.-S.: Voici la réponse que j'aimerais que tu me donnes:

Chère Thérèse,

Merci de m'aimer autant. Merci de partager tes sentiments avec moi. Je comprends que tu sois offensée quand je te donne l'impression que tes demandes sont exagérées. Je sais que tu es aussi blessée quand je résiste à tes idées. Je m'excuse de ne pas t'offrir mon aide plus souvent. Je t'aime vraiment, et je suis très heureux que tu sois ma femme.

Je t'aime beaucoup, Paul

TROISIÈME ÉTAPE:
PARTAGER SA LETTRE D'AMOUR ET SA LETTRE-RÉPONSE

Il est important de partager vos lettres parce que:

* cela donne à votre partenaire l'occasion de vous supporter;

* cela vous permet de recevoir la compréhension dont vous avez besoin;

* cela permet à votre partenaire de voir l'autre côté de la médaille, mais en des termes aimants et respectueux;

* cela motive le changement dans une relation de couple;

* cela favorise l'intimité et la passion;

* cela enseigne à votre partenaire ce qui vous importe, et comment vous offrir le support dont vous avez besoin;

* cela aide les couples à reprendre le dialogue après un bris de communication;

* cela nous enseigne à entendre exprimer des sentiments négatifs d'une façon non menaçante.

Voici maintenant cinq manières de partager vos lettres. Dans chacun de ces cas, on présume que c'est la femme qui a écrit la lettre, mais ces méthodes sont tout aussi valables quand c'est l'homme qui l'a fait.

1 - Il lit sa lettre d'amour et sa lettre-réponse à haute voix, en sa présence, puis il lui prend la main et lui donne sa vraie réponse amoureuse à lui, en pleine connaissance de ce qu'elle a envie d'entendre.

2 - Elle lit sa lettre d'amour et sa lettre-réponse pendant qu'il écoute attentivement, puis en lui prenant la main il lui donne ensuite sa vraie réponse amoureuse, en pleine connaissance de ce qu'elle veut entendre.

3 - Il lui lit d'abord sa lettre-réponse à haute voix comme si c'était lui qui lui parlait, puis il lit sa lettre d'amour à haute

voix. Il est plus facile pour un homme d'entendre les sentiments négatifs de sa femme quand il sait déjà comment répondre à ces sentiments. Quand la femme fait d'abord savoir à l'homme ce qu'elle attend de lui, il est moins enclin à paniquer ensuite, en prenant connaissance de ses sentiments négatifs. Et après avoir lu sa lettre d'amour, il lui prend la main et lui donne sa vraie réponse amoureuse à lui, encore une fois en pleine connaissance de ce qu'elle veut entendre.

4 - D'abord elle lui lit sa lettre-réponse, ensuite elle lui lit sa lettre d'amour à haute voix. Enfin il lui prend la main et lui donne sa réponse amoureuse en pleine connaissance de ce qu'elle a besoin d'entendre.

5 - Elle lui donne ses deux lettres à lire en privé, et vingt-quatre heures après il revient la remercier de les avoir écrites. Puis il lui prend la main et lui donne sa réponse amoureuse à lui, en pleine connaissance de ce qu'elle désire entendre.

QUAND LE PARTENAIRE NE SAIT PAS RÉPONDRE AMOUREUSEMENT

Selon leurs expériences vécues, certains hommes et certaines femmes trouvent extrêmement difficile de prendre connaissance des lettres de leur partenaire. Dans ce cas, on ne devrait pas les forcer à les lire. Même quand votre partenaire accepte d'écouter la lecture d'une de vos lettres, il ou elle peut ne pas être en mesure d'y répondre amoureusement sur-le-champ. Voyons l'exemple de Paul et Thérèse.

Si Paul ne montre pas de sentiments amoureux après avoir entendu Thérèse lire sa lettre, c'est qu'il est incapable de répondre amoureusement à ce moment-là. Mais il est possible qu'après un certain temps son attitude et ses sentiments aient changé.

Si, en lisant ou en entendant les lettres, il a ressenti la colère et la souffrance qu'elles contiennent comme une attaque personnelle, il a adopté une attitude défensive. Dans ce cas il a besoin d'un peu de temps pour réfléchir sur ce qui lui a été exposé.

Parfois, quand une personne entend la substance d'une lettre d'amour de sa ou de son partenaire, il ou elle peut saisir les récriminations et la colère, mais avoir besoin de plus de temps pour arriver à saisir l'amour qu'elle contient. Cela peut aussi l'aider de relire la lettre après quelque temps, et spécialement les sections touchant le regret et l'amour. Parfois, avec les connaissances que j'en ai, en prenant une lettre d'amour de ma femme, je vais lire la section amour en premier, puis je lis le reste.

Si un homme est bouleversé par une lettre d'amour de sa femme, il peut réagir en écrivant sa propre lettre d'amour, ce qui va lui permettre de traiter des sentiments négatifs qui ont surgi en lui, en lisant la lettre de sa femme. Souvent quelque chose me trouble mais je ne sais pas quoi, jusqu'à ce que ma femme m'écrive une lettre d'amour. Puis, tout à coup, je sais ce que j'ai besoin d'écrire. En écrivant ma lettre, je retrouve mes sentiments amoureux, puis je relis sa lettre et redécouvre l'amour derrière sa souffrance.

Quand un homme est incapable de répondre immédiatement à une lettre d'amour, il doit savoir que ce n'est pas un acte répréhensible, et qu'il ne sera pas puni à cause de cela. Sa partenaire doit comprendre et accepter son besoin d'y repenser pendant quelque temps. Peut-être pourrait-il, pour démontrer du support envers sa partenaire, dire quelque chose comme ceci par exemple: «Merci de m'avoir écrit cette lettre. J'ai besoin d'un peu de temps pour y penser, puis nous en reparlerons ensuite si tu veux bien.» Il importe surtout qu'il n'émette aucune critique au sujet de la lettre. Le partage de lettres intimes doit être un processus libre de toute menace.

Toutes ces suggestions sur le partage des lettres d'amour s'appliquent aussi lorsque c'est la femme qui a de la difficulté à réagir amoureusement à une lettre de son mari. Je recommande généralement aux couples de lire les lettres qu'ils ont écrites à haute voix. En vous entendant lire sa lettre à haute voix, votre partenaire aura davantage l'impression que ses récriminations sont entendues. De toute façon, je conseille d'essayer les différentes manières de faire et d'adopter celle qui convient le mieux à votre couple.

ÉCHANGER DES LETTRES D'AMOUR SANS DANGER

Ce peut être une expérience terrifiante que d'échanger des lettres d'amour. La personne qui y a inscrit ses sentiments les plus personnels et angoissants peut se sentir très vulnérable. Après tout, ce serait tellement douloureux si le ou la partenaire les rejetait. La raison d'être de ces lettres est justement d'exposer ses sentiments l'un à l'autre pour favoriser le rapprochement des partenaires. Cela peut très bien fonctionner tant que ça se fait à l'abri de toute menace. Le ou la récipiendaire doit se montrer particulièrement respectueux ou respectueuse de l'expression de celui ou celle qui a écrit la lettre. S'il ou elle se sent incapable d'offrir un support respectueux en retour, alors il ou elle devrait refuser de le faire jusqu'à ce qu'il ou elle ait acquis cette générosité du cœur.

On doit uniquement partager ses lettres d'amour dans une intention correcte. Le partage d'une lettre intime doit se faire dans l'esprit de l'une ou l'autre des deux déclarations d'intention qui suivent.

DÉCLARATION D'INTENTION POUR LA RÉDACTION ET LE PARTAGE D'UNE LETTRE D'AMOUR

J'ai écrit cette lettre pour m'aider à atteindre mes sentiments positifs et pour t'offrir l'amour que tu mérites. Dans le courant de ce processus, je dois aussi te faire part des sentiments négatifs qui me bloquent.

Ta compréhension m'aidera à m'ouvrir, à m'épanouir et à me débarrasser de ces sentiments négatifs. J'ose croire que cela a de l'importance pour toi, et que tu réagiras à ces confidences de la meilleure façon possible.

J'apprécie ta volonté de m'écouter et de me supporter. Et de plus, j'espère que cette lettre t'aidera à comprendre mes demandes, mes besoins et mes désirs.

Le partenaire qui entend lire cette lettre doit savoir écouter dans l'esprit de la déclaration d'intention qui suit.

DÉCLARATION D'INTENTION POUR L'ÉCOUTE D'UNE LETTRE D'AMOUR

Je promets de faire de mon mieux pour comprendre la validité de tes sentiments, pour accepter les différences entre nous, pour respecter tes besoins autant que je respecte les miens, et pour apprécier le fait que tu fais de ton mieux pour me communiquer tes sentiments et ton amour. Je promets d'écouter et de ne pas essayer de corriger ou de nier tes sentiments. Je promets de t'accepter telle que tu es, et de ne pas tenter de te faire changer. J'accepte d'écouter la lecture de cette lettre parce que cela me tient à cœur et que je crois que nous pouvons résoudre nos problèmes ensemble.

Ce peut être beaucoup moins risqué la première fois que vous pratiquez la technique de la lettre d'amour, si vous prenez la peine de lire les textes ci-haut à haute voix. Ces déclarations d'intention contribueront à vous rappeler qu'il faut respecter les sentiments de votre partenaire et y réagir avec amour et en toute sécurité.

DES NOTES D'AMOUR

Si vous êtes bouleversé et ne disposez pas de vingt minutes ou d'une demi-heure pour écrire une lettre d'amour, vous pouvez écrire plutôt une note, c'est-à-dire une minilettre d'amour. Ça ne prend que de trois à cinq minutes et ça peut être très utile. En voici des exemples.

Cher Max,

(1) Ça me fâche beaucoup quand tu es en retard!

(2) Je suis triste parce que tu m'as oubliée.

(3) J'ai peur que tu ne tiennes vraiment plus à moi.

(4) Je regrette d'être aussi intransigeante.

(5) Je t'aime et je te pardonne de ton retard. Je sais que tu m'aimes vraiment. Merci de faire ton possible.

Je t'aime, Sandie

Cher Henri,

(1) Je suis fâchée parce que tu es toujours fatigué. Je suis aussi fâchée parce que tu regardes toujours la télévision.

(2) Ça me rend triste quand tu ne veux pas me parler.

(3) J'ai bien peur que nous nous éloignions l'un de l'autre. Et j'ai peur de te fâcher.

(4) Je regrette de t'avoir rejeté au dîner. Je suis peinée de toujours te blâmer pour mes problèmes.

(5) Ton amour me manque. Aurais-tu une petite heure à partager avec moi, ce soir ou très bientôt, afin que je te fasse part de ce qui se passe dans ma vie?

Je t'aime, Leslie

P.-S. Et voici ce que j'aimerais t'entendre dire:

Chère Leslie,

Merci de m'avoir fait part de tes problèmes par écrit. Il semble que je te manque, alors je serais heureux si nous nous accordions un moment tout spécial ensemble ce soir, entre huit et neuf heures.

Je t'aime, Henri

QUAND ÉCRIRE UNE LETTRE D'AMOUR

C'est le temps d'écrire une lettre d'amour lorsque vous êtes bouleversé et que vous voulez vous sentir mieux. Voici donc une liste des types de lettre d'amour qu'il est possible d'écrire.

1. Une lettre d'amour à un amoureux ou partenaire intime.

2. Une lettre d'amour à un ami, à un enfant ou à un membre de la famille.

3. Une lettre d'amour à un associé ou à un client, dans laquelle au lieu de dire «Je t'aime» on pourra plutôt dire «Je t'apprécie» ou «Je te respecte beaucoup». La plupart du temps je ne recommande pas de partager ce genre de lettre avec l'autre personne.

4. Une lettre d'amour à soi-même.

5. Une lettre d'amour à Dieu (ou à un être supérieur) dans laquelle on partage ses bouleversements en sollicitant son aide.

6. Une lettre d'amour renversée. S'il est trop difficile de pardonner à l'autre on peut se mettre à sa place pendant quelques minutes et écrire une lettre qui nous est destinée. Vous serez surpris de la rapidité avec laquelle on devient magnanime dans ce cas.

7. Une lettre d'amour de monstre. Si vous êtes fortement troublé et que vos sentiments vous poussent à la méchanceté et aux jugements sévères, confiez-vous sur papier puis brûlez la lettre. Mais ne la lisez surtout pas à votre partenaire, à moins que vous soyez tous deux capables de faire face à la dureté des sentiments négatifs qui y sont exprimés et acceptiez de le faire. Dans un tel cas, même une lettre de monstre peut rendre service.

8, Une lettre d'amour à retardement. Quand les événements présents vous bouleversent et vous ramènent à des problèmes non résolus de votre enfance, faites un retour dans le temps et écrivez une lettre à l'un de vos parents en lui exposant vos sentiments et en sollicitant son aide.

POURQUOI NOUS DEVONS ÉCRIRE DES LETTRES D'AMOUR

Comme nous l'avons souvent dit dans ce livre, il est immensément important pour la femme de partager ses sentiments et de sentir qu'on prenne soin d'elle, qu'on la comprenne et qu'on la respecte. Il est tout aussi important pour l'homme de sentir qu'on l'apprécie, qu'on l'accepte et qu'on a confiance en lui. Le problème majeur survient si l'homme se sent mal aimé lorsque sa femme lui confie les sentiments qui la bouleversent.

Pour lui, de telles émotions négatives correspondent à des critiques, à un blâme, à des exigences et à du ressentiment. Et quand elle lui confie ce genre de sentiments, il a tout de suite l'impression qu'elle ne l'aime pas. La réussite d'une relation de couple dépend essentiellement de deux facteurs: la capacité qu'a l'homme d'écouter avec attention et amour, et la capacité qu'a la femme de partager ses sentiments avec respect et amour.

Toute relation de couple nécessite de bonnes communications entre les partenaires au sujet de leurs sentiments et de leurs besoins changeants. Ce serait trop idéaliste de souhaiter des communications parfaites, mais il y a amplement de place pour l'amélioration entre une situation habituelle ou normale et la perfection.

DES ATTENTES RÉALISTES

Il n'est pas réaliste de s'attendre à des communications toujours faciles. Il peut être très difficile d'exprimer certains sentiments sans blesser celui ou celle qui écoute. Même dans les couples dont la qualité des liens amoureux est excellente, on met beaucoup de soin à trouver une formule de communication qui convienne aux deux parties. Il est vraiment difficile de comprendre le point de vue d'une autre personne, particulièrement quand elle ne dit pas ce qu'on aimerait entendre. Il est aussi pénible de se montrer respectueux de l'autre quand ses propres sentiments ont été meurtris.

Beaucoup de couples concluent à tort qu'ils ne s'aiment pas assez en constatant leur incapacité de communiquer efficacement. Bien sûr que l'amour a quelque chose à voir là-dedans, mais c'est beaucoup plus l'habileté dans les communications qui est en cause.

COMMENT ON APPREND À COMMUNIQUER

L'art de la communication efficace nous viendrait tout naturellement si nous avions tous été élevés dans une famille où les communications aimantes et honnêtes étaient à l'honneur. Mais au cours des générations passées, la communication dite honnête consistait essentiellement à éviter les situations négatives ou controversées. Avoir des sentiments négatifs, c'était comme avoir une maladie honteuse qu'il fallait cacher et nier.

Dans les familles dites moins civilisées, ce qu'on considérait comme des communications aimantes était l'expression ou la rationalisation de sentiments négatifs à travers les cris, les punitions physiques, la fessée ou la flagellation, et maintes formes d'abus verbaux, toujours dans le but d'aider les enfants à distinguer entre le bien et le mal.

Si nos parents avaient appris à communiquer avec amour, sans étouffer leurs émotions négatives, nous-mêmes, en tant qu'enfants, nous serions sentis libres d'admettre et d'explorer nos propres réactions et sentiments négatifs au moyen de l'expérimentation et de la correction de nos erreurs. Nous aurions appris à communiquer efficacement nos émotions, et particulièrement les plus délicates, à partir d'exemples vivants. Pendant dix-huit ou vingt ans d'expérimentation et d'apprentissage, nous aurions graduellement appris à exprimer nos sentiments avec respect et de façon appropriée. Si tel avait été le cas, nous n'aurions pas besoin de la technique de la lettre d'amour.

SI NOTRE PASSÉ AVAIT ÉTÉ DIFFÉRENT

Si nous avions expérimenté un passé différent, nous aurions probablement observé notre père en train d'écouter patiemment et amoureusement notre mère exprimant et expliquant ses frustrations et ses déceptions. Nous aurions constaté que jour après jour un bon mari offre à sa femme l'attention aimante et la compréhension dont elle a besoin.

Nous aurions aussi appris que la femme correcte doit faire confiance à son mari et partager ouvertement ses sentiments avec lui (y compris ses frustrations et ses déceptions), sans lui adresser aucun blâme ou aucune désapprobation. Enfin, nous aurions constaté qu'il est possible pour une personne d'être bouleversée sans repousser son ou sa partenaire à travers un manque de confiance, la manipulation émotionnelle, l'évitement, la désapprobation ou l'indifférence.

Au cours de nos dix-huit ans de croissance, nous aurions graduellement appris à maîtriser nos propres émotions, comme nous avons appris à maîtriser les mathématiques. Cela aurait été une aptitude apprise comme celles qui nous permettent de marcher, de sauter, de chanter, de lire ou de vérifier un carnet de chèques.

Mais tel n'a pas été le cas pour la plupart d'entre nous. Nous avons plutôt passé dix-huit ans à apprendre des mauvaises techniques de communication. Et parce que nous manquons d'éducation en ce domaine, il nous est difficile sinon impossible de communiquer avec amour quand nous expérimentons des sentiments négatifs.

Pour arriver à comprendre à quel point cela est difficile, analysez vos propres réponses aux questions suivantes.

1 - Quand vous sentez de la colère ou du ressentiment, comment exprimez-vous votre amour si – au cours de vos années d'éducation – vos parents passaient leur temps en argumentation, ou à tout faire pour éviter toute forme d'argumention?

2 - Comment obtenez-vous que vos enfants vous obéissent – sans devoir leur crier après ou les punir – si vos parents criaient après vous et vous punissaient pour vous contrôler?

3 - Comment demandez-vous l'aide dont vous avez besoin si comme enfant vous vous sentiez constamment négligé ou déçu?

4 - Comment pouvez-vous vous ouvrir pour confier vos émotions si vous craignez le rejet?

5 - Comment arrivez-vous à échanger avec votre partenaire si vos sentiments intérieurs disent: «Je te déteste»?

6 - Comment réussissez-vous à dire «Je m'excuse» si comme enfant on vous punissait pour vos erreurs?

7 - Comment faites-vous pour admettre vos erreurs si vous craignez la punition et le rejet?

8 - Comment parvenez-vous à exprimer vos émotions si comme enfant on vous jugeait et on vous rejetait constamment quand vous étiez perturbé ou que vous pleuriez?

9 - Comment peut-on penser que vous allez être capable de demander ce dont vous avez besoin quand comme enfant on vous faisait sentir que vous aviez toujours tort de demander quoi que ce soit?

10 - Comment pouvez-vous même savoir ce que vous ressentez si, dans votre enfance, vos parents n'avaient jamais le temps, la patience et la conscience de s'enquérir de vos sentiments ou de ce qui vous dérangeait.

11 - Comment pouvez-vous accepter les imperfections de votre partenaire si dans votre enfance vous aviez l'impression de devoir être parfait pour mériter l'amour?

12 - Comment pouvez-vous être capable d'écouter attentivement et patiemment les récriminations de votre partenaire si personne n'écoute jamais les vôtres?

13 - Comment pouvez-vous pardonner si personne ne vous a jamais accordé son pardon?

14 - Comment pouvez-vous pleurer pour soulager votre peine et votre douleur si, comme enfant, on vous a constamment dit: «Ne pleure pas!» ou «Les grandes personnes ne font pas ça» ou même «Ce sont seulement les bébés qui pleurent»?

15 - Comment serez-vous capable d'écouter les récriminations de votre partenaire si dans votre enfance on vous a tenu responsable des douleurs de votre mère, bien avant que vous puissiez comprendre que vous n'aviez rien à voir là-dedans?

16 - Comment serez-vous capable d'entendre la colère de votre partenaire si votre père et votre mère soulageaient leur frustration en vous criant après, ou en étant excessivement exigeants?

17 - Comment pouvez-vous vous ouvrir en toute confiance à votre partenaire si les premières personnes à qui vous avez fait confiance dans la vie vous ont trahi d'une manière ou d'une autre?

18 - Comment arriverez-vous à communiquer vos sentiments avec amour et respect si vous n'avez pas eu dix-huit ans de pratique, sans aucune menace de rejet ou d'abandon?

Ces dix-huit questions ont une réponse en commun: il est possible d'apprendre à communiquer avec amour, mais il faut y mettre les efforts nécessaires. Nous devons compenser pour dix-huit années de négligence dans notre vie. Peu importe la bonté qu'avaient nos parents, personne n'est parfait. Si vous trouvez difficile de communiquer ce n'est pas un mauvais sort qui vous afflige, ni à cause de votre partenaire. C'est simplement un manque de pratique et une absence de climat propice.

En lisant les questions ci-haut, certains sentiments ont pu surgir en vous. Ne ratez pas cette occasion spéciale pour exorciser vos malaises. Prenez vingt minutes (maintenant) pour écrire une lettre d'amour (à retardement) à l'un de vos parents. Prenez simplement un stylo et du papier et, en vous guidant sur notre technique de la lettre d'amour, laissez couler vos sentiments. Faites-en l'essai tout de suite, et vous serez surpris des résultats.

DIRE TOUTE LA VÉRITÉ

Les lettres d'amour sont efficaces parce qu'elles vous aident à dire toute la vérité. Voici quelques raisons pour lesquelles une exploration partielle de vos sentiments ne suffit pas à guérir votre malaise.

1 - Cela ne vous donnera rien de ne ressentir que de la colère. Ça peut seulement vous fâcher davantage. Plus vous vous attarderez à votre irritation et plus vous deviendrez perturbé.

2 - Pleurer pendant des heures ne vous aidera jamais à dépasser le niveau de votre peine, cela ne fera que vous laisser vidé et insatisfait.

3 - Si vous ne ressentez que votre peur, vous aurez encore plus peur.

4 - Regretter sans oser explorer davantage vos sentiments ne fait qu'attiser en vous la honte et la culpabilité, et peut même ternir votre amour-propre.

5 - En essayant de toujours être aimant on étouffe inévitablement ses émotions négatives, ce qui rend indifférent et amorphe après quelques années.

La technique des lettres d'amour est un excellent guide pour écrire toute la vérité sur tous ses sentiments. Pour parvenir à guérir nos souffrances intérieures, il nous faut pouvoir ressentir chacune des quatre facettes primaires de douleur émotionnelle que sont la colère, la peine (ou la tristesse), la crainte (ou l'inquiétude) et le regret.

POURQUOI LES LETTRES D'AMOUR SONT EFFICACES

En exprimant chacun de ces quatre niveaux de douleur émotionnelle, nous pouvons soulager notre mal, mais en n'écrivant que sur un ou deux d'entre eux nous obtenons un moindre résultat. C'est parce que beaucoup de nos réactions négatives ne sont souvent pas de vrais sentiments, ce sont des mécanismes de défense que nous déployons inconsciemment pour éviter de faire face aux sentiments qui nous font mal. comme dans les exemples ci-après.

1 - Les gens qui se fâchent facilement cherchent généralement à cacher leur faiblesse, leur tristesse, leur peur ou leur regret. Mais en parvenant à toucher ces sentiments plus vulnérables, ils pourraient se débarrasser de leur colère et devenir plus aimants.

2 - Les gens qui pleurent souvent ont habituellement de la difficulté à se fâcher. Mais quand on les aide à exprimer leur colère intérieure, ils se sentent beaucoup mieux et deviennent plus aimants.

3 - Les gens qui ont peur ont généralement besoin de sentir et d'exprimer leur colère, après quoi ils n'auraient plus peur.

4 - Les gens qui ont souvent des regrets ou se sentent coupables ont habituellement besoin de sentir et d'exprimer leur souffrance et leur colère, après quoi ils pourraient recouvrer l'amour-propre qu'ils méritent.

5 - Les gens qui se sentent toujours aimants mais se demandent pourquoi ils sont déprimés ou incapables de réagir, devraient mettre par écrit leur réponse à la question suivante: «Si je devais être fâché ou bouleversé à cause de quelque chose, qu'est-ce que ce serait?» Ceci peut les aider à entrer en contact avec les sentiments qui se cachent derrière leur

dépression et leur attitude indifférente. La lettre d'amour peut très bien servir à ces fins.

COMMENT DES SENTIMENTS EN CACHENT D'AUTRES

Les exemples suivants démontrent comment les hommes et les femmes utilisent leurs émotions négatives pour ne pas supprimer leur véritable souffrance. Il faut se rappeler que ce réflexe est automatique et se produit généralement sans que la personne s'en rende compte. Prenez un instant pour considérer les questions qui suivent.

- Vous arrive-t-il de sourire tout en étant vraiment fâché?

- Vous est-il arrivé de réagir avec colère alors que vous étiez envahi par la peur à l'intérieur?

- Pouvez-vous quand même rire et faire des blagues alors que vous vous sentez triste et meurtri?

- Avez-vous été prompt à blâmer les autres alors que vous vous sentiez coupable ou craintif?

Le tableau qui suit montre comment les hommes et les femmes nient régulièrement leurs véritables sentiments. Tous les hommes ne se reconnaîtront pas nécessairement dans la description masculine, ni les femmes dans la description féminine, mais ce tableau peut les aider à comprendre comment on peut demeurer totalement ignorant de ses propres sentiments.

DES MANIÈRES DE CAMOUFLER SES SENTIMENTS

a) Comment les hommes camouflent leur douleur morale, de façon généralement inconsciente.
b) Comment les femmes camouflent leur douleur morale, de façon généralement inconsciente aussi.

1 - a) L'homme peut utiliser la colère comme moyen de cacher ses sentiments douloureux comme la tristesse, la blessure, le regret, la culpabilité et la peur.

b) La femme peut utiliser la préoccupation et l'inquiétude pour éviter de ressentir la douleur de la colère, de la culpabilité, de la peur ou de la déception.

2 - a) L'homme peut utiliser l'indifférence et le découragement pour éviter de ressentir la douleur de la colère.

b) La femme peut glisser dans la confusion comme moyen d'éviter la colère, l'irritation et la frustration.

3 - a) L'homme peut se montrer offensé pour ne pas laisser voir qu'il est blessé.

b) La femme peut se montrer gênée pour ne pas montrer qu'elle est embarrassée, fâchée, triste ou contrite.

4 - a) L'homme peut se montrer irrité et vertueux plutôt que de laisser voir qu'il n'est pas sûr de lui ou qu'il a peur.

b) La femme peut utiliser la peur et l'incertitude pour éviter de se montrer fâchée, blessée ou triste.

5 - a) L'homme peut avoir honte du fait qu'il camoufle sa colère ou sa peine.

b) La femme peut se servir de la peine pour cacher sa colère et sa peur.

6 - a) L'homme peut camoufler la colère, la peur, la déception, le découragement et la honte sous des apparences calmes et paisibles.

b) La femme peut utiliser l'espoir pour ne pas succomber à la colère, la tristesse, la peine et le regret.

7 - a) L'homme peut se montrer confiant pour cacher son incompétence.

b) La femme peut cacher sa tristesse et sa déception derrière des apparences de joie et de gratitude.

8 - a) L'homme peut dissimuler sa peur sous des airs agressifs.

b) La femme peut recourir à l'amour et au pardon pour nier ses sentiments douloureux et sa colère.

VAINCRE SES SENTIMENTS NÉGATIFS

Il est très difficile de reconnaître et d'accepter les sentiments négatifs d'une autre personne lorsqu'on n'a pas pris contact et exploré ses propres émotions négatives. Il devient plus facile de partager nos sentiments et d'accepter ceux de notre partenaire, sans nous sentir blessés, impatients, frustrés ou offensés, dans la mesure où nous avons réussi à liquider nos propres problèmes d'enfance.

Si vous opposez beaucoup de résistance à la reconnaissance de vos propres souffrances morales, vous en ferez autant devant l'expression de la souffrance des autres. Si vous démontrez de l'impatience et de l'intolérance en entendant quelqu'un parler de problèmes à caractère infantile, voilà une bonne indication de la façon dont vous vous traitez vous-même.

Pour redresser notre entraînement initial, il nous faut jouer le rôle de notre propre parent. Il faut reconnaître qu'il y a en nous une conscience (une personne émotionnelle) qui s'affole, même au moment où notre esprit rationnel nous dit qu'il n'y a pas de quoi s'affoler. Il nous faut isoler cette partie émotive de nous-même et la traiter comme un parent aimant. Nous devons lui poser des questions comme: «Qu'est-ce qu'il y a, as-tu mal?», «Qu'est-ce que tu ressens?», «Qu'est-ce qui t'a bouleversé?», «Qu'est-ce qui te fâche comme ça?», «Qu'est-ce qui te fait de la peine?», «De quoi as-tu peur?» et «Qu'est-ce que tu veux?».

En écoutant parler votre cœur avec compassion, vos sentiments négatifs vont miraculeusement guérir et vous pourrez réagir aux situations avec beaucoup plus d'amour et de respect. En comprenant nos sentiments à caractère infantile nous permettons automatiquement à des sentiments plus aimants de s'infiltrer dans nos paroles.

Si nos émotions d'enfant avaient régulièrement été entendues et reconnues avec amour, nous ne nous retrouverions pas bloqués par des émotions négatives en tant qu'adultes. Mais comme la plupart de nous n'ont pas été supportés de cette façon dans leur enfance, alors nous devons le faire pour nous-mêmes maintenant.

COMMENT VOTRE PASSÉ AFFECTE VOTRE PRÉSENT

Vous vous êtes sûrement déjà senti pris par des émotions négatives. Voici comment certaines émotions non liquidées de notre enfance peuvent nous affecter à travers notre stress d'adulte.

1 - Lorsque quelque chose nous a frustrés, nous continuons de nous sentir fâchés et ennuyés, même quand notre raisonnement d'adulte nous dit que nous devrions demeurer calmes, aimants et paisibles.

2 - Lorsque quelque chose nous a déçus, nous persistons à nous sentir tristes et blessés, même quand notre conscience d'adulte nous dit que nous devrions être enthousiastes, heureux et confiants.

3 - Lorsque nous sommes bouleversés par quelque chose, nous nous retrouvons avec des sentiments de crainte et d'inquiétude, même quand notre raisonnement d'adulte nous dit que nous devrions nous sentir confiants, assurés et reconnaissants.

4 - Quand nous sommes embarrassés par quelque chose, nous restons bloqués dans des sentiments de regret et de honte, même quand notre conscience d'adulte nous dit que nous devrions nous sentir bien, sûrs de nous et en merveilleuse forme.

ÉTOUFFER SES SENTIMENTS NÉGATIFS PAR DES MANIES

En tant qu'adultes, nous tentons de contrôler nos sentiments négatifs en les évitant. Nous pouvons utiliser des manies telles que l'alcool ou la drogue pour étouffer les messages que nous donnent nos sentiments inexprimés et nos besoins inassouvis. Après un verre de vin, le mal a disparu pour un moment. Mais il faut savoir qu'il reviendra encore et encore.

Ironiquement, ce sont nos efforts pour éviter nos émotions négatives qui leur donnent le pouvoir de contrôler notre vie. En apprenant à écouter puis à prendre soin de nos émotions intérieures, elles finissent par lâcher prise.

Ironiquement, nos efforts pour éviter nos émotions négatives leur donnent le pouvoir de contrôler notre vie.

Lorsque vous êtes très bouleversé, vous n'êtes certainement pas capable de communiquer aussi efficacement que vous le voudriez. À ce moment-là, ce sont des problèmes non résolus de votre passé qui refont surface. C'est comme si l'enfant à qui il n'était jamais permis de faire une crise en faisait une maintenant, et se faisait mettre à l'écart une fois de plus.

Nos émotions de jeunesse refoulées ont le pouvoir de nous contrôler en s'emparant de notre conscience d'adulte et en s'opposant à notre capacité de communiquer avec amour. Tant que nous demeurons incapables de faire face à ces sentiments apparemment irrationnels venant de notre passé (qui semblent envahir notre vie quand nous avons le plus besoin d'équilibre), ils continueront à bloquer nos communications sur le plan amoureux.

Le secret, pour arriver à extérioriser ces émotions délicates, réside dans la sagesse et la détermination qui nous permettent d'exprimer ces sentiments négatifs par écrit, pour que nous devenions conscients de nos sentiments plus positifs. Plus nous serons capables d'inclure l'amour qu'il ou qu'elle mérite dans nos communications avec notre partenaire, plus notre relation de couple sera solide. Il est d'autant plus facile pour votre partenaire de vous soutenir que vous savez lui confier vos bouleversements avec amour.

SECRETS DE LA DÉBROUILLARDISE

La rédaction de lettres d'amour est un excellent moyen de vous aider vous-même, mais si vous n'en prenez pas immédiatement l'habitude vous pourriez en oublier l'existence ou l'utilité. Je vous suggère de prendre l'habitude de vous asseoir et d'écrire une lettre d'amour selon notre méthode au moins une fois par semaine, sitôt que quelque chose vous tracasse.

La lettre d'amour est non seulement utile quand vous vous sentez perturbé dans vos relations avec votre partenaire, mais quand vous êtes bouleversé par vous-même. Il est bon d'écrire une lettre d'amour quand vous vivez du ressentiment, de l'anxiété, de l'inquiétude, de la fatigue, de l'irritation, mais aussi quand vous êtes malheureux, déprimé, mal pris ou tout simplement stressé. Quand vous voulez vous sentir mieux, écrivez une lettre d'amour. Ça ne changera pas nécessairement votre état d'esprit du tout au tout, mais ça vous remettra sûrement sur la bonne voie.

Dans mon premier livre *Vous pouvez guérir ce que vous ressentez* je discute davantage de l'importance d'explorer ses sentiments et d'écrire des lettres d'amour. De plus, dans mes séries d'enregistrements sur cassette, intitulées «Guérir le cœur», je révèle des techniques de visualisation thérapeutiques et des exercices basés sur la technique de la lettre d'amour, pour aider à vaincre l'anxiété, atténuer le ressentiment, développer la capacité de pardonner, aimer l'enfant qui vit en soi et guérir les blessures émotionnelles du passé.

Beaucoup d'autres livres et manuels ont aussi été écrits sur ces sujets par d'autres auteurs. La lecture de ces livres peut vous aider à prendre contact avec vos sentiments intérieurs troublants et les éliminer. Rappelez-vous cependant que si vous ne laissez pas votre côté émotionnel s'exprimer et se faire entendre, vous ne pouvez le guérir de ses problèmes. Les livres peuvent vous aider à augmenter votre sentiment d'amour-propre, mais en écoutant, en écrivant et en exprimant verbalement tous vos sentiments personnels, vous le faites encore mieux.

> *Les livres peuvent vous aider à augmenter votre sentiment*
> *d'amour-propre, mais en écoutant, en écrivant et en*
> *exprimant verbalement tous vos sentiments personnels,*
> *vous le faites encore mieux.*

En pratiquant la technique de la lettre d'amour, vous prendrez de plus en plus contact avec la partie de vous-même qui a le plus besoin d'amour. En portant attention et en explorant vos émotions, vous aiderez cette partie de vous à grandir et à se développer.

À mesure que votre côté émotionnel recevra l'amour et la compréhension dont il a besoin, vous vous mettrez automatiquement à mieux communiquer. Vous pourrez réagir aux situations de façon plus aimante. Même si nous avons tous été programmés pour cacher nos sentiments comme pour réagir défensivement et sans amour, nous avons la capacité de nous reprogrammer, et il y a beaucoup d'espoir.

Pour vous reprogrammer, vous devez prendre connaissance des problèmes que vous avez refoulés par le passé et qui n'ont jamais pu trouver de solution, et les comprendre. C'est une partie de vous qui a besoin d'être ressentie et comprise pour être guérie.

L'écriture de lettres d'amour est aussi une façon sûre d'exprimer des sentiments non assumés, des émotions négatives et des besoins, sans risquer d'être jugé ou rejeté. En écoutant nos sentiments, nous traitons sagement notre côté émotif comme s'il était un petit enfant pleurant dans les bras d'un parent. Et en explorant nos sentiments comme des vérités, sans réticence, nous nous accordons la permission d'avoir ces sentiments. En traitant cette partie infantile de nous-même avec amour et respect, nous pouvons graduellement guérir les blessures émotionnelles que nous avons héritées de notre passé.

Bien des gens mûrissent trop vite, parce qu'ils rejettent ou refoulent leurs sentiments. Leurs blessures émotionnelles non traitées attendent toujours le moment de remonter à la surface et d'être guéries par l'amour. Et bien qu'ils tentent d'étouffer ces sentiments, la souffrance et l'incapacité d'être heureux qui en découlent continuent de les affecter.

On reconnaît de plus en plus que la majorité des maladies physiques sont directement reliées à des problèmes émotifs non résolus. La souffrance émotionnelle refoulée se transforme généralement en souffrance physique et peut même causer une mort prématurée. De plus, la plupart de nos manies, obsessions et dépendances destructives sont l'expression de nos blessures émotionnelles.

L'obsession courante du succès chez l'homme est un effort désespéré pour gagner l'amour afin de soulager sa souffrance et son chaos émotionnels. L'obsession courante de perfection chez la femme est aussi une tentative désespérée de mériter l'amour et de réduire sa souffrance émotionnelle. Tout excès de conduite ou de sentiment peut être un moyen d'engourdir la souffrance découlant d'un passé troublé.

Notre société nous offre une grande variété de distractions pour nous aider à éviter la souffrance morale. Les lettres d'amour, elles, vous aident à regarder votre souffrance en face, à la ressentir et à la guérir. Chaque fois que vous écrivez une lettre d'amour vous offrez à votre moi intérieur émotionnel et blessé l'amour, la compréhension et l'attention dont il a besoin pour guérir.

LA PUISSANCE DE LA SOLITUDE

Parfois, en exprimant vos sentiments par écrit dans la solitude, vous pouvez découvrir des niveaux d'émotion qu'il vous serait impossible d'atteindre en présence d'une autre personne. L'intimité de notre propre solitude crée la sûreté de climat qu'il nous faut pour approfondir nos sentiments. Même si vous vivez une relation de couple dans laquelle il vous est possible de parler de tout et de n'importe quoi sans danger, je vous recommande quand même de mettre vos sentiments sur papier dans une solitude absolue de temps en temps. L'écriture de lettres d'amour en privé est aussi un exercice sain, parce qu'il permet de vous accorder du temps personnel au cours duquel vous ne dépendez d'absolument personne.

Je conseille d'inclure vos lettres d'amour dans votre journal personnel, ou de les garder dans un classeur. Pour vous en faciliter l'écriture, vous pouvez toujours vous référer à la formule donnée plus tôt dans ce chapitre. Elle peut vous aider en vous rappelant les différentes phases ou sections d'une lettre d'amour, et en vous suggérant des amorces de phrases pour les moments où vous êtes bloqué et où vous ne savez pas trop comment attaquer un sujet.

Vous pouvez tapez la formule-guide de la lettre d'amour dans un fichier de votre ordinateur personnel. Vous n'aurez qu'à ouvrir ce fichier quand vous en aurez besoin, et quand votre lettre est écrite vous l'enregistrerez avec la date. Vous pouvez en tirez une copie ou deux sur votre imprimante, selon que vous désiriez la relire et/ou la faire partager à quelqu'un.

En plus de votre activité d'écriture, je vous suggère de garder un classeur privé de toutes vos lettres. Relisez-les de temps en temps, quand vous n'êtes pas bouleversé, parce que c'est le meilleur moment pour réviser vos sentiments avec une plus grande objectivité. Cette objectivité pourra vous aider à exprimer des émotions troublantes de manière plus respectueuse, à d'autres moments. Aussi, quand vous écrivez une lettre d'amour alors que vous êtes encore sous le coup de l'émotion, vous pouvez vous sentir mieux ensuite, en la relisant.

Pour aider les gens à écrire des lettres d'amour, à explorer et à exprimer leurs sentiments en privé, j'ai développé un logiciel d'informatique appelé «Session privée». Sur un plan personnel, ce programme utilise des photographies, des graphiques, des questions et différentes formules de lettres d'amour, pour vous aider à éclaircir vos sentiments. Il suggère même des phrases d'amorce pour vous aider à exprimer correctement certaines émotions particulières. De plus, il emmagasine vos lettres et vous les rend au moment où vous sentez le besoin de les consulter pour encore mieux exprimer vos sentiments, à propos d'autres sujets et en d'autres circonstances.

Le fait de recourir à votre ordinateur pour vous aider dans la mise par écrit de vos sentiments peut contribuer à réduire la résistance habituelle des gens devant l'écriture de lettres d'amour. Les hommes, qui résistent habituellement davantage à ce processus, sont bien plus consentants et motivés lorsqu'ils peuvent s'asseoir en privé au clavier de leur ordinateur pour le faire.

LA PUISSANCE DE L'INTIMITÉ

Écrire des lettres d'amour en privé a un pouvoir thérapeutique certain, mais cela ne peut remplacer notre besoin d'être entendu et compris des autres. En écrivant une lettre d'amour on s'adresse de l'amour à soi-même, mais quand on partage sa lettre, on reçoit l'amour de l'autre. Pour grandir dans notre capacité de nous aimer nous-même, il nous faut aussi recevoir de l'amour. Le partage de la vérité ouvre la porte de l'intimité pour laisser pénétrer notre amour.

Pour grandir dans notre capacité de nous aimer nous-même,
il nous faut aussi recevoir de l'amour.

Pour recevoir plus d'amour, nous devons nous entourer de gens avec lesquels nous pouvons ouvertement et de manière sûre, partager nos sentiments. Il est primordial que vous ayez dans votre vie des personnes sélectionnées avec lesquelles vous pouvez partager absolument tous vos sentiments, en qui vous avez pleine confiance et qui continueront à vous aimer et à ne pas vous blesser par leurs critiques, leurs jugements ou leurs rejets.

Quand vous pouvez partager qui vous êtes, et comment vous vous sentez, alors vous pouvez pleinement recevoir de l'amour. Si vous possédez cet amour, il est plus facile pour vous de relâcher des symptômes émotionnels négatifs comme le ressentiment, la colère, la peur et ainsi de suite. Cela ne veut pas dire qu'il vous faut tout partager ce que vous avez découvert et ressenti en privé. Mais si vous avez encore des sentiments que vous avez peur de révéler, ces peurs ont besoin d'être graduellement éliminées.

Si vous êtes capable de révéler vos sentiments les plus personnels et les plus profonds, un thérapeute aimant ou un ami intime peuvent être d'excellentes sources de soulagement et d'amour ravivé. Si vous ne connaissez pas de thérapeute, alors il peut être très utile qu'un ami vous lise vos lettres de temps en temps. Écrire des lettres en privé vous fera du bien, mais occasionnellement il est essentiel de partager vos lettres d'amour avec une autre personne qui vous aime bien et vous comprenne.

LE POUVOIR DU GROUPE

Le pouvoir d'un support de groupe ne se décrit pas, c'est une chose qui doit être expérimentée. Un groupe aimant et empressé peut faire des merveilles en nous aidant à entrer plus facilement en contact avec nous émotions profondes. En partageant vos sentiments avec un groupe, vous avez plus de personnes capables de vous transmettre de l'amour. Le potentiel de croissance est multiplié par le nombre des participants. Même si vous ne vous exprimez pas vous-même dans le groupe, en écoutant les autres parler ouvertement et honnêtement de leurs sentiments, votre prise de conscience et votre compréhension se développeront sensiblement.

Quand je dirige des séminaires de groupe à travers les États-Unis, je découvre constamment des parties profondes de moi qui ont besoin d'être entendues et comprises. Lorsque quelqu'un se lève et exprime des sentiments, soudain je me rappelle ou je ressens quelque chose moi-même. J'acquiers des connaissances nouvelles et importantes sur moi-même comme sur les autres. Quand arrive la fin de chaque séminaire, je me sens généralement beaucoup plus léger et bien plus aimant.

Un peu partout de petits groupes de soutien se réunissent chaque semaine sur presque tous les sujets imaginables pour s'offrir du support mutuel. Ce genre de support de groupe est particulièrement utile si, comme enfant, nous n'avons pas été capable de nous exprimer en toute sécurité en groupe, ou dans notre famille. Alors que toute activité positive de groupe donne de la force, le fait de parler ou d'écouter au sein d'un groupe disposé à nous aimer et à nous supporter a un effet thérapeutique inestimable.

Je fréquente régulièrement un petit groupe de support masculin, et ma femme Bonnie se réunit régulièrement avec son groupe de support féminin. Ce support extérieur contribue beaucoup au succès de notre relation de couple. Il nous dégage de l'obligation de compter seulement sur nous deux pour les appuis dont dont avons besoin. De plus, en écoutant les autres raconter leurs succès et leurs échecs, nos propres problèmes nous paraissent moins importants.

PRENDRE LE TEMPS D'ÉCOUTER

Au moment où vous écrivez vos pensées et vos sentiments en privé ou à votre ordinateur, ou que vous les partagez en session de thérapie, dans votre relation de couple ou dans un groupe de support, vous faites une démarche très importante pour vous-même. En prenant le temps d'écouter vos propres sentiments, vous dites en substance à la petite personne qui est en vous: «Peu importe, tu mérites d'être entendu, et je m'intéresse assez pour t'écouter.»

•••
En prenant le temps d'écouter vos propres sentiments,
vous dites en substance à la petite personne qui est en vous:
«Peu importe, tu mérites d'être entendu, et je m'intéresse assez
pour t'écouter.»
••••••••••••••••••

J'espère que vous utiliserez cette technique de la lettre d'amour, parce j'ai vu comment elle a transformé la vie de milliers de gens, y compris la mienne. Je vous dis qu'à force d'écrire de plus en plus de lettres d'amour, cela devient de plus en plus facile et ça fonctionne mieux. Ça prend de la pratique, mais ça en vaut la peine!

Chapitre 12

COMMENT DEMANDER DU SUPPORT ET L'OBTENIR

Si vous n'obtenez pas le support dont vous avez besoin dans votre relation de couple, ce peut être que vous ne le demandez pas assez, ou que vous le demandez de la mauvaise façon. Il est essentiel dans toute relation de solliciter l'amour et le support dont on a besoin. Comme il est dit dans l'Évangile selon saint Matthieu: «DEMANDEZ ET ON VOUS DONNERA!»

Et les hommes et les femmes ont de la difficulté à demander le support dont ils ont besoin. Cependant, les femmes plus que les hommes ont tendance à trouver frustrant et plus désappointant le fait de demander du support. Pour cette raison, je vais adresser ce chapitre aux femmes. Naturellement, les hommes pourront approfondir leur compréhension des femmes en le lisant aussi.

POURQUOI LES FEMMES N'AIMENT PAS DEMANDER

Les femmes pensent erronément qu'elles n'ont pas à demander du support. Parce qu'elles ressentent intuitivement les besoins des autres et donnent tout ce qu'elles peuvent, elles croient à tort que l'homme peut faire de même. Quand une femme est amoureuse, elle offre instinctivement son amour. Et c'est avec beaucoup de plaisir et d'enthousiasme qu'elle cherche aussi des moyens d'offrir son support. Plus elle aime et plus elle est motivée à supporter celui qu'elle aime. Sur Vénus tout le monde offre son support spontanément, il n'y a donc aucune raison d'en solliciter. En fait, pour les Vénusiennes, on démontre qu'on aime quelqu'un en ne l'obligeant pas à quémander du support. Et l'une des définitions même de l'amour, pour elles, c'est «ne pas avoir à demander».

*Sur Vénus, l'une des définitions même de l'amour, c'est:
«Ne pas avoir à demander».*

Parce que c'est l'un de ses points de référence, la femme présume que si son partenaire l'aime vraiment, il va lui offrir tout le support dont elle a besoin, et qu'elle n'aura jamais à le lui demander. Elle peut même s'empêcher de lui demander quoi que ce soit par exprès, comme une espèce de test pour voir s'il l'aime vraiment. Et pour qu'il réussisse ce test, elle exige qu'il puisse deviner ses besoins, et qu'il lui offre son support sans qu'elle ait eu besoin de le solliciter.

Cette méthode ne peut absolument pas fonctionner avec un homme. Il faut se rappeler que les hommes sont des Martiens, et que pour obtenir du support sur Mars, il faut absolument le demander. Les hommes ne connaissent pas cette motivation instinctive qui pousse à offrir du support, ils ont besoin de se le faire demander. Ce peut être assez dérangeant pour une femme parce que, si vous lui demandez du support de la mauvaise façon, il peut se désintéresser de vous, et si vous ne lui en demandez pas, vous en recevrez très peu ou pas du tout.

Au début d'une relation, lorsque la femme ne reçoit pas le support qu'elle désire, elle présume qu'il ne le lui donne pas parce qu'il n'a plus rien à donner. Alors, avec beaucoup d'amour et de patience elle continue à donner de son côté, en présumant que tôt ou tard il se rattrapera. Par contre, de son point de vue à lui, il a déjà assez donné puisqu'elle continue à lui donner en retour.

Il ne réalise pas qu'elle s'attend à ce qu'il lui rende ce qu'elle lui donne en ce moment. Il pense que si elle avait besoin ou désirait davantage, elle s'arrêterait de donner. Puisqu'elle est Vénusienne, non seulement en veut-elle plus mais elle compte qu'il lui offrira son support sans qu'elle doive le lui demander. Or, comme il attend qu'elle demande pour lui procurer le support qu'elle désire, il conclut que, si elle ne lui demande rien, c'est sûrement qu'il lui donne déjà suffisamment.

Éventuellement, elle finira par lui demander de l'aide. Mais à ce moment-là, elle aura tellement donné et éprouvera tellement de ressentiment que sa demande prendra la forme d'une exigence. Certaines femmes sont offensées simplement parce qu'il leur faut aller demander le support d'un homme. Alors, quand elles se résigneront à le demander, même s'il le leur accorde avec plaisir, elles conserveront encore du ressentiment, parce qu'elles auront eu besoin de demander. Dans l'esprit d'une femme, «ce qu'elle doit demander ne compte pas».

Les hommes réagissent mal aux exigences et au ressentiment. Même quand un homme est disposé à offrir son support, s'il sent une exigence ou un ressentiment, il refusera. Devant l'exigence il perd tout intérêt. Les chances pour la femme d'obtenir ce qu'elle veut sont donc réduites à zéro, ou presque, lorsqu'elle se montre exigeante. Dans certains cas, si l'homme s'aperçoit qu'elle exige plus, il va même lui donner moins pendant quelque temps.

....

Quand la femme ne demande pas de support, l'homme présume qu'il lui en donne suffisamment.

....

Ce mode de comportement rend toute relation intime bien difficile pour la femme qui ne le connaît pas. Mais bien que ce problème paraisse insoluble, on peut le résoudre. En vous rappelant que les hommes sont influencés par Mars, vous pouvez apprendre de nouvelles manières de demander ce qu'il vous faut, des manières efficaces et qui fonctionnent.

Dans mes séminaires, j'ai enseigné à des milliers de femmes l'art de demander, grâce auquel elles ont connu un succès immédiat, encore et encore. Dans le présent chapitre nous allons étudier les trois étapes pour demander et obtenir ce que vous désirez. Ce sont:

1 - demander correctement ce que vous recevez déjà;

2 - demander plus, même quand vous savez qu'il dira non, et accepter son refus;

3 - demander en imposant le respect.

PREMIÈRE ÉTAPE:
DEMANDER CORRECTEMENT CE QUE VOUS RECEVEZ DÉJÀ

Le premier pas dans votre cheminement pour obtenir ce que vous désirez de votre partenaire, c'est de savoir demander ce que vous recevez déjà. Commencez par bien prendre connaissance de tout ce que votre homme fait déjà pour vous. Portez une attention spéciale aux petites choses, transporter des boîtes, réparer des objets, nettoyer, faire des appels ou des courses, et quantité de petites tâches et attentions qui pourraient passer inaperçues.

L'important à ce stade-ci est de commencer à lui demander de faire les petites choses qu'il a déjà l'habitude de faire, et de ne pas tenir ses actions pour acquises. Montrez-lui beaucoup d'appréciation lorsqu'il a acquiescé à vos désirs et accompli les petites choses que vous lui avez demandées. Cessez, au moins temporairement, de vous attendre à recevoir son support sans l'avoir sollicité.

Il est important dans cette première étape de ne pas lui demander plus qu'il n'a l'habitude de donner. Concentrez vos demandes sur les petites choses qu'il fait normalement. Laissez-le s'habituer à vous entendre demander sur un ton qui n'a rien d'exigeant.

Peu importe la délicatesse de votre demande, s'il croit détecter la moindre exigence dans le ton de votre voix, il s'entendra reprocher de ne pas vous avoir suffisamment donné. Il se sentira mal aimé et mal apprécié, et aura alors tendance à donner moins, jusqu'à ce que vous lui ayez démontré que vous appréciez ce qu'il fait déjà pour vous.

....

Peu importe la délicatesse de votre demande, si l'homme croit
détecter la moindre exigence dans le ton de votre voix,
il s'entendra reprocher de ne pas vous avoir suffisamment donné.
Il se sentira mal aimé et mal apprécié, et aura tendance à donner
moins, jusqu'à ce que vous lui ayez démontré que vous appréciez
ce qu'il fait déjà pour vous.

....

Il se peut qu'il soit déjà conditionné par vous, ou par sa mère, à répondre non à tout ce que vous lui demandez. Dans cette première phase, vous allez le rééduquer en l'entraînant à répondre positivement à vos demandes. Aussitôt qu'un homme commence à réaliser que vous l'appréciez sans le tenir pour acquis, et qu'il est capable de vous faire plaisir, il voudra répondre positivement à vos demandes tant qu'il lui est possible de le faire. Puis il se mettra ensuite à vous offrir son support automatiquement, mais il ne faut pas vous attendre à cette transformation importante dès le début.

Il y a une autre raison pour vous exercer à lui demander ce qu'il vous donne déjà. Il s'agit de vous assurer qu'il entende bien et qu'il réagisse bien à la manière que vous employez pour lui demander quelque chose. C'est ce dont je parle quand j'emploie l'expression «demander correctement».

SAVOIR MOTIVER UN HOMME

Il y a cinq petits secrets pour demander correctement à un Martien de vous supporter. Si vous ne les connaissez pas ou ne les utilisez pas comme il faut, votre homme peut se désintéresser trop facilement.

Ces cinq petits secrets sont:

- a) le moment opportun;
- b) une attitude non exigeante;
- c) la brièveté;
- d) l'approche directe;
- e) les mots appropriés.

Revoyons maintenant chacun de ces petits secrets, en détail.

1 - Le moment opportun

Prenez soin de ne pas lui demander de faire quelque chose qu'il s'apprêtait à faire de toute façon. Par exemple, s'il est sur le point de sortir les déchets domestiques, ne lui dites pas: «Veux-tu sortir les déchets s'il te plaît?» Il aura alors l'impression que vous lui dites quoi faire. Il est essentiel de choisir le bon moment. Si votre homme est tout prêt à entreprendre quelque chose, n'allez pas croire qu'il va immédiatement tout lâcher pour faire autre chose que vous lui demanderez.

2 - Une attitude non exigeante

Souvenez-vous qu'une demande n'est pas une exigence. Si vous démontrez de l'exigence ou du ressentiment, vous aurez beau choisir les mots les plus aimables et les plus délicats, il aura quand même l'impression que vous n'appréciez pas ce qu'il fait déjà pour vous, il refusera et répondra probablement par la négative à votre demande.

3 - La brièveté
Évitez de lui donner une liste des raisons pour lesquelles il devrait vous aider. Arrangez-vous pour ne pas devoir le convaincre. Plus vous passerez de temps à lui donner des explications, plus il résistera à vos efforts. De longues explications pour justifier vos demandes vont lui donner l'impression que vous manquez de confiance en lui pour vous supporter. Et il se sentira alors manipulé plutôt que libre de vous accorder son support.

> *Pour solliciter le support d'un homme, il faut présumer qu'il n'a pas besoin d'être convaincu.*

Tout comme une femme bouleversée ne veut pas entendre une série de raisons pour lesquelles elle ne devrait pas être bouleversée, l'homme ne veut pas entendre une série de raisons et d'explications qui lui disent qu'il devrait accéder à la demande de support de sa partenaire.

Les femmes ont la mauvaise habitude de donner une suite de raisons pour justifier leurs besoins. Elles pensent que cela peut permettre à leur homme de voir la validité de leur demande, et par conséquent, le motiver à agir. En l'écoutant, l'homme entend: «Voici pourquoi il faut que tu fasses ce que je te demande de faire.» Plus leur liste de raisons est longue et plus il y a de chance que l'homme y résiste. Vous pourriez lui exposer vos raisons s'il vous demandait: «Pourquoi?» Mais, même dans ce cas, vous devriez avoir la prudence de faire vite. Faites comme si vous étiez absolument sûre qu'il va vous exaucer s'il le peut, et soyez aussi brève que possible.

4 - L'approche directe
Les femmes pensent qu'elles demandent du support quand, en réalité, ce n'est pas ce qu'elles font. Quand une femme sent qu'elle a besoin d'assistance, elle entreprend d'expliquer son problème à son homme, mais sans le solliciter ouvertement et clairement. Elle persiste à croire qu'il va lui offrir de la supporter, mais elle évite de le lui demander directement.

Une demande indirecte sous-entend la demande, mais ne la formule pas ouvertement. Devant ce genre de sollicitation détournée, l'homme a l'impression qu'on le tient pour acquis et qu'on ne l'apprécie pas. On peut certainement utiliser des affirmations indirectes de temps en temps, mais lorsque la femme se sert trop souvent de cette formule, l'homme est porté à lui refuser son support. Il ne sait peut-être même pas pourquoi il résiste ainsi. Nous allons maintenant voir une série d'affirmations qui sont toutes des demandes indirectes, et de quelle façon l'homme répond généralement à chacune d'elles.

CE QUE L'HOMME ENTEND LORSQUE
LA FEMME LUI PARLE DE MANIÈRE INDIRECTE

a) Ce que la femme devrait faire (demande brève et directe).
b) Ce que la femme ne devrait pas faire (demande indirecte).
c) Ce que l'homme peut entendre dans une demande indirecte.

a) «Voudrais-tu passer prendre les enfants?»;
b) «Il faudrait que quelqu'un passe prendre les enfants et moi je n'en ai absolument pas le temps» (l'exigence);
c) «Si tu peux passer prendre les enfants tu devrais le faire, sinon je vais avoir l'impression que tu ne me supportes pas et que tu détestes que je te demande quoi que ce soit».

a) «Voudrais-tu rentrer les sacs d'épicerie?»;
b) «Les sacs d'épicerie sont dans l'auto»;
c) «C'est toi qui dois les rentrer, parce que moi j'ai fait ma part en faisant le marché» (l'attente).

a) «Voudrais-tu sortir les ordures?»;
b) «La poubelle est pleine, on ne peut plus rien y mettre»;
c) «Tu n'as pas sorti les ordures, tu le fais toujours trop tard» (la critique).

a) «Voudrais-tu nettoyer la cour?»;
b) «La cour est toute sale et en désordre»;

c) «Tu n'as pas nettoyé la cour encore une fois. Tu devrais mieux t'occuper de tes responsabilités. Ce n'est pas à moi à te les rappeler tout le temps» (le rejet).

a) «Voudrais-tu rentrer le courrier?»;
b) «Le courrier n'a même pas été rentré»;
c) «Tu as oublié de rentrer le courrier, tu devrais t'en souvenir» (la désapprobation).

a) «Voudrais-tu nous emmener dîner au restaurant ce soir?»;
b) «Je n'ai pas le temps de faire à dîner ce soir»;
c) «J'en ai tellement fait que tu pourrais au moins nous emmener dîner au restaurant ce soir» (l'insatisfaction).

a) «Voudrais-tu me sortir cette semaine?»;
b) «On n'est pas sortis ensemble depuis des semaines»;
c) «Tu me négliges. Tu ne me donnes pas ce dont j'ai besoin. Tu devrais me sortir plus souvent» (le ressentiment).

a) «Voudrais-tu trouver du temps pour qu'on parle ensemble?»;
b) «On aurait besoin de parler ensemble»;
c) «C'est ta faute si on ne se parle pas assez. Tu devrais parler avec moi plus souvent» (le blâme).

5 - Les mots appropriés

L'une des erreurs les plus courantes que les femmes commettent en sollicitant le support de leur homme, c'est d'utiliser les mots «Peux-tu?» ou «Pourrais-tu? au lieu de «Veux-tu? ou «Voudrais-tu?». «Pourrais-tu sortir les ordures» n'est qu'une question qui demande un renseignement, alors que «Voudrais-tu sortir les ordures» est une demande.

Les femmes utilisent souvent «Pourrais-tu» quand elles veulent dire «Voudrais-tu». Comme je l'ai déjà dit, en entendant une demande indirecte l'homme se désintéresse du sujet. L'usage occasionnel de questions indirectes peut passer inaperçu mais la répétition de «Peux-tu» et «Pourrais-tu» finit par irriter l'homme.

Lorsque je suggère aux femmes de commencer à demander du support, elles ont tendance à paniquer parce qu'elles ont souvent entendu, de la part de leur partenaire, des remarques comme:

- «Arrête de me harceler!»
- «Arrête de toujours demander!»
- «Arrête de me dire quoi faire!»
- «Je sais ce que j'ai à faire!»
- «Tu n'as pas besoin de me dire ça!»

En dépit de ce que ces remarques semblent vouloir dire pour une femme, en réalité à travers ces paroles l'homme tente plutôt de lui transmettre le message suivant: «Je n'aime pas ta manière de demander.» Si la femme ne comprend pas comment l'homme perçoit certaines expressions, elle s'embourbe davantage. Elle a peur de formuler ses demandes et utilise des mots comme «Peux-tu» parce qu'elle pense que c'est plus poli. Bien que ce genre de mots soit bien accepté par les Vénusiennes, il ne donne que des résultats négatifs auprès des Martiens.

Selon la philosophie de Mars telle que nous l'avons déjà décrite, c'est une insulte de dire à quelqu'un «Peux-tu sortir les ordures?» Naturellement qu'il «peut» sortir les ordures, mais il n'est pas question de lui demander s'il est capable de le faire. Il serait bien plus heureux et plus juste de lui demander de le faire, étant donné qu'une fois insulté, il pourrait refuser simplement parce qu'il se sera irrité.

CE QUE LES HOMMES VEULENT QU'ON LEUR DEMANDE

Quand, au cours de mes séminaires, j'explique cette différence de signification – et d'effet – entre les mots commençant par «P» et ceux commençant par «V», les femmes pensent tout d'abord que je donne beaucoup trop d'importance à quelque chose qui n'en a pas tellement. En fait, les femmes ne saisissent pas très bien cette différence, parce que pour elles «Peux-tu» serait même plus poli que «Veux-tu». Mais pour les hommes il y a un monde de différence entre ces deux façons de parler. Et c'est parce que la gent masculine a attaché tellement d'importance à cette différence que j'inclus ici les commentaires de dix-sept messieurs qui ont suivi mes séminaires, à ce sujet.

1 - Quand on me dit: «Pourrais-tu nettoyer la cour?» je le prends littéralement et je réponds «Je pourrais le faire bien sûr. C'est possible!» Mais je ne dis pas «Je vais le faire!» Je n'ai donc pas l'impression de m'être engagé à le faire. Par contre, si on me demande «Voudrais-tu nettoyer la cour?», je sens le besoin de décider et l'obligation d'accorder mon support. Et si je dis «oui» j'ai beaucoup plus de chances de le faire parce que je sais que j'ai pris un engagement.

2 - Quand elle dit: «J'ai besoin de ton aide, pourrais-tu m'aider s'il te plaît?» ça me paraît critique, comme si j'avais déjà failli à la tâche. Je n'ai pas l'impression d'être invité à agir comme le «bon gars» que je veux être auprès d'elle, ni à la supporter. D'un autre côté «J'ai besoin de ton aide, voudrais-tu porter ceci pour moi s'il te plaît?» me paraît une demande directe et une occasion de jouer mon rôle de «bon gars», et cela me donne envie de dire «oui!»

3 - Quand ma femme me dit: «Peux-tu changer la couche de Christophe?» je me dis silencieusement «Bien sûr que je peux la changer, j'en suis capable. Après tout, c'est relativement facile de changer une couche.» Et si je n'ai pas envie de le faire je peux me trouver une excuse. Mais si elle me demande «Veux-tu changer la couche de Christophe?», je vais dire: «Oui, bien sûr!» et je vais le faire. Ça me donne l'envie d'aider à ma femme en même temps que ça me donne l'impression de contribuer à prendre soin de mes enfants.

4 - Quand j'entends: «Voudrais-tu m'aider s'il te plaît?» j'ai l'impression qu'elle me donne l'occasion de lui rendre service et je suis bien d'accord pour l'aider. Mais quand j'entends: «Pourrais-tu m'aider s'il te plaît?» je me sens comme acculé au mur. Elle ne me donne pas le choix. Si j'ai la capacité d'aider je dois le faire parce qu'elle s'attend à ce que je le fasse. Je ne me sens donc pas apprécié.

5 - Je déteste me faire dire: «Peux-tu...» Je sens que je n'ai pas d'autre choix que de dire «oui». Si je dis «non» elle sera fâchée contre moi. Ce n'est pas une demande mais une exigence, une obligation!

6 - Je me tiens occupé, ou je fais semblant d'être occupé pour que la femme avec qui je travaille ne me dise pas «Peux-tu faire ceci ou

cela?» Au moins quand elle dit «Veux-tu» j'ai l'impression qu'elle me laisse un choix, et j'ai envie de l'aider.

7 - Tiens, la semaine dernière même, ma femme m'a demandé: «Pourrais-tu planter les fleurs aujourd'hui?» et j'ai dit «Oui!» Puis quand elle est rentrée à la maison elle m'a demandé: «As-tu planté les fleurs?» et j'ai répondu «Non». Elle m'a dit: «Peux-tu le faire demain?» et j'ai encore répondu sans hésitation «Oui!» Le même scénario s'est répété chaque jour depuis ce temps-là, et les fleurs ne sont toujours pas plantées. Je pense que si elle m'avait demandé «Voudrais-tu planter les fleurs demain?, j'y aurais pensé sérieusement. Et si j'avais dit «oui» je l'aurais fait.

8 - Quand je dis: «Oui, je pourrais faire ça» je ne m'engage pas à le faire. Je dis seulement que je pourrais le faire. Je n'ai pas promis de le faire, et je pense qu'elle n'a pas raison de se fâcher pour ça. Si j'avais dit: «je vais le faire», je comprendrais qu'elle soit fâchée si je ne le faisais pas.

9 - J'avais cinq sœurs à la maison, et maintenant que je suis marié, j'ai trois filles. Quand ma femme me dit: «Peux-tu sortir les ordures?» je ne réponds pas. Quand elle demande «Pourquoi?» je ne sais pas quoi répondre non plus. Là je viens de réaliser pourquoi. C'est que je me sens dominé, contrôlé! Je peux seulement réagir quand on me dit «Voudrais-tu...?»

10 - Quand j'entends un «Pourrais-tu» je vais immédiatement dire «Oui!» Puis, dans les dix minutes suivantes je réalise que je n'ai pas du tout l'intention de faire ce qu'on m'a demandé, puis j'ignore la question. Mais quand j'entends: «Veux-tu faire (telle chose)?» je bondis comme un soldat en disant «Oui, je veux rendre service.» Et même s'il surgit des objections dans mon esprit par la suite, je vais quand même m'acquitter de ma tâche parce que j'ai donné ma parole.

11 - Quand je réponds «Oui» à une question qui commence par «Peux-tu...?» le ressentiment m'envahit. Je crains que si je dis «Non» elle va me faire une crise, et je me sens manipulé. Mais quand elle me prend par le «Voudrais-tu...?» je me sens libre d'accepter ou de refuser. Et comme c'est moi qui décide, j'ai envie de dire «Oui!»

12 - Quand une femme me demande: «Voudrais-tu faire ceci?» je suis rassuré. Je sais qu'elle va m'accorder un point pour ma bonne action. Je me sens apprécié et heureux de donner.

13 - Quand j'entends un «Voudrais-tu...?», je sens qu'elle a confiance que je puisse bien la servir. Mais quand j'entends un «Peux-tu...?», je décèle une question derrière la question. Elle me demande si je puis sortir les déchets quand il est bien évident que je le peux. Mais, derrière sa question, je sens une exigence que son manque de confiance en moi l'empêche de m'adresser directement.

14 - Quand une femme commence ses demandes par «Voudrais-tu» ou «Veux-tu» je sens sa vulnérabilité, et je deviens beaucoup plus sensible à ses besoins. Je n'ai absolument pas envie de la rejeter en disant «non». Mais quand elle me dit «Peux-tu» j'ai beaucoup plus de facilité à dire «non», parce qu'à ce moment-là mes paroles ne sont pas un rejet. Elles sont simplement une affirmation impersonnelle du fait que je ne peux pas. Je crois donc qu'elle n'a pas à s'offenser personnellement si je dis «non» à son «Peux-tu».

15 - Pour moi «Voudrais-tu» a une connotation personnelle, et me donne envie de donner. Mais «Pourrais-tu» est très impersonnel et me donne seulement envie de donner si ça me convient, ou si je n'ai rien d'autre à faire.

16 - Lorsqu'une femme me dit: «Pourrais-tu m'aider s'il te plaît?» je sens son ressentiment et je vais lui résister. Mais si elle me dit «Voudrais-tu m'aider s'il te plaît?» je ne sens aucun ressentiment, même s'il y en avait, et je suis d'accord pour dire «Oui!»

17 - Quand une femme me dit: «Pourrais-tu faire ceci pour moi?», mon côté paresseux prend le dessus et je réponds candidement: «J'aimerais mieux pas.» Mais quand je me fais dire «Voudrais-tu s'il te plaît...?», ma créativité se réveille et je commence à chercher des moyens d'aider.

Une façon pour les femmes de saisir la différence significative qui existe entre «voudrais» et «pourrais» est de réfléchir un instant à la scène romantique qui suit.

Imaginez un homme demandant une femme en mariage. Son cœur est gonflé à bloc, comme la pleine lune qui les regarde d'en haut. Genou à terre, il lui prend les mains, puis la regarde dans les yeux en disant gentiment: «Pourrais-tu me marier?»

Tout le romantisme vient de s'envoler d'un seul coup. Son utilisation du mot en «P» l'a fait paraître faible et indigne de la marier. À ce moment précis, il s'est montré plein d'insécurité et dépourvu d'amour-propre. S'il avait plutôt dit: «Voudrais-tu m'épouser?», sa force et sa vulnérabilité seraient restées intactes, parce que c'est la bonne façon de proposer le mariage et d'être accepté.

Pour les mêmes raisons, l'homme préfère que la femme fasse ses demandes selon la même méthode, en utilisant les mots en «V». Les mots en «P» ont une connotation de faiblesse et de méfiance, ils sont trop indirects et manipulateurs.

Quand elle dit: «Pourrais-tu sortir les ordures?» le message qu'il entend c'est: «Si tu peux les sortir, alors tu devrais le faire. Tu sais que moi je le ferais pour toi!» De son point de vue à lui, il sait bien qu'il est capable de le faire. En évitant de lui demander son aide il trouve qu'elle le manipule, ou qu'elle le tient pour acquis. Il ne sent pas qu'elle a confiance qu'il sera là pour elle s'il le peut.

Je me souviens qu'une femme a expliqué les différences en des termes vénusiens. Elle dit: «Au début, j'étais incapable de voir la différence entre ces deux façons de demander. Puis j'ai inversé les choses. Je trouve la différence très claire quand je l'imagine, me disant: «Non, je ne peux pas le faire», par opposition à: «Non, je ne veux pas le faire.» Je ressens le «Je ne veux pas le faire» comme un rejet personnel, alors que le «Je ne peux pas le faire» ne m'attaque pas personnellement. Je comprends qu'il est tout simplement «incapable» de le faire.

ERREURS COURANTES DANS LES DEMANDES

Le plus difficile, quand on apprend à demander, c'est de se rappeler comment le faire. Commencez toujours vos questions par l'un des mots en «V» lorsqu'il est possible de le faire. Cela vous demandera beaucoup de pratique.

Pour solliciter le support d'un homme:

a) soyez directe;
b) soyez brève;
c) utilisez le «Voudrais-tu» ou le «Veux-tu».

Il vaut mieux ne pas utiliser une formule trop indirecte ou trop longue, ou utiliser des amorces comme «Pourrais-tu» ou «Peux-tu».

Voyons maintenant des exemples.

a) Ce qu'il faut dire...
b) Ce qu'il ne faut pas dire...
c) Défaut(s) ou erreur(s) commise(s).

1 - a) «Voudrais-tu sortir les ordures?»;
   b) «La cuisine est sale, elle sent mauvais. Je ne peux plus rien mettre dans le sac à ordures. Il faut le vider. Pourrais-tu le faire?;
   c) C'est trop long et ça utilise «Pourrais-tu».

2 - a) «Voudrais-tu m'aider à déplacer cette table?»;
   b) «Je ne peux pas déplacer cette table. Je dois la redécorer avant la réception de ce soir. Pourrais-tu aider s'il te plaît?»;
   c) C'est trop long et ça utilise «Pourrais-tu».

3 - a) «Voudrais-tu ranger ceci pour moi s'il te plaît?»;
   b) «Je ne peux pas placer tout ceci ailleurs»;
   c) C'est un message indirect.

4 - a) «Voudrais-tu rentrer les sacs d'épiceries de l'auto?»;
   b) «Il me reste quatre sacs d'épicerie dans l'auto et j'ai besoin de ces provisions pour faire le dîner. Pourrais-tu me les rentrer?»;
   c) C'est long, indirect, et ça utilise «Pourrais-tu».

5 - a) «Voudrais-tu m'apporter un litre de lait en rentrant à la maison?»;
   b) «Tu vas passer devant l'épicerie et Lauren a besoin de lait. J'ai eu une dure journée et je suis très fatiguée, je ne peux plus sortir aujourd'hui. Pourrais-tu aller me chercher un litre de lait?»;
   c) C'est long, indirect, et ça utilise «Pourrais-tu».

285

6 - a) «Voudrais-tu passer prendre Julie à l'école?»;
b) «Julie a besoin que quelqu'un aille la chercher à l'école et je n'en ai pas le temps. As-tu le temps? Penses-tu que tu pourrais passer la prendre?»;
c) C'est long, indirect, et ça utilise «Pourrais-tu».

7 - a) «Voudrais-tu emmener Zoé chez le vétérinaire ce soir?»;
b) «C'est le temps des vaccins de Zoé. N'aurais-tu pas envie d'aller avec elle chez le vétérinaire ce soir?»;
c) C'est trop indirect.

8 - a) «Voudrais-tu nous emmener au restaurant ce soir?»;
b) «Je suis trop fatiguée pour faire le dîner et ça fait longtemps qu'on n'est pas allé au restaurant. N'aurais-tu pas envie de sortir ce soir?»;
c) C'est trop long et trop indirect.

9 - a) «Voudrais-tu tirer ma fermeture-éclair dans le dos?»;
b) «J'ai besoin de ton aide. Pourrais-tu tirer ma fermeture-éclair dans le dos?»;
c) C'est indirect et ça utilise «Pourrais-tu».

10 - a) «Voudrais-tu faire un feu dans la cheminée pour nous deux ce soir?»;
b) «Il fait pas mal froid. Vas-tu faire un feu?»;
c) C'est trop indirect.

11 - a) «Voudrais-tu m'emmener au cinéma cette semaine?»;
b) «Veux-tu aller au cinéma cette semaine?»;
c) C'est trop indirect.

12 - a) «Voudrais-tu aider Lauren à mettre ses souliers?»;
b) «Lauren n'a pas encore mis ses souliers et on est en retard. J'arrive pas à tout faire toute seule, pourrais-tu m'aider?»;
c) C'est long, indirect, et ça utilise «Pourrais-tu».

13 - a) «Voudrais-tu prendre quelques minutes et discuter de notre horaire avec moi, maintenant ou plus tard si tu veux»;
b) «Je ne sais plus ce qui se passe. On n'a pas discuté et j'ai besoin de savoir ce que tu fais»;
c) C'est trop long et indirect.

Comme vous avez dû le constater maintenant, ce que vous avez toujours cru être des demandes n'en étaient pas du tout pour un Martien, qui entend vos paroles tout autrement. Il faut faire un effort conscient pour effectuer les petites mais importantes modifications qui s'imposent dans votre façon de demander de l'aide. Et je vous suggère de pratiquer cette nouvelle manière de demander pendant au moins trois mois avant de passer à la deuxième étape. D'autres amorces de demandes pourraient être aussi bien reçues, comme par exemple «Me ferais-tu le plaisir de...», «Accepterais-tu de...» ou «Tu serais gentil de bien vouloir...», etc.

Poursuivez cette première phase jusqu'à ce que vous ayez pleinement pris conscience de toutes ces fois où vous n'avez pas vraiment demandé le support de votre homme quand vous pensiez l'avoir fait. Remarquez bien comment vous faites votre demande, quand vous demandez vraiment. Avec cette nouvelle prise de conscience, exercez-vous à lui demander ce qu'il a déjà l'habitude de vous donner. Rappelez-vous qu'il faut être brève et directe. Et n'oubliez pas de lui donner beaucoup d'appréciation et de remerciements en retour.

QUESTIONS COURANTES SUR LES DEMANDES DE SUPPORT

Cette première étape peut être très difficile à traverser. Voici donc certaines questions courantes qui vous donneront des indices sur les objections et la résistance que les femmes doivent vaincre pour réussir.

1 - **Question:** La femme peut se dire: «Pourquoi est-ce que je dois lui demander son support quand je n'exige pas qu'il fasse de même avant de lui offrir le mien?»

Réponse: Rappelez-vous que les hommes sont des Martiens, qu'ils sont différents des femmes. C'est en acceptant ces différences chez votre homme, et en apprenant à vous en servir, que vous obtiendrez ce que vous voulez. Si, au contraire, vous essayez de le faire changer, il va résister avec entêtement. Même si ce n'est pas dans la nature d'une Vénusienne de demander pour obtenir ce dont elle a besoin, vous pouvez très bien le faire sans cesser d'être vous-même. Lorsqu'il se sentira aimé et apprécié, il deviendra graduellement plus enclin à vous donner le support que vous lui avez demandé. Mais seulement à une étape future de ce processus d'apprentissage.

2 - **Question:** La femme peut se demander: «Pourquoi dois-je lui montrer de l'appréciation pour ce qu'il fait quand je fais encore plus pour lui?»

Réponse: Les Martiens donnent moins quand ils ne se sentent pas appréciés. Si vous voulez qu'il vous donne plus, alors il faut lui donner plus d'appréciation. C'est l'appréciation qui motive les hommes. Il est vrai que si vous lui donnez déjà plus qu'il ne vous donne en retour, vous trouverez difficile de lui montrer plus d'appréciation. Alors commencez à moins lui donner pour mieux l'apprécier et, en effectuant ce changement, non seulement vous l'aiderez à se sentir mieux aimé parce que supporté, mais vous recevrez vous-même en retour le support dont vous avez besoin et que vous méritez.

3 - **Question:** La femme peut se dire: «Si je dois lui demander le support dont j'ai besoin, il pensera peut-être qu'il me fait une faveur en accédant à ma demande.»

Réponse: Voici comment il devrait se sentir. Un cadeau d'amour est une faveur, et quand l'homme sent qu'il vous fait une faveur, il donne vraiment avec son cœur. Souvenez-vous, il est Martien et ne compte pas les points de la même façon que vous. S'il a l'impression d'être obligé de donner, son cœur va se refermer et il va donner moins.

4 - **Question:** La femme pense: «S'il m'aime vraiment il devrait m'offrir son support tout naturellement, je ne devrais pas avoir à le lui demander.»

Réponse: Encore une fois rappelez-vous que les hommes sont des Martiens, qu'ils sont différents. L'homme attend toujours qu'on lui demande ce qu'on veut de lui. Au lieu de penser que s'il vous aimait il vous offrirait son support, pensez plutôt que s'il était Vénusien il vous offrirait son support. Mais vous le savez, il n'est pas Vénusien, c'est un Martien! Et c'est en acceptant cette différence que vous le verrez graduellement devenir mieux disposé à vous supporter, et bientôt à vous donner tout le support que vous pouvez désirer.

5 - **Question:** La femme peut se dire: «Si je dois lui demander des choses il va penser que je ne lui donne pas autant qu'il me donne, et j'ai peur qu'il se dise qu'il n'a certainement pas besoin de me donner plus!»

Réponse: L'homme est plus généreux quand il n'est pas obligé de donner. De plus, lorsqu'un homme entend une femme lui demander respectueusement du support, il l'entend aussi lui dire qu'elle a droit à ce support. Il ne présume pas qu'elle a donné moins que lui. Au contraire, il présume qu'elle doit avoir donné plus, ou tout au moins autant que lui, puisqu'elle semble tout à fait à l'aise de demander.

6 - **Question:** La femme peut se dire: «Quand je lui demande du support j'ai peur d'être trop brève, je veux lui expliquer pourquoi j'ai besoin de son support parce que je ne veux pas paraître exigeante.»

Réponse: Quand l'homme entend sa partenaire lui demander quelque chose, il présume qu'elle a de bonnes raisons de le faire. Si elle se met à lui réciter des raisons pour qu'il accepte de satisfaire sa demande, il va avoir l'impression qu'il n'a pas le droit de dire non. Et quand il n'a pas le droit de refuser, il a toujours l'impression qu'on le manipule, ou qu'on le tient pour acquis.

S'il sent un besoin d'explications, il va les demander, et ce sera alors correct de les lui donner. Mais même là il faudra veiller à ne pas prendre trop de son temps. Donnez-lui une, ou tout au plus deux raisons. S'il a besoin d'en savoir davantage, il vous le dira aussi.

DEUXIÈME ÉTAPE: DEMANDER PLUS
(même quand vous savez qu'il dira non)

Avant de demander à votre homme de contribuer davantage, assurez-vous qu'il se sente apprécié pour ce qu'il donne déjà. En sollicitant son aide, sans lui demander plus, il ne se sentira pas seulement apprécié, mais aussi accepté.

Étant ensuite habitué à vous entendre demander son support sans exiger davantage de sa part, il se sentira aimé en votre présence. Il n'aura pas l'impression de devoir changer pour que vous l'aimiez. À ce moment-là, il sera prêt à changer et à se donner corps et âme pour vous. Et à ce moment-là, vous pourrez vous risquer à lui demander davantage sans qu'il ait l'impression de n'être pas assez bon pour vous.

La deuxième étape du processus consiste à lui faire réaliser qu'il peut dire non sans risquer de perdre votre amour. En sachant qu'il peut refuser lorsque vous lui en demandez plus, il se sentira libre d'accepter ou de refuser. Rappelez-vous que l'homme est beaucoup plus enclin à dire oui lorsqu'il sait qu'il a la liberté de dire non.

L'homme est beaucoup plus enclin à dire oui lorsqu'il sait qu'il a la liberté de dire non.

S'il est important que la femme apprenne comment demander, il est aussi important qu'elle apprenne comment accepter un refus. L'intuition de la femme lui permet généralement de pressentir la réponse de son homme avant même de lui faire sa demande. Si elle est convaincue qu'il refusera, elle n'osera pas lui demander quoi que ce soit. Elle se sentira plutôt rejetée. Lui, naturellement, ne comprendra pas ce qui se passe, parce que tout est dans sa tête à elle.

Dans cette deuxième étape vous devriez vous exercer à solliciter le support de votre partenaire dans les situations où, habituellement, vous auriez envie de le lui demander, mais ne le faites pas parce que vous sentez sa résistance. Allez-y! Demandez-lui de vous aider, même si vous sentez qu'il peut vous résister. Même si vous savez qu'il va vous refusera!

Par exemple, la femme dit à son mari qui regarde la télévision: «Voudrais-tu aller à l'épicerie chercher du saumon pour le dîner?» En lui faisant sa demande elle est déjà convaincue qu'il refusera. Il est probablement stupéfié, parce qu'elle n'a jamais osé l'interrompre auparavant, et surtout au milieu d'une intéressante émission de télévision, avec une demande comme celle-là. Il lui donnera probablement une excuse comme: «Je n'ai pas fini de voir les nouvelles, tu ne pourrais pas y aller toi?»

Elle aura probablement envie de lui répondre: «Bien sûr que je peux y aller, mais c'est toujours moi qui fais tout ici. Je n'aime pas jouer la servante, et j'ai besoin d'aide.»

Quand vous lui faites une demande et que vous savez qu'il dira non, acceptez son refus à l'avance et préparez-vous une réponse comme celle-ci: «D'accord! Mais un vrai Martien aurait plutôt dit "Pas de problème!" n'est-ce pas?» Il sera probablement enchanté de votre réponse, mais un simple «D'accord!» aurait suffi.

Il est important que vous fassiez votre demande et que vous agissiez ensuite comme si vous reconnaissiez qu'il a le droit de vous dire non. Rappelez-vous qu'il doit sentir qu'il n'y a pas de danger à refuser, mais utilisez cette méthode seulement dans les situations où son refus ne peut avoir aucune conséquence sérieuse. Choisissez des situations où vous apprécieriez son aide mais n'avez pas l'habitude de la lui demander. Et arrangez-vous pour que son refus ne vous dérange pas trop. Voici des exemples qui illustrent ce que je veux dire.

a) Les meilleures circonstances pour faire votre demande.
b) Ce que vous devriez dire.

1 - a) Il est occupé et vous voulez qu'il passe prendre les enfants quelque part. Normalement vous ne le dérangez pas pour ça, et vous le faites vous-même.
b) Vous dites: «Julie vient d'appeler, irais-tu la chercher?» Et lorsqu'il vous répond «non» tel que prévu, dites simplement «D'accord!».

2 - a) Il rentre à la maison comme d'habitude et s'attend à ce que vous lui serviez à dîner. Parfois vous aimeriez que ce soit lui qui fasse le repas, mais vous ne le lui demandez jamais. Vous sentez sa réticence à faire la cuisine.
b) Vous lui dites: «M'aiderais-tu à préparer les pommes de terre?» ou «Voudrais-tu faire le dîner?» ou encore, si le repas doit être relativement simple, «Ferais-tu la vaisselle ce soir?» Et s'il

vous répond «non» vous lui dites très gracieusement: «D'accord!».

3 - a) Il veut aller au cinéma et vous aimeriez aller danser. Habituellement vous sentez son grand désir de voir le film et vous n'osez même pas lui demander d'aller danser.
b) Vous dites: «M'amènerais-tu danser ce soir? J'ai envie de danser avec toi.» Et quand il vous dit «non» vous répondez «D'accord!» avec le sourire.

4 - a) Vous êtes tous deux fatigués et prêts à aller au lit. Vous savez que le ramassage des ordures s'effectue le lendemain matin. Vous sentez qu'il est extrêmement fatigué et vous ne lui demandez pas de porter les ordures à la rue.
b) Vous dites: «Sortirais-tu les ordures, c'est le ramassage demain matin?» S'il dit «non» faites-lui un sourire et dites doucement «D'accord!».

5 - a) Votre mari est très occupé et préoccupé par un projet important. Vous ne voulez pas le distraire parce que vous le voyez très concentré, mais vous aimeriez quand même lui parler. Normalement, en pressentant sa résistance, vous ne lui demanderiez pas de vous parler avant un certain temps.
b) Vous lui dites: «Aurais-tu un peu de temps pour moi?» Et s'il vous répond «non» vous dites simplement: «D'accord!», le plus gracieusement possible.

6 - a) Il est occupé et très concentré, mais vous avez besoin d'aller chercher votre voiture au garage. Normalement vous concluez qu'il lui serait très difficile de modifier son horaire pour vous accommoder, et vous ne lui demandez même pas de vous y conduire.
b) Vous lui demandez: «Voudrais-tu m'emmener au garage pour que je prenne ma voiture, elle a été réparée?» Et dès qu'il vous répond «non» vous vous dites simplement et gracieusement «D'accord!».

Dans chacun des exemples précédents, vous vous préparez à son refus et vous vous exercez à lui signifier votre acceptation et votre confiance. Vous acceptez son «non» et continuez à croire qu'il vous aiderait s'il le pouvait. Chaque fois que vous sollicitez le support d'un homme et que vous ne lui faites aucun reproche lorsqu'il vous le refuse, il vous accorde entre cinq et dix points à son tableau de pointage. La prochaine fois que vous solliciterez son support, il sera plus réceptif à votre demande. En quelque sorte, en sollicitant son support d'une manière aimante, vous lui permettez d'augmenter sa capacité de donner davantage.

C'est une de mes employées qui m'a appris ce fait, il y a plusieurs années. Nous collaborions à une activité charitable et avions besoin de volontaires. Elle s'apprêtait à appeler mon ami Tom pour lui demander de nous aider, mais je lui ai dit de laisser faire parce que je savais que Tom était incapable de se libérer à ce moment-là. Elle m'a dit qu'elle allait l'appeler quand même. Je lui ai demandé pourquoi et c'est là qu'elle m'a fait cette révélation: «Si je l'appelle pour solliciter son support, il va me dire non, puis je vais me montrer très gentille et compréhensive. La prochaine fois, quand je l'appellerai pour un autre projet, il sera très heureux de me dire oui, parce que je lui aurai laissé un souvenir positif.» Et elle avait raison.

Lorsque vous sollicitez le support d'un homme et que vous ne le rejetez pas lorsqu'il vous le refuse, il s'en souviendra, et la prochaine fois il n'en sera que plus empressé de vous aider.

> *Lorsque vous sollicitez le support d'un homme*
> *et que vous ne le rejetez pas lorsqu'il vous le refuse,*
> *il s'en souviendra, et la prochaine fois il n'en sera*
> *que plus empressé de vous aider.*

En continuant de le solliciter gentiment à l'occasion, votre partenaire en viendra à élargir sa zone de confort et à dire oui. Et à ce moment-là, vous pourrez lui en demander plus sans risquer le refus. C'est l'un des moyens de solidifier une relation de couple.

DES RELATIONS DE COUPLE SAINES

Une relation de couple est saine quand les deux partenaires se sentent aussi à l'aise de demander ce qu'ils veulent que libres de refuser s'ils choisissent de le faire.

Par exemple, un ami nous rendait visite un jour et nous étions dans la cuisine quand ma fille Lauren, qui devait avoir cinq ans, me demanda de lui faire faire des pirouettes et je lui ai dit: «Non, pas aujourd'hui, je suis trop fatigué.»

Elle persistait en me disant: «Viens, papa, s'il te plaît, viens donc! Une pirouette seulement!»

Mon ami dit alors: «Voyons donc, Lauren, ton papa est fatigué, il a travaillé toute la journée. Tu devrais le laisser tranquille.» Et Lauren répondit: «Mais j'ai le droit de le lui demander.»

Et mon ami de reprendre: «Mais tu sais que ton père t'aime, qu'il est incapable de te dire non.»

(En réalité s'il est incapable de dire non, c'est son problème à lui, et non pas celui de la petite.)

Ma femme et mes trois filles ont immédiatement réagi en chœur en disant: «Ah oui, il est capable!»

J'étais fier de ma famille. Il avait fallu beaucoup d'effort, mais nous avions tous graduellement appris non seulement à savoir demander, mais aussi à accepter un refus.

TROISIÈME ÉTAPE:
DEMANDER EN IMPOSANT LE RESPECT

Après avoir expérimenté la deuxième étape et appris à accepter gracieusement un refus, vous êtes prête à aborder cette troisième étape. À ce stade, vous utilisez tout le pouvoir dont vous disposez pour obtenir ce que vous voulez. Vous sollicitez le support de votre homme, et s'il se met à chercher des excuses pour vous résister, vous ne dites pas «D'accord!» comme à la deuxième étape. Vous vous déclarez temporairement d'accord sur son droit de vous résister, mais persistez à demander jusqu'à ce qu'il finisse par accepter.

Disons que vous vous apprêtez à aller au lit tous les deux et que vous lui demandiez: «Irais-tu à l'épicerie chercher du lait?» Il vous répond: «Mais je suis tellement fatigué, je m'en vais me coucher.»

Au lieu de le libérer sur le coup en disant «D'accord!», vous ne dites rien. Vous restez là et vous acceptez son refus à priori. Et en ne vous opposant pas à sa résistance, vous aurez plus de chance qu'il finisse par accepter.

L'art de demander en imposant le respect consiste à demeurer silencieuse après avoir fait votre demande. Une fois la question posée, attendez-vous à ce qu'il grogne, qu'il se plaigne, qu'il chicane, qu'il rage et qu'il trouve des excuses. Moi, cette résistance de l'homme aux demandes de la femme j'appelle ça «la grogne». Plus un homme est concentré sur autre chose au moment de votre demande, plus il va avoir la grogne. Mais cette grogne n'a rien à voir avec sa volonté de vous supporter, elle n'est qu'une indication de son degré de concentration au moment de votre demande.

La femme va généralement mal interpréter la grogne de son homme. Elle croit à tort qu'il ne veut pas accéder à sa demande. Mais il n'en est rien en effet. Sa grogne est un indice qu'il est en train de considérer la demande qu'elle lui a faite. S'il refusait de la considérer, il dirait très calmement et simplement «non» sur-le-champ. Quand un homme grogne, c'est bon signe, c'est qu'il est en train de considérer votre demande par rapport à ses besoins.

Quand un homme grogne, c'est bon signe, c'est qu'il est en train de considérer votre demande par rapport à ses besoins.

Il doit passer par un processus de résistance interne en tentant de changer de direction, de se détourner de ce sur quoi il était concentré pour aller vers l'objet de votre demande. Comme une porte dont les charnières sont rouillées, en se retournant l'homme émet des bruits tout à fait inhabituels, mais si vous ignorez sa grogne, il va très bientôt redevenir doux et silencieux.

Souvent, quand l'homme grogne, il est en train de forger son acceptation de votre demande. Parce que la plupart des femmes interprètent mal cette réaction, ou bien elles évitent de solliciter le support de leur partenaire, ou bien elles s'offensent et le rejettent elles-mêmes à leur tour.

Dans l'exemple donné, alors qu'il se prépare à aller au lit, il est naturel qu'il grogne.

«Je suis fatigué, dit-il d'un air ennuyé, je m'en vais me coucher.»

Si vous interprétez sa réponse comme un rejet, vous pouvez répliquer en disant: «Je t'ai fait à dîner, j'ai fait la vaisselle, j'ai mis les enfants au lit, et tout ce que tu trouves à faire c'est de t'étendre sur ce divan! Je n'en demande pas tant, mais tu pourrais au moins m'aider maintenant. Je suis épuisée, et j'ai l'impression de tout faire seule ici.»

C'est là que les partenaires commencent habituellement à argumenter. D'un autre côté, si vous savez que c'est seulement la grogne, et que cette grogne mène généralement à une acceptation, vous serez capable de garder le silence. Et ce silence lui indiquera que vous avez encore confiance en sa capacité de s'adapter et de vous dire oui.

On reconnaît parfois qu'un homme résiste à une demande par son étirement. Il est curieux que, quand vous lui demandez de contribuer un peu plus, il semble sentir le besoin de s'étirer. S'il n'est pas en forme, il peut être incapable de le faire. C'est pourquoi vous devez préparer votre homme à cette troisième étape en le faisant passer d'abord par les deux étapes préliminaires.

De plus, tout le monde sait qu'il est plus difficile de s'étirer le matin, au lever. Plus tard, dans la journée, on peut pousser ses mouvements plus loin, plus aisément. Quand vous entendez un homme grogner, imaginez-vous qu'il est en train de s'étirer le matin, et que dès qu'il aura fini, il sera en pleine forme. Mais il a d'abord besoin de s'étirer.

PROGRAMMER L'HOMME À DIRE OUI

C'est lorsque ma femme m'a demandé d'aller chercher du lait alors que je m'apprêtais à me coucher que j'ai découvert ce stratagème. Je me souviens d'avoir grogné très fort. Mais au lieu de s'obstiner, ma femme est tout simplement restée silencieuse, étant certaine que je finirais par le faire. Puis c'est en grognant toujours et en claquant la porte que je suis finalement sorti, que j'ai sauté dans ma voiture, et que je suis allé au dépanneur.

Alors il s'est passé quelque chose d'extraordinaire, quelque chose qui arrive à tout homme mais que les femmes ne savent pas. À mesure que j'approchais de mon nouvel objectif, le lait, ma grogne a cessé et j'ai commencé à ressentir l'amour que j'avais pour ma femme et mon désir de lui offrir mon support, de l'aider. Je me suis mis à me voir comme le «bon gars» et, croyez-moi, c'est une sensation bien agréable.

Une fois au magasin, j'étais bien heureux d'être venu chercher le lait, et en touchant le contenant je sentais que je venais d'atteindre mon objectif. Un homme se sent toujours heureux quand il atteint son objectif. J'ai vivement soulevé le contenant de lait et je me suis retourné avec un fier sourire comme pour dire: «Hé! Regardez-moi! Je suis venu chercher du lait pour ma femme! Je suis l'un de ces gars généreux, un vrai bon gars!»

Quand je suis revenu à la maison avec le lait, elle était heureuse de me voir. Elle m'a fait une belle caresse et m'a dit: «Merci beaucoup! Je suis contente de ne pas avoir dû me rhabiller pour sortir.»

Si elle m'avait ignoré j'aurais probablement conservé du ressentiment à son endroit. Et la prochaine fois qu'elle m'aurait demandé d'aller chercher du lait, j'aurais probablement grogné encore bien plus fort. Mais elle ne m'a pas ignoré, elle m'a inondé d'amour.

En observant ma propre réaction, je me disais: «Quelle merveilleuse femme est la mienne, même après toute ma résistance et ma grogne, elle m'apprécie toujours encore!»

La fois suivante, quand elle m'a demandé d'aller chercher du lait, j'ai grogné un peu moins, et quand je suis revenu elle m'a encore démontré son appréciation. Alors, la troisième fois je lui ai automatiquement et immédiatement répondu: «Avec plaisir!»

Une semaine plus tard, je me suis rendu compte qu'on allait bientôt manquer de lait et j'ai offert d'aller en chercher. Elle m'a dit qu'elle allait au magasin quand même et qu'elle y verrait. À ma propre surprise, je me sentis désappointé. J'avais envie d'aller chercher le lait! Son amour m'avait programmé à dire oui! Encore aujourd'hui, quand elle me demande d'aller chercher du lait au magasin, je vous jure que je suis très heureux de dire oui.

J'ai personnellement vécu cette étonnante transformation. Son acceptation de ma grogne et son appréciation à mon retour ont vaincu ma résistance. Et à partir de ce moment-là, à mesure que ma femme pratiquait cette méthode de demander en imposant le respect, il devint de plus en plus facile pour moi d'acquiescer à ses demandes.

LA PAUSE PSYCHOLOGIQUE

L'un des éléments essentiels de la méthode de demande imposant le respect, c'est le besoin de garder le silence après avoir fait sa demande. Il s'agit de permettre à son partenaire de vaincre sa propre résistance. Gardez-vous bien d'approuver ses grognements. Tant que vous faites cette pause psychologique et que vous demeurez silencieuse, il est possible qu'il vous accorde le support que vous lui demandez. Mais sitôt que vous brisez votre silence, vous perdez votre pouvoir.

Voici quelques commentaires souvent automatiques qui font que les femmes brisent leur silence sans le vouloir, et perdent leur pouvoir.

- «Ah! Oublie tout ça!»

- «Je ne peux pas croire que tu me refuses ça, après tout ce que je fais pour toi!»

- «Ce n'est pas beaucoup demander, après tout.»

- «Ça va prendre seulement quinze minutes.»

- «Là tu me fais de la peine, tu me déçois vraiment!»

- «Dis-moi pas que tu ne ferais pas ça pour moi?»

- «Pourquoi est-ce que tu ne peux pas le faire?»

Etc. Voyez-vous ce que je veux dire?

Pendant que l'homme grogne et tempête, la femme sent le besoin de justifier sa demande et commet l'erreur de briser le silence. Elle argumente avec son partenaire, pour tenter de le convaincre d'accéder à sa demande. Dans ce cas, qu'il dise oui ou non, il résistera davantage la prochaine fois avant de lui accorder ce qu'elle demande.

L'un des éléments essentiels de la méthode de demande imposant le respect, c'est le besoin de garder le silence après avoir fait sa demande.

Donc, pour lui donner la chance d'accéder à votre demande, faites toujours une pause psychologique, et silencieuse, après avoir exprimé votre demande. Laissez-le grogner et dire n'importe quoi, puis contentez-vous d'écouter. Éventuellement il vous dira oui. Ne vous imaginez surtout pas qu'il vous en voudra par la suite. Il ne vous en tiendra jamais rigueur à moins que vous n'argumentiez avec lui. Et même s'il vous tournait le dos en grognant, il finira par céder, à condition que vous reconnaissiez tous les deux que c'est son droit d'accepter ou de refuser votre demande.

Mais attention! Il peut ne pas dire oui tout de suite, ou essayer d'argumenter avec vous en vous posant des questions pendant que vous faites la pause psychologique. Il peut vous demander par exemple:

- «Pourquoi ne peux-tu pas le faire, toi?»

- «Je n'ai vraiment pas le temps, pourrais-tu le faire?»

- «Je suis occupé et je n'ai pas le temps. Qu'est-ce que tu fais toi?»

Souvent il pose ces questions par principe, alors vous n'avez pas à y répondre. Ne parlez pas à moins d'être bien convaincue qu'il exige une réponse. S'il le faut absolument, donnez-lui la réponse la plus courte possible, puis refaites votre demande. Demander en imposant le respect signifie demander avec confiance, et l'assurance qu'il va vous offrir son support, s'il en est capable.

S'il vous répond par un non ou vous pose des questions, servez-lui une réponse courte en lui faisant comprendre que vos besoins sont aussi importants que les siens. Ensuite, répétez votre demande. Voici des exemples de ce genre d'échange.

a) Ce qu'il dit pour résister à votre demande...
b) Ce que vous pouvez répondre d'après la méthode de demande imposant le respect...

1 - a) Il dit: «Je n'ai pas le temps, peux-tu le faire?»
b) Vous répondez: «Je suis tellement occupée, voudrais-tu le faire s'il te plaît?» Puis vous redevenez totalement silencieuse.

2 - a) Il dit: «Non, je ne veux pas faire cela.»
b) Vous répondez: «Tu me ferais tellement plaisir! Fais-le donc pour moi!» Puis vous redevenez totalement silencieuse.

3 - a) Il dit: «Je suis occupé, qu'est-ce que tu fais, toi?»
b) Vous répondez: «J'ai trop à faire. Le ferais-tu s'il te plaît.» Puis vous redevenez totalement silencieuse.

4 - a) Il dit: «Non, je n'ai pas envie de faire ça.»
b) Vous répondez: «Je n'en ai pas envie moi non plus. J'apprécierais que tu le fasses pour moi.» Puis vous redevenez totalement silencieuse.

Remarquez que vous n'essayez pas vraiment de le convaincre, vous ne faites que contrebalancer sa résistance. S'il est fatigué, n'essayez pas de lui prouver que vous êtes plus fatiguée que lui, et qu'il devrait vous aider. Ou s'il pense qu'il est trop occupé, ne tentez pas de le convaincre que vous êtes plus occupée que lui. Évitez de lui donner des raisons pour lesquelles il devrait faire ce que vous lui demandez. Rappelez-vous que vous devriez demander quelque chose, et non pas exiger quelque chose.

S'il persiste dans sa résistance, alors rabattez-vous sur la phase deux et recommencez à accepter son rejet avec le plus de grâce possible. Ce n'est pas le temps de lui faire part de votre désappointement. Rappelez-vous que si vous devez laisser faire cette fois-ci, il se souviendra de votre attitude amoureuse et sera plus enclin à vous offrir son support la prochaine fois.

En progressant dans l'application de ce que vous avez appris, vous deviendrez plus habile dans l'art de demander et d'obtenir le support de votre homme quand vous en avez besoin. Même une fois parvenue au niveau de la pause psychologique de la troisième étape, il vous faudra encore mettre les recommandations des phases un et deux en pratique. Souvenez-vous qu'il est toujours important de continuer à demander correctement les petites choses dont vous avez besoin, comme d'accepter avec grâce les rejets que vous pouvez subir de la part de votre partenaire.

POURQUOI L'HOMME EST AUSSI SUSCEPTIBLE

Vous pouvez vous demander pourquoi l'homme est aussi susceptible quand la femme lui demande de la supporter. Ce n'est pas parce qu'il est paresseux, mais parce qu'il a tellement besoin d'être accepté. Et toute requête qui demande plus qu'il ne donne déjà, en somme tout ce qui peut ressembler à une suggestion qu'il ne fait pas assez ou qu'il ne donne pas assez, lui donne l'impression qu'il n'est pas accepté tel qu'il est.

Tout comme la femme est plus sensible à son besoin d'être entendue et comprise lorsqu'elle partage ses sentiments, l'homme est plus sensible à son besoin d'être accepté pour lui-même, tel qu'il est. Toute tentative pour l'améliorer lui donne l'impression que vous voulez le changer, parce qu'il n'est pas à la hauteur de vos attentes.

Vous vous souvenez que les Martiens ne croyaient pas qu'on doive tenter d'arranger ce qui n'est pas brisé. Alors, lorsque l'homme constate que sa femme lui demande davantage et qu'elle essaie de le changer, ce qu'il reçoit comme message c'est qu'elle doit penser qu'il est brisé ou défectueux. Et il est bien compréhensible qu'il ne se sente pas aimé tel qu'il est.

En apprenant l'art de demander le support de votre homme, votre relation de couple s'enrichira graduellement. À mesure que vous deviendrez plus capable de recevoir l'amour et le support dont vous avez besoin, votre partenaire sera naturellement plus heureux. C'est quand ils ont réussi à satisfaire les personnes qui leur tiennent à cœur que les hommes sont le plus heureux. En apprenant à demander correctement le support qu'il vous faut, non seulement aiderez-vous votre homme à se sentir plus aimé, mais vous vous assurerez de recevoir l'amour dont vous avez besoin et que vous méritez.

Dans le prochain chapitre, nous apprendrons comment entretenir la magie de l'amour.

301

Chapitre 13

ENTRETENIR
LA MAGIE DE L'AMOUR

L'un des paradoxes qui se rattachent aux relations de couple, c'est qu'au moment où tout va bien, où chacun des partenaires se sent le plus aimé, l'un d'eux peut soudainement avoir envie de se distancer de l'autre, émotionnellement, ou de réagir d'une manière moins aimante. Vous pouvez peut-être reconnaître certaines des circonstances exposées dans les exemples suivants.

1 - Vous ressentez beaucoup d'amour pour votre partenaire puis soudainement, un bon matin, vous vous réveillez avec l'impression qu'il ou elle vous tombe sur les nerfs, et vous êtes envahi par un flot de ressentiment pour elle, ou lui.

2 - Vous avez toujours été aimant, patient et tolérant, puis un beau matin vous devenez exigeant et insatisfait.

3 - Vous ne pouvez vivre sans l'amour de votre partenaire puis, le jour suivant, vous vous disputez et vous pensez au divorce.

4 - Votre partenaire fait quelque chose de gentil pour vous, et vous êtes soudainement rempli(e) de ressentiment en pensant à toutes les fois où il ou elle vous a ignoré(e).

5 - Vous partenaire vous attire comme un aimant, puis soudainement vous ne ressentez plus rien en sa présence.

6 - Vous êtes heureux avec votre partenaire, puis tout à coup vous ressentez l'insécurité de votre couple et votre incapacité à satisfaire vos besoins de base.

7 - Vous êtes en pleine confiance et assuré(e) de l'amour de votre partenaire, puis vous vous retrouvez soudainement rempli(e) de doute et de désespoir.

8 - Vous avez toujours dispensé votre amour généreusement, sans réserve, puis tout à coup vous devenez réticent(e), opiniâtre, critique, colérique ou dominant(e).

9 - Votre partenaire vous attire beaucoup puis aussitôt qu'il ou elle s'engage à fond dans votre relation, vous perdez tout intérêt et toute attraction, ou vous êtes davantage attiré par les autres.

10 - Vous avez envie de vous rapprocher de votre partenaire, sexuellement, mais lorsqu'il ou elle se montre d'accord, vous n'en voulez plus.

11 - Vous vous sentez bien dans votre peau et satisfait(e) de votre existence, et soudainement vous commencez à vous sentir indigne, abandonné(e) et inadéquat(e).

12 - Vous passez une merveilleuse journée et vous avez hâte de voir votre partenaire, mais lorsqu'il ou elle se présente et vous dit quelque chose, vous vous sentez subitement déçu, déprimé, repoussé, épuisé et émotionnellement distant.

Vous avez peut-être remarqué que votre partenaire a aussi été victime de certains de ces changements subits. Relisez cette liste d'exemples lentement, en tentant de réaliser comment votre partenaire peut soudainement perdre sa capacité à vous donner l'amour que vous désirez. Vous avez peut-être déjà été victime de ses soudaines sautes d'humeur. Il est très fréquent que deux personnes qui s'aiment follement un jour se détestent et se chamaillent le lendemain.

Ces changements brusques sont intrigants, et pourtant ils sont courants. Si nous ne comprenons pas pourquoi ils se produisent, nous pouvons avoir l'impression de devenir fous, ou nous pouvons avoir la fausse impression que notre amour est mort. Mais heureusement, il y a une explication.

L'amour fait ressortir nos sentiments refoulés. Un jour nous nous sentons aimés, et le lendemain nous n'avons plus confiance en l'amour. Les douloureux souvenirs de nos rejets passés refont surface au moment où nous devons accepter et mettre notre confiance en l'amour de notre partenaire.

Quand nous ressentons le plus d'amour, qu'il provienne de nous-même ou des autres, nos sentiments refoulés ont tendance à revenir et à paralyser temporairement notre capacité de ressentir l'amour. Ils remontent à la surface pour se faire apaiser ou guérir. Et c'est là que nous pouvons subitement devenir irritables, défensifs, critiques, exigeants, indifférents, fâchés ou envahis par le ressentiment.

Les sentiments que nous n'avons pas été capables d'exprimer dans le passé envahissent notre conscience au moment où nous devenons capables de les ressentir sans danger. L'amour dégèle nos sentiments refoulés, et ils refont graduellement surface au moment où nous sommes engagés dans une relation affective.

C'est comme si vos émotions refoulées attendaient le moment où vous recevez beaucoup d'amour pour se présenter et se faire guérir. Nous transportons tous notre bagage de problèmes non résolus, de blessures du passé qui demeurent dormantes jusqu'au jour où nous redevenons amoureux. Puis, au moment où nous nous sentons à nouveau capables d'être nous-même, ces sentiments meurtris refont surface.

Si nous arrivons à contrôler ces sentiments, alors nous nous sentons mieux et nous ravivons notre potentiel d'amour et de créativité. Si, par contre, après une dispute nous blâmons notre partenaire au lieu de ces intrus du passé, nous nous laissons bouleverser et recommençons à étouffer nos sentiments.

COMMENT LES SENTIMENTS REFOULÉS REFONT SURFACE

Le problème est que ces sentiments refoulés ne s'identifient pas lorsqu'ils reviennent hanter notre vie. Si les sentiments d'abandon ou de rejet de votre enfance refont surface, alors vous vous sentez abandonné(e) ou rejeté(e) par votre partenaire. La douleur du passé est projetée sur le présent, et des choses anodines font soudain très mal.

Nous refoulons nos sentiments pendant des années. Puis un jour nous devenons amoureux, et l'amour nous procure une impression de sécurité qui nous permet de laisser tomber nos gardes et de recommencer à sentir nos sentiments, même ceux qui étaient endormis. Donc, l'amour nous rend plus réceptifs et sensibles à la douleur.

POURQUOI LES COUPLES PEUVENT SE DISPUTER QUAND ÇA VA BIEN

Nos émotions du passé remontent soudainement, non seulement lorsque nous sommes amoureux mais à d'autres moments aussi, quand nous nous sentons bien, heureux ou contents. C'est là que, même quand tout semble aller bien, les couples peuvent se disputer sans raison apparente.

Par exemple, les couples peuvent se disputer lorsqu'ils déménagent dans un nouvel appartement ou une nouvelle maison, au moment de redécorer leur demeure, lors d'une remise des diplômes, une cérémonie religieuse ou un mariage, lorsqu'ils reçoivent ou se donnent des cadeaux, en vacances ou au cours d'une balade en auto, en fêtant Noël ou le jour de l'An, lors de changements de vie ou de carrière, au moment de choisir un chien ou un chat, après avoir fait beaucoup d'argent ou gagné à la loterie ou au casino, au moment d'acheter une auto ou d'effectuer certaines dépenses, lorsqu'il est question de changer certains défauts ou mauvaises habitudes, et au sujet de leur vie sexuelle.

En ces différentes occasions, l'un ou l'autre des partenaires, ou les deux, peuvent subitement ressentir des émotions, des humeurs ou des réactions inexplicables, avant, durant ou immédiatement après l'événement. Ce peut être très instructif de repasser la liste ci-haut – et d'imaginer d'autres occasions s'il le faut – pour essayer de comprendre comment vos parents peuvent avoir été victimes de leurs émotions refoulées à certains moments, et comment vous avez vous-mêmes expérimenté de telles confrontations difficiles au cours de vos relations de couple.

LE PRINCIPE DU 90/10

En comprenant comment nos problèmes non résolus du passé refont périodiquement surface, il devient plus facile de comprendre comment nous pouvons être facilement blessé par notre partenaire. Il faut savoir que quand nous sommes bouleversé, à peu près 90 pour cent de notre bouleversement vient de notre passé et n'a rien à voir avec ce que nous croyons être la cause de notre bouleversement. Donc, en général, il n'y a qu'environ 10 pour cent de notre bouleversement qui se rapporte aux circonstances que nous vivons dans le présent.

Voyons un exemple. Si notre partenaire semble nous critiquer un peu trop, cela peut nous faire un peu de peine. Cependant, en tant qu'adulte nous pouvons raisonner qu'il ou elle n'a pas voulu nous faire de peine en supposant qu'il ou elle ait pu être victime d'une mauvaise journée par exemple. Et ce raisonnement empêche sa critique de trop nous blesser. Nous ne le prenons pas comme une offense personnelle.

Par contre, un autre jour, cela peut nous faire très mal, parce qu'à ce moment-là nos blessures du passé remontent à la surface et nous rendent plus sensible aux critiques de notre partenaire. Cela fait plus mal parce qu'étant enfant, nous avons beaucoup souffert d'être critiqué. Et les critiques de notre partenaire font plus mal parce qu'elles s'ajoutent à nos souffrances passées qu'elles ont contribué à réveiller.

En tant qu'enfant, nous n'étions pas capable de discerner entre notre innocence et la négativité de nos parents. C'est pourquoi nous recevions toute critique, tout blâme et tout rejet comme une attaque personnelle.

Lorsque de telles émotions de notre enfance refont surface, nous interprétons plus facilement les commentaires de notre partenaire comme des critiques, des blâmes et des rejets. Il devient donc très difficile d'avoir des discussions adultes dans ces moments-là. Nos perceptions sont toutes fausses. Lorsque notre partenaire nous semble trop critique, il y a seulement 10 pour cent de cette perception qui nous vient de lui ou d'elle, et l'autre 90 pour cent vient de notre passé.

Imaginez quelqu'un vous touchant ou vous accrochant légèrement le bras au passage. Cela ne vous fait pas mal. Imaginez maintenant que vous avez une blessure ouverte ou une contusion et que quelqu'un vous tâte le bras ou vous bouscule. Là c'est beaucoup plus douloureux. D'une façon similaire, lorsque les souffrances du passé s'ajoutent aux sensations du présent, nous devenons hypersensible au moindre toucher ou au plus faible choc subi au cours de nos relations affectives.

Au début d'une relation nouvelle, nous sommes moins exposé. Il faut du temps pour que nos émotions du passé se manifestent, mais lorsqu'elles le font nos réactions changent inévitablement. Dans la plupart de nos relations affectives, 90 pour cent de ce qui nous bouleverse ne nous dérangerait même pas si nos émotions du passé ne revenaient pas hanter notre présent.

COMMENT NOUS SUPPORTER L'UN L'AUTRE

Quand le passé d'un homme le rejoint, il part généralement vers sa caverne. Dans ces moments-là, il devient hypersensible et a besoin de beaucoup de compréhension. Lorsque le passé d'une femme lui revient, c'est là que son amour-propre s'effondre. Elle descend dans le puits de ses émotions et a besoin de beaucoup d'amour et de tendresse.

La connaissance de ces phénomènes peut vous aider à contrôler vos émotions passées, lorsqu'elles vous reviennent. Lorsque votre partenaire vous irrite, avant de le – ou la – confronter, commencez par noter vos sentiments sur papier. Votre négativité s'échappera automatiquement et vos souffrances du passé seront guéries si vous utilisez la méthode de la lettre d'amour que vous avez apprise. Cela vous aidera à vous ramener dans le présent pour réagir au comportement de votre partenaire avec de la confiance, de la compréhension, de l'acceptation et de la magnanimité.

Vous bénéficierez aussi de la connaissance du principe du 90/10 lorsque votre partenaire réagit trop fortement. Si vous savez qu'il ou elle est influencé(e) par son passé, vous pourrez lui manifester plus de compréhension et de support.

Lorsque vous pensez que son passé est en train de refaire surface n'allez surtout pas accuser votre partenaire de réagir exagérément. Cela ne fera que lui faire plus mal. Après tout, si vous frappiez quelqu'un à l'endroit même où il est blessé, vous ne pourriez sûrement pas l'accuser de réagir exagérément, n'est-ce pas?

La compréhension de ce phénomène d'émergence de nos émotions du passé peut grandement aider à comprendre le comportement de notre partenaire à certains moments. Cela fait partie de son système de guérison émotionnelle. Donnez-lui plutôt du temps pour se calmer et reprendre ses esprits. Si vous trouvez trop difficile de l'écouter exprimer ses sentiments, encouragez-le ou la à écrire une lettre d'amour avant de parler ensemble de ce qui l'émeut tant.

UNE LETTRE DE GUÉRISON

La compréhension de l'effet du passé sur vos réactions, présentes peut vous aider à guérir vos blessures émotionnelles. Si vous avez été vexé par votre partenaire d'une manière ou d'une autre, écrivez-lui une lettre d'amour. Et pendant que vous l'écrivez, demandez-vous en quoi cela peut avoir une relation quelconque avec votre passé. En effet, au fur et à mesure que vous écrivez, des souvenirs du passé peuvent revenir et vous faire découvrir qu'en réalité vous êtes fâché contre votre mère ou votre père, par exemple. Lorsque cela se produit, continuez à écrire mais adressez plutôt votre lettre au parent qui est l'objet de votre bouleversement. Ensuite écrivez une lettre-réponse très affectueuse, et partagez-la avec votre partenaire.

Il ou elle aimera beaucoup cette lettre que vous lui lirez, ou lui ferez lire. Il est toujours bien agréable de constater que votre partenaire assume 90 pour cent d'irritation qui lui vient du passé et non pas de vous. Sans cette compréhension de notre passé, nous avons tendance à blâmer notre partenaire de toute notre irritation, ou du moins il ou elle ressent un tel blâme.

Pour que votre partenaire devienne plus sensible à vos sentiments, partagez aussi vos meurtrissures du passé avec elle ou lui. Là, il ou elle va vraiment comprendre vos émotions. Et la lettre d'amour est une excellent moyen de le faire.

ON N'EST JAMAIS BOULEVERSÉ POUR LA RAISON QUE L'ON CROIT

En pratiquant la technique de la lettre d'amour et en explorant vos sentiments, vous commencerez à découvrir qu'en général vous êtes toujours bouleversé par autre chose que ce que vous pensiez. En explorant et en ressentant les raisons plus profondes de notre désagrément, la négativité disparaît peu à peu. Et tout comme nous pouvons être soudainement envahis par des émotions négatives, nous pouvons tout aussi soudainement nous en libérer. Voici quelques exemples.

1 - Un bon matin, en se réveillant, Jim se sentait ennuyé par sa partenaire. Tout ce qu'elle pouvait faire le dérangeait. En lui écrivant une lettre d'amour, il découvrit soudainement qu'il était en réalité fâché contre sa mère qui l'avait trop dominé. Aussitôt qu'il éprouva

ces sentiments inattendus, il écrivit une courte lettre à sa mère, comme s'il était encore au temps où il avait le plus ressenti qu'elle le contrôlait. Et aussitôt qu'il eut terminé sa lettre, il s'aperçut qu'il ne ressentait plus aucun sentiment négatif envers sa partenaire.

2 - Quelques mois après en être tombée amoureuse, Lisa se mit tout à coup à critiquer son partenaire. Comme elle lui écrivait une lettre d'amour, elle se rendit compte qu'en réalité elle avait peur de n'être pas assez bonne pour lui, et craignait qu'il commence à perdre tout intérêt pour elle. Et en devenant consciente de ses peurs profondes, elle se mit à ressentir à nouveau son grand amour pour son partenaire.

3 - Au lendemain d'une extraordinaire soirée romantique, Bill et Jeanne se disputèrent amèrement. Cela commença quand Jeanne se fâcha parce que Bill avait oublié de faire quelque chose. Mais au lieu d'être aussi compréhensif que d'habitude, Bill se mit tout de suite à penser au divorce. Un peu plus tard, alors qu'il écrivait une lettre d'amour à Jeanne, il prit conscience qu'il avait surtout peur d'être laissé seul, abandonné. Et il revécut ses émotions d'enfant, lorsque ses parents se disputaient. Il se mit alors à écrire une lettre à ses parents et retrouva vite le grand amour qu'il avait pour sa femme.

4 - Le mari de Susan, Tom, travaillait fort pour rencontrer une échéance à son travail. En rentrant à la maison, Susan se montra extrêmement fâchée et pleine de ressentiment à son égard. Elle pouvait comprendre le stress qui l'habitait, mais demeurait néanmoins très émotionnellement bouleversée. Pendant qu'elle lui écrivait une lettre d'amour, elle réalisa qu'elle était en réalité fâchée contre son père, qui l'avait jadis laissée seule avec une mère abusive. Les sentiments d'impuissance et d'abandon de son enfance venaient de refaire surface pour être guéris. Elle écrivit une lettre d'amour à son père et perdit toute la furie qu'elle avait eue contre Tom quelques minutes auparavant.

5 - Rachel était folle de Philippe jusqu'au moment où il lui déclara son amour et accepta de s'engager dans une relation avec elle. Dès le lendemain, elle avait changé d'humeur. Elle fut envahie par le doute et sa passion disparut. En s'appliquant à lui écrire une lettre d'amour, elle s'aperçut qu'elle était en réalité fâchée contre son père, qui avait été trop passif et avait fait de la misère à sa mère. Sitôt qu'elle eut

écrit cette lettre à son père, libérant ses émotions négatives, elle redevint aussi amoureusement folle de Philippe que la veille.

En écrivant des lettres d'amour, vous pouvez ne pas découvrir tout de suite ce renvoi aux émotions du passé. Mais en libérant votre esprit de son négativisme et en explorant vos émotions plus profondément, il vous apparaîtra de plus en plus clair que, quand vous êtes vraiment bouleversé, il peut y avoir des causes immédiates, mais cela est aussi en grande partie dû à votre passé.

LA RÉACTION À RETARDEMENT

Tout comme les problèmes non résolus de votre passé peuvent refaire surface quand vous êtes amoureux, le même phénomène peut se produire lorsque vous obtenez ce que vous désirez. Je me rappelle très bien la première fois que cela m'est arrivé, il y a plusieurs années. J'avais envie de sexe avec ma partenaire, mais elle n'en avait pas le goût, alors j'ai accepté sa décision. Le lendemain j'ai bien fait quelques allusions, mais elle n'était toujours pas intéressée. Et cela se répéta pendant des jours et des jours.

Au bout de deux semaines je commençais à en avoir assez, mais à ce moment-là je ne savais pas encore comment exprimer mes sentiments. Au lieu de parler de ce que je ressentais et de dire ma frustration, je faisais semblant que tout était normal et satisfaisant. J'essayais de continuer à me montrer aimant tout en refoulant mes émotions véritables. Pendant ces deux semaines mon niveau de ressentiment atteignit un sommet inacceptable.

Je faisais tout ce que je pouvais imaginer pour lui plaire et la rendre heureuse à l'extérieur, pendant que mon ressentiment croissait de plus en plus devant son rejet à l'intérieur. Au bout de ces deux semaines je lui achetai une très jolie robe de nuit, que je lui présentai le soir même. Elle parut agréablement surprise en ouvrant la boîte et je lui demandai naturellement de l'essayer, mais elle me dit qu'elle n'était pas dans le bon état d'esprit pour cela.

Arrivé à ce point-là je démissionnai, et j'oubliai toutes mes envies de sexe. Je me suis mis à travailler à un rythme furieux et à me réconcilier avec mon esprit en refoulant mon ressentiment. Mais voilà que deux semaines plus tard, en rentrant du travail un bon soir, je vis qu'elle nous avait préparé un dîner aux chandelles et qu'elle portait la chemise de nuit que je lui avais donnée. Les lumières étaient tamisées et une douce musique envoûtait l'atmosphère romantique qu'elle avait créée.

Vous imaginez bien ma réaction. Je fus envahi par une poussée de ressentiment. Je me disais: «C'est elle qui devrait maintenant souffrir pendant quatre semaines.» En effet, tout le ressentiment que j'avais accumulé pendant quatre semaines venait de refaire surface d'un seul coup. Mais après avoir discuté de nos sentiments respectifs, j'ai bien vite réalisé à quel point elle désirait me donner ce que je désirais, et je me suis aussitôt senti libéré de tout le poids de ce ressentiment.

QUAND LE RESSENTIMENT ENVAHIT SOUDAINEMENT LE COUPLE

J'ai commencé à voir ce modèle de comportement dans bien des situations. J'ai aussi observé ce phénomène dans ma pratique de consultant. Lorsque l'un des partenaires est prêt à effectuer les changements qui s'imposent pour le mieux, l'autre devient soudainement indifférent et incapable d'apprécier.

Dès que Bill se montrait disposé à offrir à Mary ce qu'elle avait toujours demandé, elle lui opposait une réaction qui semblait dire: «Oublie ça, il est trop tard!» ou bien «Et puis après?»

J'ai maintes fois conseillé des couples mariés depuis plus de vingt ans, dont les enfants étaient devenus adultes et avaient quitté la maison, et dont la femme demandait soudainement le divorce. Dans de tels cas, souvent l'homme se réveille brutalement et se met à vouloir changer, ou à chercher de l'aide. Et au moment où à coups de sacrifices inouïs il commence à apporter les modifications qui s'imposent et à tenter de lui donner l'amour qu'elle lui a toujours demandé pendant vingt ans, elle l'accueille avec la froideur de son ressentiment.

C'est comme si elle voulait qu'il souffre pendant vingt ans, comme elle l'a fait. Mais heureusement ce n'est pas le cas. En poursuivant le dialogue sur leurs sentiments respectifs, il découvre et réalise comment elle s'est sentie négligée, et elle se montre graduellement plus réceptive aux changements qu'il a effectués pour lui plaire. Le cas opposé peut aussi se présenter. L'homme qui veut divorcer et la femme qui accepte de changer, et lui qui résiste.

LA CRISE DES ATTENTES ACCRUES

Une autre forme de réaction à retardement se produit au niveau social. En sociologie, on appelle cela la crise des attentes accrues. C'est un phénomène qui se produisait beaucoup aux États-Unis dans les années soixante, sous l'administration Johnson. Pour la première fois, les minoritées se sont vu octroyer plus de droits qu'elles n'en avaient jamais eus auparavant. Il en résulta des explosions de colère, de soulèvement et de violence. Toutes les frustrations raciales accumulées ont été soudainement relâchées.

C'est un autre exemple de sentiments refoulés qui refont surface. En relâchant leur retenue parce qu'elles se sentaient plus appuyées que jamais, les minorités ont permis une résurgence de tout le ressentiment et de toute la colère qu'elles avaient accumulés. Les problèmes non résolus du passé sont revenus pour chercher solution. C'est aussi le même phénomène auquel on assiste présentement dans les pays où la population retrouve finalement la liberté dont elle a été très longtemps privée par des régimes autoritaristes.

POURQUOI DES GENS SAINS ONT-ILS BESOIN D'ÊTRE CONSEILLÉS

Dans une relation de couple, l'amour grandit avec l'intimité, ce qui fait que les sentiments plus profonds et plus douloureux qui se présentent, comme la peur et la honte, peuvent avoir besoin d'être guéris. Et parce qu'en général nous ne savons pas comment traiter ces sentiments particulièrement douloureux, nous sommes dans l'impasse.

Pour parvenir à guérir ce genre d'émotions, il faut d'abord les partager, mais nous avons généralement trop peur, ou trop honte, d'admettre ce genre de sentiments. Et c'est là que nous pouvons devenir déprimés, anxieux, ennuyés, offensés ou simplement épuisés, sans raison apparente. Ce sont là des indications que nos troubles passés ont refait surface et nous hantent, créant le blocage.

Dans une telle situation vous aurez envie de vous éloigner de l'amour, ou de vous abandonner aux manies compulsives et nocives qui peuvent vous servir d'évasion. Mais c'est le bon temps de faire face à vos sentiments, et non pas de les fuir. Quand des sentiments très profonds surgissent, il serait même sage de recourir aux services d'un thérapeute.

Lorsque de telles émotions lointaines nous reviennent, nous projetons habituellement ces sentiments sur notre partenaire. Si nous étions incapables d'exprimer ces sentiments à nos parents ou à notre partenaire passé, nous nous retrouvons maintenant incapables d'entrer en contact avec nos sentiments en présence de notre partenaire actuel. Dans ces conditions, peu importe la compréhension et le support que nous manifeste ce partenaire, nous ne nous sentons pas en sécurité en sa présence. C'est que nos sentiments sont bloqués.

Voici le paradoxe: parce que vous vous sentez en sécurité pour tout partager avec votre partenaire vos appréhensions les plus profondes ont des chances de refaire surface. Mais lorsqu'elles reviennent, vous vous sentez craintif et incapable de partager ce que vous ressentez. Cette peur peut même vous paralyser, et lorsque cela se produit, ces sentiments restent bloqués en remontant.

> *Voici le paradoxe: parce que vous vous sentez en sécurité*
> *pour tout partager avec votre partenaire, vos appréhensions*
> *les plus profondes ont des chances de refaire surface.*
> *Mais lorsqu'elles reviennent, vous vous sentez craintif et incapable*
> *de partager ce que vous ressentez.*

Le recours à un conseiller ou à un thérapeute peut énormément aider dans ce cas. En présence de quelqu'un qui ne fait pas l'objet de vos peurs, vous pouvez analyser les sentiments qui remontent en vous. Mais en présence de votre partenaire vous demeurez paralysé et incapable de fonctionner.

Voilà pourquoi même des personnes ayant vécu des relations affectives très heureuses ont parfois besoin de l'aide d'un thérapeute. Le partage en groupe de soutien peut aussi produire le même effet libérateur. La présence d'étrangers qui ne nous connaissent pas intimement mais qui nous accordent leur support peut permettre l'ouverture nécessaire au partage et à la libération de nos sentiments douloureux.

Lorsque nos émotions trop vives sont projetées sur notre partenaire, il ou elle est incapable de nous aider. Tout ce qu'il ou elle peut faire, c'est de nous encourager à chercher ailleurs l'aide dont nous avons absolument besoin. La compréhension de l'influence de son passé sur ses relations affectives libère l'esprit pour qu'il accepte le flux et le reflux de ses propres sentiments amoureux. Elle nous permet de commencer à faire confiance à l'amour et à son pouvoir de guérison. Pour maintenir notre amour en vie, il faut être flexible et nous adapter aux changements continuels des saisons de l'amour.

LES SAISONS DE L'AMOUR

Les relations de couple sont comme les plantes d'un jardin. Pour qu'elles s'épanouissent et fleurissent, il faut les arroser régulièrement. Il faut leur donner des soins particuliers, en tenant compte des saisons comme des aléas de la météo. Il faut semer de nouvelles graines et enlever les mauvaises herbes. De façon similaire, pour maintenir la magie de l'amour, il faut comprendre les saisons qui l'influencent et lui donner les petits soins qu'il lui faut.

LE PRINTEMPS DE L'AMOUR

On dit que quand on tombe amoureux, c'est comme l'arrivée du printemps. On a l'impression qu'on va toujours être heureux. On ne peut imaginer de ne plus aimer notre partenaire un jour. C'est le temps de l'innocence. L'amour semble éternel. C'est un moment magique où tout paraît parfait et fonctionne sans difficulté. Notre partenaire nous semble l'être idéal. Nous valsons harmonieusement ensemble et nous nous félicitons de notre bonne fortune.

L'ÉTÉ DE L'AMOUR

Cette période estivale nous fait voir que notre partenaire n'est peut-être pas aussi parfait que nous l'avions imaginé, et que nous devons travailler pour maintenir notre relation saine. Nous réalisons que non seulement notre partenaire subit l'influence d'une autre planète, mais qu'il ou elle est soumis(e) à la fragilité de la nature humaine,

La frustration et la déception font leur apparition, les mauvaises herbes ont besoin d'être retirées et les plantes nécessitent un surplus d'eau pour résister aux brûlures du soleil. Il est devenu moins facile de donner et de recevoir l'amour. Nous découvrons que nous ne sommes pas toujours heureux, et que nous ne nous sentons pas toujours aimants. Notre image de l'amour a changé.

À ce point bien des couples perdent leurs illusions. Les partenaires ne sont pas prêts à travailler fort pour que leur relation tienne. Ils sont irréalistes au point de croire que le printemps devrait durer toujours. Ils blâment leur partenaire et abandonnent. Ils ne réalisent pas que l'amour n'est pas toujours facile, qu'il peut parfois requérir des efforts sérieux lorsque le soleil de nos difficultés se fait trop brûlant. Au cours de l'été de l'amour, nous devons prendre bien soin des besoins de notre partenaire tout en nous assurant de recevoir l'amour qu'il nous faut. Et tout cela ne se produit pas automatiquement.

L'AUTOMNE DE L'AMOUR

Après avoir prodigué les meilleurs soins pendant l'été, c'est le temps de récolter les fruits de notre labeur. L'automne doré est arrivé. C'est un temps riche et gratifiant. Notre amour a plus de maturité et nous savons mieux accepter et comprendre les imperfections de notre partenaire comme les nôtres. C'est le moment de l'action de grâces et du partage. Ayant travaillé fort tout l'été, nous pouvons nous reposer et apprécier l'amour que nous avons créé.

L'HIVER DE L'AMOUR

Voilà que le temps change encore et qu'il se refroidit. Pendant de longs mois la nature dort. C'est le temps du repos, de la réflexion et du renouveau. Dans les relations de couple, c'est le temps de s'appliquer à guérir nos problèmes non résolus. C'est le moment où le couvercle saute et nos émotions refoulées remontent à la surface. C'est un temps de croissance solitaire, où il faut puiser dans ses propres ressources amoureuses davantage, que compter sur celles de notre partenaire pour nous épanouir. C'est comme une cure de guérison. C'est le temps où l'homme hiberne au fond de sa caverne et la femme descend au fond de son puits.

Après nous être aimés et guéris dans la pénombre de l'hiver, le printemps revient inévitablement et le cycle est complété. Une fois de plus nous nous retrouvons animés par l'espoir, l'amour et l'abondance des possibilités. Et, selon la profondeur de notre examen de conscience et l'efficacité de notre cure hivernale, nous recouvrons la capacité d'ouvrir notre cœur et de laisser l'amour printanier nous envahir.

DES RELATIONS RÉUSSIES

Après avoir étudié ce guide pour l'amélioration des communications et l'obtention de vos besoins, vous disposez de ce qu'il faut pour vivre des relations de couple réussies. Vous avez de quoi être optimiste, vous êtes mieux équipé pour faire face à toutes les saisons de l'amour.

J'ai été témoin de milliers de transformations effectuées par des couples dans leurs relations, souvent même du jour au lendemain. Ils arrivent le samedi à mes séminaires de fin de semaine, et au repas du dimanche midi ils sont déjà redevenus amoureux. En utilisant les connaissances que vous avez puisées dans ce livre et en vous rappelant que les hommes sont des Martiens et les femmes des Vénusiennes, vous pouvez obtenir les mêmes résultats.

Je vous rappelle cependant que l'amour est saisonnier. Au printemps il est facile, en été il demande du travail, en automne il est généreux et récompense, et en hiver il commande le renouveau par le vide. L'information qu'il vous faut pour passer à travers l'été et travailler sur vos relations de couple peut être facilement oubliée. Et l'amour d'automne se perd aisément lorsque vient l'hiver.

Souvenez-vous qu'au milieu de l'été de l'amour, quand le temps est difficile et que vous ne tirez pas tout l'amour que vous désirez de votre relation, vous pouvez subitement oublier tout ce que vous avez appris dans ce livre. Tout cela peut disparaître de votre mémoire en un instant. Et vous pouvez vous mettre à blâmer votre partenaire et à oublier comment satisfaire ses besoins.

Lorsque le vide de l'hiver s'installe, vous pouvez être envahi par le désespoir. Et vous pouvez aussi vous blâmer et oublier comment pourvoir à vos propres besoins. Vous pouvez douter de vous-même, et de votre partenaire. Vous pouvez devenir cynique, et vouloir tout lâcher. Cela fait partie du cycle naturel de l'amour. Rappelez-vous qu'il fait toujours plus sombre juste avant l'aube.

Pour réussir nos relations de couple, nous devons accepter et comprendre les différentes saisons de l'amour. Parfois l'amour coule aisément et automatiquement, d'autres fois il requiert un effort. À certains moments, notre cœur déborde, et en d'autres temps nous sommes vidés. Nous ne devons pas nous attendre à ce que notre partenaire soit toujours aimant, ou qu'il se rappelle toujours comment être aimant. Nous devons aussi nous offrir le cadeau de la compréhension, ne pas exiger de toujours nous souvenir de tout ce que nous avons appris sur les façons de dispenser notre amour.

Rappelez-vous que le processus de l'apprentissage ne comporte pas seulement la connaissance et l'application des données ou des règles, mais parfois aussi l'oubli et le réapprentissage. Tout au long de ce livre, vous avez appris des choses que vos parents ne pouvaient pas vous enseigner parce qu'ils ne les connaissaient pas. Mais maintenant que vous les savez, soyez réaliste. Donnez-vous la permission de faire des erreurs. Plusieurs des nouvelles connaissances que vous venez d'acquérir seront oubliées pendant un certain temps.

Un principe d'éducation veut que pour apprendre quelque chose il faille l'avoir entendu deux cents fois. Il serait irréaliste d'exiger de vous-même, ou de votre partenaire, de vous souvenir de toutes les nouvelles notions que avez apprises dans ce livre. Il faut être patient et croire en l'efficacité de la méthode du pas à pas. Il faut du temps pour absorber ces idées et les intégrer dans votre vie.

Non seulement faut-il entendre une chose deux cents fois pour la retenir, mais il peut aussi falloir désapprendre ce que nous savions déjà pour intégrer cette nouvelle donnée dans notre quotidien. Nous ne sommes pas des enfants innocents essayant d'apprendre à vivre des relations heureuses. Nous avons déjà été programmés par nos parents, par la culture dans laquelle nous avons grandi, et par nos propres expériences douloureuses. L'intégration de cette nouvelle sagesse des relations heureuses représente un défi de taille pour la plupart d'entre nous. Sachez que vous êtes parmi les pionniers, que vous vous aventurez dans un territoire pratiquement vierge. Attendez-vous à vous égarer de temps en temps. Attendez-vous à ce que votre partenaire s'égare aussi. Utilisez ce guide comme une carte pour vous orienter à travers les embûches de ce terrain inconnu, jour après jour.

La prochaine fois que vous trouverez le sexe opposé trop frustrant, rappelez-vous que les hommes sont des Martiens et les femmes des Vénusiennes. Même si vous ne reteniez que cela, ce livre vous aura enseigné une différence essentielle qu'il faut respecter pour mieux aimer, et mieux être aimé. Souvenez-vous qu'en cessant graduellement de juger et de blâmer, et en persistant à demander pour obtenir ce dont on a besoin, on peut créer les relations affectives qu'il nous faut, qu'on désire et qu'on mérite.

Tous les espoirs vous sont permis. Je vous souhaite de vous épanouir en amour et en connaissance. Et je vous remercie de m'avoir permis de faire une différence dans votre vie.

NOTE DE L'AUTEUR

Plus de 25 000 individus et couples d'une vingtaine de centres importants en Amérique ont déjà profité de mes séminaires sur les relations humaines. Si vous êtes à l'aise en anglais, je vous invite à partager avec moi cette expérience sûre, enrichissante et de valeur curative. Il me fera plaisir de vous y rencontrer, et vous en garderez un souvenir impérissable.

Pour toute information concernant ces séminaires donnés en anglais, ou sur les articles mentionnés ci-après, communiquez avec:

John Gray Seminars
20 Sunnyside Ave., Suite A-130
Mill Valley, CA 94941
au téléphone: 1-800-821-3033

IMPRIMÉ AU CANADA